JOHANN WOLFGANG GOETHE

Campagne in Frankreich
Belagerung von Mainz

MIT ANMERKUNGEN
VON ILSE-MARIE BARTH

PHILIPP RECLAM JUN. STUTTGART

Universal-Bibliothek Nr. 5808-10

Gesetzt in Petit Garamond-Antiqua. Printed in Germany 1972
Karte: Anneliese Kiehne. Herstellung: Reclam Stuttgart
ISBN 3 15 005808 2

Campagne in Frankreich[1]

1792

ÖSTERR. NIEDERLANDE
CHAMPAGNE
Argonne
0 5 10 20 30 40 km
4
5
6
49
Mézières
Sedan
Maas
Arlon
Semois
Trier
Grevenmachern
Luxemburg
Merl
Dippach
Mosel
Saar
Carignan
Mouzon
Virton
Aubange
Montmédy
Tellancourt
Longwy
Esch
Elze
Chiers
Stenay
Le Chêne Populeux
Les Gdes. Armoises
Les Ptes. Armoises
Rethel
Aisne
Attigny
Neufchâtel
Buzancy
Sivry les B.
Juvigny
Marville
Longuyon
Praucourt
Tiercelet
Brehain-la-V.
Arrancy
La Croix aux B.
Vouziers
Machault
Landres
Grandpré
Dun-s.-M.
Châtillon l'Abb.
Pillon
Mangiennes
Damvillers
Vilosnes
Wawrille
Spincourt
Fontoy
Thionville
(Diedenhofen)
Romagne
Suippes
Vaux les M.
Montcheutin
Autry
Consenvoye
Azannes
Samogneux
Ormont
Reims
Fontaine en D.
Dormoise
Malancourt
Briey
Varennes
Rouvroy
Maisons-Ch.
St-Thom
Louvemont
Étain
Wargemoulin
Massiges
Jardin-Fontaine
Regret
St-Michel
Verdun
Glorieux
Vesle
Laval
Tourbe
Vienne-la-V.
St-Jean-sur-T.
Suippes
Hans
Bionne
Les Islettes
Sivry-la-Perche
Metz
Somme-Tourbe
Valmy
Clermont-en-Arg.
Fresnes-en-W.
Ste-Menehould
La Lune
Gizaucourt
Dampierre
Auve
Aire
Gorze
Nied
Epernay
Tilly
Châlons-s.-M.
Vaubecourt
Essey-et-M.
Pont-à-Mousson
St-Mihiel
Marne
Ornain
Seille
Sermaize
Bar-le-Duc
Commercy
Saulx
Vitry-le-Fr.
Nancy

Auch ich in der Champagne![2]

Den 23. August 1792[3]

Gleich nach meiner Ankunft in Mainz besuchte ich Herrn von Stein den Älteren[4], königlich preußischen Kammerherrn und Oberforstmeister, der eine Art Residentenstelle[5] daselbst versah und sich im Haß gegen alles Revolutionäre gewaltsam auszeichnete. Er schilderte mir mit flüchtigen Zügen die bisherigen Fortschritte der verbündeten Heere[6] und versah mich mit einem Auszug des topographischen Atlas von Deutschland, welchen Jäger zu Frankfurt, unter dem Titel »Kriegstheater«, veranstaltet[7].

Mittags bei ihm zur Tafel fand ich mehrere französische Frauenzimmer, die ich mit Aufmerksamkeit zu betrachten Ursache hatte; die eine (man sagte, es sei die Geliebte des Herzogs von Orléans[8]) eine stattliche Frau, stolzen Betragens und schon von gewissen Jahren, mit rabenschwarzen Augen, Augenbraunen und Haar; übrigens im Gespräch mit Schicklichkeit freundlich. Eine Tochter, die Mutter jugendlich darstellend, sprach kein Wort. Desto munterer und reizender zeigte sich die Fürstin Monaco[9], entschiedene Freundin des Prinzen von Condé, die Zierde von Chantilly[10] in guten Tagen. Anmutiger war nichts zu sehen als diese schlanke Blondine; jung, heiter, possenhaft; kein Mann, auf den sie's anlegte, hätte sich verwahren können. Ich beobachtete sie mit freiem Gemüt und wunderte mich, Philinen[11], die ich hier nicht zu finden glaubte, so frisch und munter ihr Wesen treibend mir abermals begegnen zu sehen. Sie schien weder so gespannt noch aufgeregt als die übrige Gesellschaft, die denn freilich in Hoffnung, Sorgen und Beängstigung lebte. In diesen Tagen waren die Alliierten in Frankreich eingebrochen[12]. Ob sich Longwy sogleich ergeben, ob es widerstehen werde, ob auch republikanisch-französische Truppen sich zu den Alliierten gesellen und jedermann, wie es versprochen worden[13], sich für die gute Sache erklären und die Fortschritte erleichtern werde? das alles schwebte

gerade in diesem Augenblicke in Zweifel. Couriere wurden erwartet; die letzten hatten nur das langsame Vorschreiten der Armee und die Hindernisse grundloser Wege gemeldet. Der gepreßte Wunsch dieser Personen ward nur noch bänglicher, als sie nicht verbergen konnten, daß sie die schnellste Rückkehr ins Vaterland wünschen mußten, um von den Assignaten[14], der Erfindung ihrer Feinde, Vorteil ziehen, wohlfeiler und bequemer leben zu können.
Sodann verbracht' ich mit Sömmerrings, Huber, Forsters[15] und andern Freunden zwei muntere Abende; hier fühlt' ich mich schon wieder in vaterländischer Luft. Meist schon frühere Bekannte, Studiengenossen, in dem benachbarten Frankfurt wie zu Hause (Sömmerrings Gattin war eine Frankfurterin), sämtlich mit meiner Mutter vertraut, ihre genialen Eigenheiten schätzend, manches ihrer glücklichen Worte wiederholend, meine große Ähnlichkeit mit ihr in heiterem Betragen und lebhaften Reden mehr als einmal beteuernd[16]: was gab es da nicht für Anlässe, Anklänge, in einem natürlichen, angebornen und angewöhnten Vertrauen! Die Freiheit eines wohlwollenden Scherzes auf dem Boden der Wissenschaft und Einsicht verlieh die heiterste Stimmung. Von politischen Dingen war die Rede nicht, man fühlte, daß man sich wechselseitig zu schonen habe: denn wenn sie republikanische Gesinnungen nicht ganz verleugneten[17], so eilte ich offenbar, mit einer Armee zu ziehen, die eben diesen Gesinnungen und ihrer Wirkung ein entschiedenes Ende machen sollte.
Zwischen Mainz und Bingen[18] erlebt' ich eine Szene, die mir den Sinn des Tages alsobald weiter aufschloß. Unser leichtes Fuhrwerk[19] erreichte schnell einen vierspännigen, schwer bepackten Wagen; der ausgefahrne Hohlweg aufwärts am Berge her nötigte uns auszusteigen, und da fragten wir denn die ebenfalls abgestiegenen Schwäger[20]: wer vor uns dahinfahre? Der Postillion jenes Wagens erwiderte darauf mit Schimpfen und Fluchen, daß es Französinnen seien, die mit ihrem Papiergeld durchzukommen glaubten, die er aber gewiß noch umwerfen wolle, wenn sich einigermaßen Gelegen-

heit fände. Wir verwiesen ihm seine gehässige Leidenschaft, ohne ihn im mindesten zu bessern. Bei sehr langsamer Fahrt trat ich hervor an den Schlag der Dame und redete sie freundlich an, worauf sich ein junges, schönes, aber von ängstlichen Zügen beschattetes Gesicht einigermaßen erheiterte.

Sie vertraute sogleich, daß sie dem Gemahl nach Trier folge und von da baldmöglichst nach Frankreich zu gelangen wünsche. Da ich ihr nun diesen Schritt als sehr voreilig schilderte, gestand sie, daß außer der Hoffnung, ihren Gemahl wiederzufinden, die Notwendigkeit, wieder von Papier zu leben, sie hiezu bewege. Ferner zeigte sie ein solches Zutrauen zu den verbündeten Streitkräften der Preußen, Östreicher und Emigrierten, daß man, wär' auch Zeit und Ort nicht hinderlich gewesen, sie schwerlich zurückgehalten hätte.

Unter diesen Gesprächen fand sich ein sonderbarer Anstoß; über den Hohlweg, worin wir befangen waren, hatte man eine hölzerne Rinne geführt, die das nötige Wasser einer jenseits stehenden, oberschlächtigen Mühle[21] zubrachte. Man hätte denken sollen, die Höhe des Gestells wäre doch wenigstens auf einen Heuwagen berechnet gewesen. Wie dem aber auch sei, das Fuhrwerk war so unmäßig oben aufgepackt, Kistchen und Schachteln pyramidalisch übereinandergetürmt, daß die Rinne dem weiteren Fortkommen ein unüberwindliches Hindernis entgegensetzte.

Hier ging nun erst das Fluchen und Schelten der Postillione los, die sich um so viele Zeit aufgehalten sahen; wir aber erboten uns freundlich, halfen abpacken und an der andern Seite des träufelnden Schlagbaums wieder aufpacken. Die junge, gute, nach und nach entschüchterte Frau wußte nicht, wie sie sich dankbar genug benehmen sollte; zugleich aber wuchs ihre Hoffnung auf uns immer mehr und mehr. Sie schrieb den Namen ihres Mannes und bat inständig, da wir doch früher als sie nach Trier kommen müßten, ob wir nicht am Tore den Aufenthalt des Gatten schriftlich niederzulegen geneigt wären? Bei dem besten Willen verzweifelten wir an dem Erfolg wegen Größe der Stadt, sie aber ließ nicht von ihrer Hoffnung.

In Trier angelangt[22], fanden wir die Stadt von Truppen überlegt, von allerlei Fuhrwerk überfahren, nirgends ein Unterkommen; die Wagen hielten auf den Plätzen, die Menschen irrten auf den Straßen, das Quartieramt, von allen Seiten bestürmt, wußte kaum Rat zu schaffen. Ein solches Gewirre jedoch ist wie eine Art Lotterie, der Glückliche zieht irgendeinen Gewinn, und so begegnete mir Lieutenant von Fritsch[23] von des Herzogs Regiment[24] und brachte mich, nach freundlichstem Begrüßen, zu einem Kanonikus[25], dessen großes Haus und weitläuftiges Gehöfte mich und meine kompendiöse Equipage freundlich und bequemlich aufnahm, wo ich denn sogleich einer genugsamen Erholung pflegte. Gedachter junge militärische Freund, von Kindheit auf mir bekannt und empfohlen, war mit einem kleinen Kommando in Trier zu verweilen beordert, um für die zurückgelassenen Kranken zu sorgen, die nachziehenden Maroden, verspätete Bagagewagen u. dergl. aufzunehmen und sie weiter zu befördern; wobei denn auch mir seine Gegenwart zugute kam, ob er gleich nicht gern im Rücken der Armee verweilte, wo für ihn, als einen jungen strebenden Mann, wenig Glück zu hoffen war.
Mein Diener hatte kaum das Notwendigste ausgepackt, als er sich in der Stadt umzusehen Urlaub erbat; spät kam er wieder, und des andern Morgens trieb eine gleiche Unruhe ihn aus dem Hause. Mir war dies seltsame Benehmen unerklärlich, bis das Rätsel sich löste: die schönen Französinnen hatten ihn nicht ohne Anteil gelassen, er spürte sorgfältig und hatte das Glück, sie auf dem großen Platze, mitten unter hundert Wagen haltend, an der Schachtelpyramide zu erkennen, ohne jedoch ihren Gemahl aufgefunden zu haben.
Auf dem Wege von Trier nach Luxemburg erfreute mich bald das Monument in der Nähe von Igel[26]. Da mir bekannt war, wie glücklich die Alten ihre Gebäude und Denkmäler

zu setzen wußten, warf ich in Gedanken sogleich die sämtlichen Dorfhütten weg, und nun stand es an dem würdigsten Platze. Die Mosel fließt unmittelbar vorbei, mit welcher sich gegenüber ein ansehnliches Wasser, die Saar, verbindet; die Krümmung der Gewässer, das Auf- und Absteigen des Erdreichs, eine üppige Vegetation geben der Stelle Lieblichkeit und Würde.

Das Monument selbst könnte man einen architektonisch-plastisch verzierten Obelisk nennen. Er steigt in verschiedenen, künstlerisch übereinandergestellten Stockwerken in die Höhe, bis er sich zuletzt in einer Spitze endigt, die mit Schuppen ziegelartig verziert ist und mit Kugel, Schlange und Adler in der Luft sich abschloß.

Möge irgendein Ingenieur, welchen die gegenwärtigen Kriegsläufte in diese Gegend führen und vielleicht eine Zeitlang festhalten, sich die Mühe nicht verdrießen lassen, das Denkmal auszumessen und, insofern er Zeichner ist, auch die Figuren der vier Seiten, wie sie noch kenntlich sind, uns überliefern und erhalten.

Wieviel traurige, bildlose Obelisken sah ich nicht zu meiner Zeit errichten, ohne daß irgend jemand an jenes Monument gedacht hätte. Es ist freilich schon aus einer spätern Zeit, aber man sieht immer noch die Lust und Liebe, seine persönliche Gegenwart, mit aller Umgebung und den Zeugnissen von Tätigkeit, sinnlich auf die Nachwelt zu bringen. Hier stehen Eltern und Kinder gegeneinander, man schmaust im Familienkreise; aber damit der Beschauer auch wisse, woher die Wohlhäbigkeit komme, ziehen beladene Saumrosse einher, Gewerb und Handel wird auf mancherlei Weise vorgestellt. Denn eigentlich sind es Kriegskommissarien, die sich und den Ihrigen dies Monument errichteten, zum Zeugnis, daß damals wie jetzt an solcher Stelle genugsamer Wohlstand zu erringen sei.

Man hatte diesen ganzen Spitzbau aus tüchtigen Sandquadern roh übereinandergetürmt und alsdann, wie aus einem Felsen, die architektonisch-plastischen Gebilde herausgehauen. Die so manchem Jahrhunderte widerstehende Dauer dieses Monuments mag sich wohl aus einer so gründlichen Anlage herschreiben.

Diesen angenehmen und fruchtbaren Gedanken konnte ich mich nicht lange hingeben: denn ganz nahe dabei, in Grevenmachern, war mir das modernste Schauspiel bereitet. Hier fand ich das Korps Emigrierter, das aus lauter Edelleuten, meist Ludwigsrittern[27], bestand. Sie hatten weder Diener noch Reitknechte, sondern besorgten sich selbst und ihr Pferd. Gar manchen hab ich zur Tränke führen, vor der Schmiede halten sehen. Was aber den sonderbarsten Kontrast mit diesem demütigen Beginnen hervorrief, war ein großer, mit Kutschen und Reisewagen aller Art überladener Wiesenraum. Sie waren mit Frau und Liebchen, Kindern und Verwandten zu gleicher Zeit eingerückt, als wenn sie den innern Widerspruch ihres gegenwärtigen Zustandes recht wollten zur Schau tragen.
Da ich einige Stunden hier, unter freiem Himmel, auf Postpferde warten mußte, konnt' ich noch eine andere Bemerkung machen. Ich saß vor dem Fenster des Posthauses, unfern von der Stelle, wo das Kästchen stand, in dessen Einschnitt man die unfrankierten Briefe zu werfen pflegt. Einen ähnlichen Zudrang hab ich nie gesehn; zu Hunderten wurden sie in die Ritze gesenkt. Das grenzenlose Bestreben, wie man mit Leib, Seel und Geist in sein Vaterland durch die Lücke des durchbrochenen Dammes wieder einzuströmen begehre, war nicht lebhafter und aufdringlicher vorzubilden.
Vor Langerweile und aus Lust, Geheimnisse zu entwickeln oder zu supplieren[28], dacht' ich mir, was in dieser Briefmenge wohl enthalten sein möchte? Da glaubt' ich denn eine Liebende zu spüren, die mit Leidenschaft und Schmerz die Qual des Entbehrens in solcher Trennung heftigst ausdrückte; einen Freund, der von dem Freunde in der äußersten Not einiges Geld verlangte; ausgetriebene Frauen, mit Kindern und Dienstanhang, deren Kasse bis auf wenige Geldstücke zusammengeschmolzen war; feurige Anhänger der Prinzen[29], die, das Beste hoffend, sich einander Lust

und Mut zusprachen; andere, die schon das Unheil in der Ferne witterten und sich über den bevorstehenden Verlust ihrer Güter jammervoll beschwerten – und ich denke, nicht ungeschickt geraten zu haben.
Über manches klärte der Postmeister mich auf, der, um meine Ungeduld nach Pferden zu beschwichtigen, mich vorsätzlich zu unterhalten suchte. Er zeigte mir verschiedene Briefe mit Stempeln aus entfernten Gegenden, die nun den Vorgerückten und Vorrückenden nachirren sollten. Frankreich sei an allen seinen Grenzen mit solchen Unglücklichen umlagert, von Antwerpen bis Nizza; dagegen stünden ebenso die französischen Heere zur Verteidigung und zum Ausfall bereit. Er sagte manches Bedenkliche; ihm schien der Zustand der Dinge wenigstens sehr zweifelhaft.
Da ich mich nicht so wütend erwies wie andere, die nach Frankreich hineinstürmten, hielt er mich bald für einen Republikaner und zeigte mehr Vertrauen; er ließ mich die Unbilden bedenken, welche die Preußen von Wetter und Weg über Koblenz und Trier erlitten, und machte eine schauderhafte Beschreibung, wie ich das Lager in der Gegend von Longwy finden würde; von allem war er gut unterrichtet und schien nicht abgeneigt, andere zu unterrichten; zuletzt suchte er mich aufmerksam zu machen, wie die Preußen beim Einmarsch ruhige und schuldlose Dörfer geplündert, es sei nun durch die Truppen geschehen oder durch Packknechte und Nachzügler; zum Scheine habe man's bestraft[30], aber die Menschen im Innersten gegen sich aufgebracht.
Da mußte mir denn jener General des Dreißigjährigen Kriegs einfallen[31], welcher, als man sich über das feindselige Betragen seiner Truppen in Freundes Land höchlich beschwerte, die Antwort gab: »Ich kann meine Armee nicht im Sack transportieren.« Überhaupt aber konnte ich bemerken, daß unser Rücken nicht sehr gesichert sei.
Longwy, dessen Eroberung mir schon unterwegs triumphierend verkündigt war[32], ließ ich auf meiner Fahrt rechts in einiger Ferne und gelangte den 27. August nachmittags gegen das Lager von Praucourt. Auf einer Fläche geschlagen,

war es zu übersehen, aber dort anzulangen nicht ohne Schwierigkeit. Ein feuchter, aufgewühlter Boden war Pferden und Wagen hinderlich, daneben fiel es auf, daß man weder Wachen noch Posten, noch irgend jemand antraf, der sich nach den Pässen erkundigt, und bei dem man dagegen wieder einige Erkundigung hätte einziehen können. Wir fuhren durch eine Zeltwüste, denn alles hatte sich verkrochen, um vor dem schrecklichen Wetter kümmerlichen Schutz zu finden. Nur mit Mühe erforschten wir von einigen die Gegend, wo wir das herzoglich-weimarische Regiment finden könnten, erreichten endlich die Stelle, sahen bekannte Gesichter und wurden von Leidensgenossen gar freundlich aufgenommen. Kämmerier Wagner[33] und sein schwarzer Pudel waren die ersten Begrüßenden; beide erkannten einen vieljährigen Lebensgesellen, der abermals eine bedenkliche Epoche mit durchkämpfen sollte. Zugleich erfuhr ich einen unangenehmen Vorfall. Des Fürsten Leibpferd, der Amaranth, war gestern nach einem gräßlichen Schrei niedergestürzt und totgeblieben.

Nun mußte ich von der Situation des Lagers noch viel Schlimmeres gewahren und vernehmen, als der Postmeister mir vorausgesagt. Man denke sich's auf einer Ebene am Fuße eines sanft aufsteigenden Hügels, an welchem ein von alters her gezogener Graben Wasser von Feldern und Wiesen abhalten sollte; dieser aber wurde so schnell als möglich Behälter alles Unrats, aller Abwürflinge, der Abzug stockte, gewaltige Regengüsse durchbrachen nachts den Damm und führten das widerwärtigste Unheil unter die Zelte. Da ward nun, was die Fleischer an Eingeweiden, Knochen und sonst beiseite geschafft, in die ohnehin feuchten und ängstlichen[34] Schlafstellen getragen.

Mir sollte gleichfalls ein Zelt eingeräumt werden, ich zog aber vor, mich des Tags über bei Freunden und Bekannten aufzuhalten und nachts in dem großen Schlafwagen[35] der Ruhe zu pflegen, dessen Bequemlichkeit von früheren Zeiten her mir schon bekannt war. Seltsam mußte man es jedoch finden, wie er, obgleich nur etwa dreißig Schritte von den Zelten entfernt, doch dergestalt unzugänglich blieb, daß ich mich abends mußte hinein- und morgens wieder heraustragen lassen.

Am 28. August[36]

So wunderlich tagte mir diesmal mein Geburtsfest. Wir setzten uns zu Pferde und ritten in die eroberte Festung[37]; das wohlgebaute und befestigte Städtchen liegt auf einer Anhöhe. Meine Absicht war, große wollene Decken zu kaufen, und wir verfügten uns sogleich in einen Kramladen, wo wir Mutter und Töchter hübsch und anmutig fanden. Wir feilschten nicht viel und zahlten gut, und waren so artig, als es Deutschen ohne Tournure[38] nur möglich ist.
Die Schicksale des Hauses während des Bombardements waren höchst wunderbar. Mehrere Granaten hintereinander fielen in das Familienzimmer, man flüchtete, die Mutter riß ein Kind aus der Wiege und floh, und in dem Augenblick schlug noch eine Granate gerade durch die Kissen, wo der Knabe gelegen hatte. Zum Glück war keine der Granaten gesprungen, sie hatten die Möbeln zerschlagen, am Getäfel gesengt, und so war alles ohne weiteren Schaden vorübergegangen; in den Laden war keine Kugel gekommen.
Daß der Patriotismus[39] derer von Longwy nicht allzu kräftig sein mochte, sah man daraus, daß die Bürgerschaft den Kommandanten sehr bald genötigt hatte, die Festung zu übergeben; auch hatten wir kaum einen Schritt aus dem Laden getan, als der innere Zwiespalt der Bürger sich uns genugsam verdeutlichte. Königisch Gesinnte, und also unsere Freunde, welche die schnelle Übergabe bewirkt, bedauerten, daß wir in dieses Warengewölbe zufällig gekommen und dem schlimmsten aller Jakobiner, der mit seiner ganzen Familie nichts tauge, soviel schönes Geld zu lösen gegeben. Gleichermaßen warnte man uns vor einem splendiden Gasthofe, und zwar so bedenklich, als wenn den Speisen daselbst nicht ganz zu trauen sein möchte; zugleich deutete man auf einen geringeren, als zuverlässig, wo wir uns denn auch freundlich aufgenommen und leidlich bewirtet sahen.

Nun saßen wir alte Kriegs- und Garnisonskameraden[40] traulich und froh wieder neben- und gegeneinander; es waren die Offiziere des Regiments, vereint mit des Herzogs Hof-, Haus- und Kanzleigenossen[41]; man unterhielt sich von dem Nächstvergangenen: wie bedeutend und bewegt es Anfang Mais in Aschersleben gewesen, als die Regimenter sich marschfertig zu halten Ordre bekommen, der Herzog von Braunschweig und mehrere hohe Personen[42] daselbst Besuch abgestattet, wobei des Marquis von Bouillé[43] als eines bedeutenden und in die Operationen kräftig eingreifenden Fremden zu erwähnen nicht vergessen wurde. Sobald dem horchenden Gastwirt dieser Name zu Ohren kam, erkundigte er sich eifrigst, ob wir den Herren kennten? Die meisten durften es bejahen, wobei er denn viel Respekt bewies und große Hoffnung auf die Mitwirkung dieses würdigen, tätigen Mannes aussprach, ja es wollte scheinen, als wenn wir von diesem Augenblicke an besser bedient würden.
Wie wir nun alle hier Versammelten uns mit Leib und Seele einem Fürsten angehörig bekannten, der seit mehreren Regierungsjahren so große Vorzüge entwickelt und sich nunmehr auch im Kriegshandwerk, dem er von Jugend auf zugetan gewesen, das er seit geraumer Zeit getrieben, bewähren sollte: so ward auf sein Wohl und seiner Angehörigen nach guter deutscher Weise angestoßen und getrunken; besonders aber auf des Prinzen Bernhards Wohl[44], bei welchem kurz vor dem Ausmarsch Obristwachtmeister von Weyrach als Abgeordneter des Regiments Gevatter gestanden hatte.
Nun wußte jeder von dem Marsche selbst gar manches zu erzählen, wie man, den Harz links lassend, an Goslar vorbei, nach Northeim durch Göttingen gekommen; da hörte man denn von trefflichen und schlechten Quartieren, bäurisch-unfreundlichen, gebildet-mißmutigen, hypochondrisch-gefälligen Wirten, von Nonnenklöstern und mancherlei Abwechselung des Weges und Wetters. Alsdann war man am östlichen Rand Westfalens her bis Koblenz gezogen, hatte mancher hübschen Frau zu gedenken, von seltsamen Geistlichen, unvermutet begegnenden Freunden, zerbrochenen

Rädern, umgeworfenen Wagen buntscheckigen Bericht zu erstatten.
Von Koblenz aus beklagte man sich über bergige Gegenden, beschwerliche Wege und mancherlei Mangel, und rückte sodann, nachdem man sich im Vergangenen kaum zerstreut, dem Wirklichen immer näher; der Einmarsch nach Frankreich in dem schrecklichsten Wetter ward als höchst unerfreulich und als würdiges Vorspiel beschrieben des Zustandes, den wir, nach dem Lager zurückkehrend, voraussehen konnten. Jedoch in solcher Gesellschaft ermutigt sich einer am andern, und ich besonders beruhigte mich beim Anblick der köstlichen wollenen Decken, welche der Reitknecht aufgebunden hatte.
Im Lager fand ich abends in dem großen Zelte die beste Gesellschaft; sie war dort beisammen geblieben, weil man keinen Fuß heraussetzen konnte; alles war gutes Muts und voller Zuversicht. Die schnelle Übergabe von Longwy bestätigte die Zusage der Emigrierten, man werde überall mit offenen Armen aufgenommen sein, und es schien sich dem großen Vorhaben nichts als die Witterung entgegenzusetzen. Haß und Verachtung des revolutionären Frankreichs, durch die Manifeste des Herzogs von Braunschweig[45] ausgesprochen, zeigten sich ohne Ausnahme bei Preußen, Östreichern und Emigrierten.
Freilich durfte man nur das wahrhaft bekannt Gewordene erzählen, so ging daraus hervor, daß ein Volk, auf solchen Grad veruneinigt, nicht einmal in Parteien gespalten, sondern im Innersten zerrüttet, in lauter Einzelnheiten getrennt, dem hohen Einheitssinne der edel Verbündeten nicht widerstehen könne.
Auch hatte man schon von Kriegstaten zu erzählen[46]; gleich nach dem Eintritt in Frankreich stießen beim Rekognoszieren fünf Eskadronen Husaren von Wolfrat[47] auf tausend Chasseurs, die von Sedan her unser Vorrücken beobachten sollten. Die Unsrigen, wohl geführt, griffen an, und da die Gegenseitigen sich tapfer wehrten, auch keinen Pardon annehmen wollten, gab es ein greulich Gemetzel, worin wir

siegten, Gefangene machten, Pferde, Karabiner und Säbel erbeuteten, durch welches Vorspiel der kriegerische Geist erhöht, Hoffnung und Zutrauen fester gegründet wurden.

Am neunundzwanzigsten August geschah der Aufbruch[48] aus diesen halb erstarrten Erd- und Wasserwogen, langsam und nicht ohne Beschwerde: denn wie sollte man Zelte und Gepäck, Monturen und sonstiges nur einigermaßen reinlich halten, da sich keine trockene Stelle fand, wo man irgend etwas hätte zurechtlegen und ausbreiten können.

Die Aufmerksamkeit jedoch, welche die höchsten Heerführer diesem Abmarsch zuwendeten, gab uns frisches Vertrauen. Auf das strengste war alles Fuhrwerk ohne Ausnahme hinter die Kolonne beordert, nur jeder Regimentschef berechtigt, eine Chaise vor seinem Zug hergehen zu lassen; da ich denn das Glück hatte, im leichten offenen Wägelchen die Hauptarmee für diesmal anzuführen. Beide Häupter, der König sowohl als der Herzog von Braunschweig, mit ihrem Gefolge hatten sich da postiert, wo alles an ihnen vorbei mußte. Ich sah sie von weitem, und als wir herankamen, ritten Ihro Majestät an mein Wäglein heran und fragten in Ihro lakonischen Art: wem das Fuhrwerk gehöre? Ich antwortete laut: »Herzog von Weimar!« und wir zogen vorwärts. Nicht leicht ist jemand von einem vornehmern Visitator angehalten worden.

Weiterhin jedoch fanden wir den Weg hie und da etwas besser. In einer wunderlichen Gegend, wo Hügel und Tal miteinander abwechselten, gab es besonders für die zu Pferde noch trockene Räume genug, um sich behaglich vorwärts bewegen zu können. Ich warf mich auf das meine, und so ging es freier und lustiger fort; das Regiment hatte den Vortritt bei der Armee, wir konnten also immer voraus sein und der lästigen Bewegung des Ganzen völlig entgehen.

Der Marsch verließ die Hauptstraße, wir kamen über Arrancy, worauf uns denn Chatillon l'Abbaye[49], als erstes Kennzeichen der Revolution, ein verkauftes Kirchengut, in halb abgebrochenen und zerstörten Mauern zur Seite liegen blieb.

Nun aber sahen wir über Hügel und Tal des Königs Majestät sich eilig zu Pferde bewegend, wie den Kern eines Kometen von einem langen, schweifartigen Gefolge begleitet. Kaum war jedoch dieses Phänomen mit Blitzesschnelle vor uns vorbeigeschwunden, als ein zweites, von einer andern Seite, den Hügel krönte oder das Tal erfüllte. Es war der Herzog von Braunschweig, der Elemente gleicher Art an und nach sich zog. Wir nun, obgleich mehr zum Beobachten als zum Beurteilen geneigt, konnten doch der Betrachtung nicht ausweichen: welche von beiden Gewalten denn eigentlich die obere sei? welche wohl im zweifelhaften Falle zu entscheiden habe? Unbeantwortete Fragen, die uns nur Zweifel und Bedenklichkeiten zurückließen[50].

Was nun aber hiebei noch ernsteren Stoff zum Nachdenken gab, war, daß man beide Heerführer so ganz frank und frei in ein Land hineinreiten sah, wo nicht unwahrscheinlich in jedem Gebüsch ein aufgeregter Todfeind lauern konnte. Doch mußten wir gestehen, daß gerade das kühne persönliche Hingeben von jeher den Sieg errang und die Herrschaft behauptete.

Bei wolkigem Himmel schien die Sonne sehr heiß; das Fuhrwerk in grundlosem Boden fand ein schweres Fortkommen. Zerbrochene Räder an Wagen und Kanonen machten gar manchen Aufenthalt; hie und da ermattete Füseliere, die sich schon nicht mehr fortschleppen konnten.

Man hörte die Kanonade bei Thionville[51] und wünschte jener Seite guten Erfolg.

Abends erquickten wir uns im Lager bei Pillon. Eine liebliche Waldwiese nahm uns auf, der Schatten erfrischte schon, zum Küchfeuer war Gestrüpp genug bereit; ein Bach floß vorbei und bildete zwei klare Bassins, die beide sogleich von Menschen und Tieren sollten getrübt werden. Das eine gab ich frei, verteidigte das andere mit Heftigkeit und ließ es sogleich mit Pfählen und Stricken umziehen. Ohne Lärm gegen die Zudringlichen ging es nicht ab. Da fragte einer von unsern Reitern den andern, die eben ganz gelassen an ihrem Zeuge putzten: »Wer ist denn der, der sich so mausig macht?« – »Ich weiß nicht!« versetzte der andere, »aber er hat recht«.

Also kamen nun Preußen und Östreicher und ein Teil von Frankreich, auf französischem Boden ihr Kriegshandwerk zu treiben. In wessen Macht und Gewalt taten sie das? Sie konnten es in eignem Namen tun, der Krieg war ihnen zum Teil erklärt, ihr Bund war kein Geheimnis; aber nun ward noch ein Vorwand erfunden. Sie traten auf im Namen Ludwigs XVI., sie requirierten nicht, aber sie borgten gewaltsam. Man hatte Bons drucken lassen, die der Kommandierende unterzeichnete, derjenige aber, der sie in Händen hatte, nach Befund beliebig ausfüllte; Ludwig XVI. sollte bezahlen. Vielleicht hat nach dem Manifest nichts so sehr das Volk gegen das Königtum aufgehetzt als diese Behandlungsart. Ich war selbst bei einer solchen Szene gegenwärtig, deren ich mich als höchst tragisch erinnere. Mehrere Schäfer mochten ihre Herden vereinigt haben, um sie in Wäldern oder sonst abgelegenen Orten sicher zu verbergen; von tätigen Patrouillen aber aufgegriffen und zur Armee geführt, sahen sie sich zuerst wohl und freundlich empfangen. Man fragte nach den verschiedenen Besitzern, man sonderte und zählte die einzelnen Herden. Sorge und Furcht, doch mit einiger Hoffnung, schwebte auf den Gesichtern der tüchtigen Männer. Als sich aber dieses Verfahren dahin auflöste, daß man die Herden unter Regimenter und Kompanien verteilte, den Besitzern hingegen, ganz höflich, auf Ludwig XVI. gestellte Papiere überreichte, indessen ihre wolligen Zöglinge von den ungeduldigen fleischlustigen Soldaten vor ihren Füßen ermordet wurden: so gesteh ich wohl, es ist mir nicht leicht eine grausamere Szene und ein tieferer männlicher Schmerz in allen seinen Abstufungen jemals vor Augen und zur Seele gekommen. Die griechischen Tragödien allein haben so einfach-tief Ergreifendes.

Den 30. August

Vom heutigen Tag, der uns gegen Verdun bringen sollte[52], versprachen wir uns Abenteuer, und sie blieben nicht aus. Der auf- und abwärts gehende Weg war schon besser getrocknet, das Fuhrwerk zog ungehinderter dahin, die Reiter bewegten sich leichter und vergnüglich.

Es hatte sich eine muntere Gesellschaft zusammengefunden, die, wohl beritten, so weit vorging, bis sie einen Zug Husaren antraf, der den eigentlichen Vortrab der Hauptarmee machte. Der Rittmeister, ein gesetzter Mann, schon über die mittlern Jahre, schien unsere Ankunft nicht gerne zu sehen. Die strengste Aufmerksamkeit war ihm empfohlen, alles sollte mit Vorsicht geschehen, jede unangenehme Zufälligkeit klüglich beseitigt werden. Er hatte seine Leute kunstmäßig verteilt, sie ruckten einzeln vor in gewissen Entfernungen, und alles begab sich in der größten Ordnung und Ruhe. Menschenleer war die Gegend, die äußerste Einsamkeit ahnungsvoll. So waren wir, Hügel auf Hügel ab, über Mangiennes, Damvillers, Wawrille und Ormont gekommen, als auf einer Höhe, die eine schöne Aussicht gewährte, rechts in den Weinbergen ein Schuß fiel, worauf die Husaren sogleich zufuhren, die nächste Umgebung zu untersuchen. Sie brachten auch wirklich einen schwarzhaarigen bärtigen Mann herbei, der ziemlich wild aussah und bei dem man ein schlechtes Terzerol[53] gefunden hatte. Er sagte trotzig, daß er die Vögel aus seinem Weinberg verscheuche und niemand etwas zu Leide tue. Der Rittmeister schien, bei stiller Überlegung, diesen Fall mit seinen gemessenen Ordres zusammenzuhalten und entließ den bedrohten Gefangenen mit einigen Hieben, die der Kerl so eilig mit auf den Weg nahm, daß man ihm seinen Hut mit großem Lustgeschrei nachwarf, den er aber aufzunehmen keinen Beruf empfand.

Der Zug ging weiter, wir unterhielten uns über die Vorkommenheiten und über manches, was zu erwarten sein möchte. Nun ist zu bemerken, daß unsere kleine Gesellschaft, wie sie sich den Husaren aufgedrungen hatte, zufällig zusammengekommen, aus den verschiedensten Elementen bestand; meistens waren es gradsinnige, jeder nach seiner Weise dem Augenblick gewidmete Menschen. Einen jedoch muß ich besonders auszeichnen, einen ernsten, sehr achtbaren Mann, von der Art, wie sie zu jener Zeit unter den preußischen Kriegsleuten öfter vorkamen, mehr ästhetisch als philosophisch gebildet, ernst mit einem gewissen hypochondrischen Zuge, still in sich gekehrt und zum Wohltun mit zarter Leidenschaft aufgelegt.

Als wir so weiter vor uns hinrückten, trafen wir auf eine so seltsame als angenehme Erscheinung, die eine allgemeine Teilnahme erregte. Zwei Husaren brachten ein einspänniges, zweirädriges Wägelchen den Berg herauf, und als wir uns erkundigten, was unter der übergespannten Leinwand wohl befindlich sein möchte, so fand sich ein Knabe von etwa zwölf Jahren, der das Pferd lenkte, und ein wunderschönes Mädchen oder Weibchen, das sich aus der Ecke hervorbeugte, um die vielen Reiter anzusehen, die ihren zweirädrigen Schirm umzingelten. Niemand blieb ohne Teilnahme, aber die eigentlich tätige Wirkung für die Schöne mußten wir unserm empfindenden Freund überlassen, der von dem Augenblick an, als er das bedürftige Fuhrwerk näher betrachtet, sich zur Rettung unaufhaltsam hingedrängt fühlte. Wir traten in den Hintergrund, er aber fragte genau nach allen Umständen, und es fand sich, daß die junge Person, in Samogneux wohnhaft, dem bevorstehenden Bedrängnis seitwärts zu entfernteren Freunden auszuweichen willens, sich eben der Gefahr in den Rachen geflüchtet habe; wie in solchen ängstlichen Fällen der Mensch wähnt, es sei überall besser als da, wo er ist. Einstimmig ward ihr nun auf das freundlichste begreiflich gemacht, daß sie zurückkehren müsse. Auch unser Anführer, der Rittmeister, der zuerst eine Spionerei hier wittern wollte, ließ sich endlich durch die herzliche Rhetorik des sittlichen Mannes überreden; der sie denn auch, zwei Husaren an der Seite, bis an ihren Wohnort, einigermaßen getröstet, zurückbrachte, woselbst sie uns, die wir in bester Ordnung und Mannszucht bald nachher

durchzogen, auf einem Mäuerchen unter den Ihrigen stehend, freundlich und, weil das erste Abenteuer so gut gelungen war, hoffnungsvoll begrüßte.
Es gibt dergleichen Pausen mitten in den Kriegszügen, wo man durch augenblickliche Mannszucht sich Kredit zu verschaffen sucht und eine Art von gesetzlichem Frieden mitten in der Verwirrung beordert. Diese Momente sind köstlich für Bürger und Bauern und für jeden, dem das dauernde Kriegsunheil noch nicht allen Glauben an Menschlichkeit geraubt hat.
Ein Lager diesseits Verdun[54] wird aufgeschlagen, und man zählt auf einige Tage Rast.

Den Einunddreißigsten[55] morgens war ich im Schlafwagen, gewiß der trockensten, wärmsten und erfreulichsten Lagerstätte, halb erwacht, als ich etwas an den Ledervorhängen rauschen hörte und bei Eröffnung derselben den Herzog von Weimar erblickte, der mir einen unerwarteten Fremden vorstellte. Ich erkannte sogleich den abenteuerlichen Grothaus[56], der, seine Parteigängerrolle auch hier zu spielen nicht abgeneigt, angelangt war, um den bedenklichen Auftrag der Aufforderung Verduns zu übernehmen. In Gefolg dessen war er gekommen, unsern fürstlichen Anführer um einen Stabstrompeter zu ersuchen, welcher, einer solchen besondern Auszeichnung sich erfreuend, alsobald zu dem Geschäft beordert wurde. Wir begrüßten uns, alter Wunderlichkeiten eingedenk, auf das heiterste, und Grothaus eilte zu seinem Geschäft; worüber denn, als es vollbracht war, gar mancher Scherz getrieben wurde. Man erzählte sich, wie er, den Trompeter voraus, den Husaren hinterdrein, die Fahrstraße hinabgeritten, die Verduner aber als Sansculotten[57], das Völkerrecht nicht kennend oder verachtend, auf ihn kanoniert, wie er ein weißes Schnupftuch an die Trompete befestigt und immer heftiger zu blasen befohlen; wie er von einem Kommando eingeholt und mit verbundenen Augen allein in die Festung geführt, alldort schöne Reden gehalten, aber nichts bewirkt, und was dergleichen mehr war, wodurch man denn, nach Weltart, den geleisteten Dienst zu verkleinern und dem Unternehmenden die Ehre zu verkümmern wußte. Als nun die Festung, wie natürlich, auf die erste Forderung, sich zu ergeben, abgeschlagen, mußte man mit Anstalten zum Bombardement vorschreiten. Der Tag ging hin, indessen besorgt' ich noch ein kleines Geschäft, dessen gute Folgen sich mir bis auf den heutigen Tag erstrecken. In Mainz hatte mich Herr von Stein mit dem Jägerischen Atlas versorgt[58], welcher den gegenwärtigen, hoffentlich auch den nächstkünftigen Kriegsschauplatz in mehreren Blättern darstellte. Ich nahm das eine hervor, das siebenundvierzigste, in dessen Bezirk ich bei Longwy hereingetreten war, und da unter des Herzogs Leuten sich gerade ein Boßler befand, so ward es zerschnitten und aufgezogen und dient mir noch zur Wiedererinnerung jener für die Welt und mich so bedeutenden Tage.

Nach solchen Vorbereitungen, zum künftigen Nutzen und augenblicklicher Bequemlichkeit, sah ich mich um auf der Wiese, wo wir lagerten, und von wo sich die Zelte bis auf die Hügel erstreckten. Auf dem großen grünen ausgebreiteten Teppich zog ein wunderliches Schauspiel meine Aufmerksamkeit an sich: eine Anzahl Soldaten hatten sich in einen Kreis gesetzt und hantierten etwas innerhalb desselben. Bei näherer Untersuchung fand ich sie um einen trichterförmigen Erdfall gelagert, der, von dem reinsten Quellwasser gefüllt, oben etwa dreißig Fuß im Durchmesser haben konnte. Nun waren es unzählige kleine Fischchen, nach denen die Kriegsleute angelten, wozu sie das Gerät neben ihrem übrigen Gepäcke mitgebracht hatten. Das Wasser war das klarste von der Welt und die Jagd lustig genug anzusehen. Ich hatte jedoch nicht lange diesem Spiele zugeschaut, als ich bemerkte, daß die Fischlein, indem sie sich bewegten, verschiedene Farben spielten[59]. Im ersten Augenblick hielt ich diese Erscheinung für Wechselfarben der beweglichen Körperchen, doch bald eröffnete sich mir eine willkommene Aufklärung. Eine Scherbe Steingut war in den Trichter gefallen, welche mir aus der Tiefe herauf die schönsten prismatischen Farben gewährte[60]. Heller als der Grund, dem Auge entgegengehoben, zeigte sie an dem von mir abstehenden Rande die Blau- und Violettfarbe, an dem mir zugekehrten Rande dagegen die rote und gelbe. Als ich mich darauf um die Quelle ringsum bewegte, folgte mir, wie natürlich bei einem solchen subjektiven Versuche, das Phänomen, und die Farben erschienen, bezüglich auf mich, immer dieselbigen.

Leidenschaftlich ohnehin mit diesen Gegenständen beschäftigt, machte mir's die größte Freude, dasjenige hier unter freiem Himmel so frisch und natürlich zu sehen, weshalb sich die Lehrer der Physik schon fast hundert Jahre mit ihren Schülern in eine dunkle Kammer einzusperren pflegten. Ich verschaffte mir noch einige Scherbenstücke, die ich hineinwarf, und konnte gar wohl bemerken, daß die Erscheinung unter der Oberfläche des Wassers sehr bald anfing, beim Hinabsinken immer zunahm, und zuletzt ein kleiner weißer Körper, ganz überfärbt, in Gestalt eines Flämmchens am Boden anlangte. Dabei erinnerte ich mich, daß Agricola[61] schon dieser Erscheinung gedacht und sie unter die feurigen Phänomene zu rechnen sich bewogen gesehn.

Nach Tische ritten wir auf den Hügel, der unseren Zelten die Ansicht von Verdun verbarg; wir fanden die Lage der Stadt, als einer solchen, sehr angenehm von Wiesen, Gärten umgeben, in einer heitern Fläche, von der Maas in mehreren Ästen durchströmt, zwischen näheren und ferneren Hügeln; als Festung freilich einem Bombardement von allen Seiten ausgesetzt. Der Nachmittag ging hin mit Errichtung der Batterien, da die Stadt sich zu ergeben geweigert hatte. Mit guten Ferngläsern beschauten wir indessen die Stadt und konnten ganz genau erkennen, was auf dem gegen uns gekehrten Wall vorging: mancherlei Volk, das sich hin und her bewegte und besonders an einem Fleck sehr tätig zu sein schien.

Um Mitternacht fing das Bombardement an[62], sowohl von der Batterie auf unserem rechten Ufer als von einer andern auf dem linken, welche, näher gelegen und mit Brandraketen spielend, die stärkste Wirkung hervorbrachte. Diese geschwänzten Feuermeteore mußte man denn ganz gelassen durch die Luft fahren und bald darauf ein Stadtquartier in Flammen sehen. Unsere Ferngläser, dorthin gerichtet, gestatteten uns auch, dieses Unheil im einzelnen zu betrachten; wir konnten die Menschen erkennen, die sich oben auf den Mauern dem Brande Einhalt zu tun eifrig bemühten, wir konnten die freistehenden, zusammenstürzenden Gesparre bemerken und unterscheiden. Dieses alles geschah in Gesellschaft von Bekannten und Unbekannten, wobei es unsägliche, oft widersprechende Bemerkungen gab und gar verschiedene Gesinnungen geäußert wurden. Ich war in eine Batterie getreten, die eben gewaltsam arbeitete, allein der fürchterlich dröhnende Klang abgefeuerter Haubitzen fiel meinem friedlichen Ohr unerträglich, ich mußte mich bald entfernen. Da traf ich auf den Fürsten Reuß den XIV.[63], der mir immer ein freundlicher gnädiger Herr gewesen. Wir gingen hinter Weinbergsmauern hin und her, durch sie geschützt vor den Kugeln, welche herauszusenden die Belagerten nicht faul waren. Nach mancherlei politischen Gesprächen, die uns denn freilich nur in ein Labyrinth von Hoffnungen und Sorgen verwickelten, fragte mich der Fürst: womit ich mich gegenwärtig beschäftige? und war sehr verwundert, als ich, anstatt von Tragödien und Romanen zu vermelden, aufgeregt durch die heutige Refraktionserscheinung[64], von der Farbenlehre mit großer Lebhaftigkeit zu sprechen begann. Denn es ging mir mit diesen Entwicklungen natürlicher Phänomene wie mit Gedichten: ich machte sie nicht, sondern sie machten mich. Das einmal erregte Interesse behauptete sein Recht, die Produktion ging ihren Gang, ohne sich durch Kanonenkugeln und Feuerballen im mindesten stören zu lassen. Der Fürst verlangte, daß ich ihm faßlich machen sollte, wie ich in dieses Feld geraten. Hier gereichte mir nun der heutige Fall zu besonderem Nutzen und Frommen.

Bei einem solchen Manne bedurft' es nicht vieler Worte, um

ihn zu überzeugen, daß ein Naturfreund, der sein Leben gewöhnlich im Freien, es sei nun im Garten, auf der Jagd, reisend oder durch Feldzüge durchgeführt, Gelegenheit und Muße genug finde, die Natur im großen zu betrachten und sich mit den Phänomenen aller Art bekannt zu machen. Nun bieten aber atmosphärische Luft, Dünste, Regen, Wasser und Erde uns immerfort abwechselnde Farbenerscheinungen, und zwar unter so verschiedenen Bedingungen und Umständen, daß man wünschen müsse, solche bestimmter kennenzulernen, sie zu sondern, unter gewisse Rubriken zu bringen, ihre nähere und fernere Verwandtschaft auszuforschen. Hiedurch gewinne man nun in jedem Fach neue Ansichten, unterschieden von der Lehre der Schule[65] und von gedruckten Überlieferungen. Unsere Altväter hätten, begabt mit großer Sinnlichkeit[66], vortrefflich gesehen, jedoch ihre Beobachtungen nicht fort- noch durchgesetzt, am wenigsten sei ihnen gelungen, die Phänomene wohl zu ordnen und unter die rechten Rubriken zu bringen.

Dergleichen ward abgehandelt, als wir den feuchten Rasen hin- und hergingen; ich setzte, aufgeregt durch Fragen und Einreden, meine Lehre fort, als die Kälte des einbrechenden Morgens uns an ein Biwak der Östreicher trieb, welches, die ganze Nacht unterhalten, einen ungeheuern wohltätigen Kohlenkreis darbot. Eingenommen von meiner Sache, mit der ich mich erst seit zwei Jahren beschäftigte[67], und die also noch in einer frischen, unreifen Gärung begriffen war, hätte ich kaum wissen können, ob der Fürst mir auch zugehört, wenn er nicht einsichtige Worte dazwischen gesprochen und zum Schluß meinen Vortrag wieder aufgenommen und beifällige Aufmunterung gegönnt hätte.

Wie ich denn immer bemerkt habe, daß mit Geschäfts- und Weltleuten, die sich gar vielerlei aus dem Stegreife müssen vortragen lassen und deshalb immer auf ihrer Hut sind, um nicht hintergangen zu werden, viel besser auch in wissenschaftlichen Dingen zu handeln ist, weil sie den Geist frei halten und dem Referenten aufpassen, ohne weiteres Interesse als eigene Aufklärung; da Gelehrte hingegen gewöhnlich nichts hören, als was sie gelernt und gelehrt haben, und worüber sie mit ihresgleichen übereingekommen sind. An die Stelle des Gegenstandes setzt sich ein Wort-Kredo[68], bei welchem denn so gut zu verharren ist als bei irgendeinem andern.

Der Morgen war frisch, aber trocken, wir gingen, teils gebraten, teils erstarrt, wieder auf und ab und sahen an den Weinbergsmauern sich auf einmal etwas regen. Es war ein Piquet[69] Jäger, das die Nacht da zugebracht hatte, nun aber Büchse und Tornister wieder aufnahm, hinab in die niedergebrannten Vorstädte zog, um von da aus die Wälle zu beunruhigen. Einem wahrscheinlichen Tod entgegengehend, sangen sie sehr libertine Lieder[70], in dieser Lage vielleicht verzeihbar.

Kaum verließen sie die Stätte, als ich auf der Mauer, an der sie geruht, ein sehr auffallendes geologisches Phänomen zu bemerken glaubte; ich sah auf dem von Kalkstein errichteten weißen Mäuerchen ein Gesims von hellgrünen Steinen, völlig von der Farbe des Jaspis[71], und war höchlich betroffen, wie, mitten in diesen Kalkflözen, eine so merkwürdige Steinart in solcher Menge sich sollte gefunden haben. Auf die eigenste Weise ward ich jedoch entzaubert, als ich, auf das Gespenst losgehend, sogleich bemerkte, daß es das Innere von verschimmeltem Brot sei, das, den Jägern ungenießbar, mit gutem Humor ausgeschnitten und zur Verzierung der Mauer ausgebreitet worden.

Hier gab es nun sogleich Gelegenheit, von der, seitdem wir in Feindesland eingetreten, immer wieder zur Sprache kommenden Vergiftung zu reden; welche freilich ein kriegendes Heer mit panischem Schrecken erfüllt, indem nicht allein jede vom Wirt angebotene Speise, sondern auch das selbstgebackene Brot verdächtig wird, dessen innerer, schnell sich entwickelnder Schimmel ganz natürlichen Ursachen zuzuschreiben ist.

Es war den ersten September früh um acht Uhr, als das Bombardement aufhörte, ob man gleich noch immerfort Ku-

geln hinüber und herüber wechselte. Besonders hatten die Belagerten einen Vierundzwanzigpfünder gegen uns gekehrt, dessen sparsame Schüsse sie mehr zum Scherz als Ernst verwendeten.
Auf der freien Höhe, zur Seite der Weinberge, grad im Angesichte dieses gröbsten Geschützes, waren zwei Husaren zu Pferd aufgestellt, um Stadt und Zwischenraum aufmerksam zu beobachten. Diese blieben die Zeit ihrer Postierung über unangefochten. Weil aber bei der Ablösung sich nicht allein die Zahl der Mannschaft vermehrte, sondern auch manche Zuschauer grad in diesem Augenblick herbeiliefen und ein tüchtiger Klump Menschen zusammenkam, so hielten jene ihre Ladung bereit. Ich stand in diesem Augenblick mit dem Rücken dem ungefähr hundert Schritt entfernten Husaren- und Volkstrupp zugekehrt, mich mit einem Freund besprechend, als auf einmal der grimmige, pfeifend-schmetternde Ton hinter mir hersauste, so daß ich mich auf dem Absatz herumdrehte, ohne sagen zu können, ob der Ton, die bewegte Luft, eine innere psychische, sittliche Anregung[72] dieses Umkehren hervorgebracht. Ich sah die Kugel, weit hinter der auseinandergestobenen Menge, noch durch einige Zäune rikoschettieren[73]. Mit großem Geschrei lief man ihr nach, als sie aufgehört hatte, furchtbar zu sein; niemand war getroffen, und die Glücklichen, die sich dieser runden Eisenmasse bemächtigt, trugen sie im Triumph umher.
Gegen Mittag wurde die Stadt zum zweitenmal aufgefordert und erbat sich vierundzwanzig Stunden Bedenkzeit. Diese nutzten auch wir, uns etwas bequemer einzurichten, um zu proviantieren, die Gegend umher zu bereiten, wobei ich denn nicht unterließ, mehrmals zu der unterrichtenden Quelle zurückzukehren, wo ich meine Beobachtungen ruhiger und besonnener anstellen konnte; denn das Wasser war rein ausgefischt und hatte sich vollkommen klar und ruhig gesetzt, um das Spiel der niedersinkenden Flämmchen nach Lust zu wiederholen, und ich befand mich in der angenehmsten Gemütsstimmung. Einige Unglücksfälle versetzten jedoch uns wieder bald in Kriegszustand.

Ein Offizier von der Artillerie suchte sein Pferd zu tränken; der Wassermangel in der Gegend war allgemein; meine Quelle, an der er vorbeiritt, lag nicht flach genug, er begab sich nach der nahe fließenden Maas, wo er an einem abhängigen Ufer versank: das Pferd hatte sich gerettet, ihn trug man tot vorbei.
Kurz darauf sah und hörte man eine starke Explosion im östreichischen Lager, an dem Hügel, zu dem wir hinaufsehen konnten; Knall und Dampf wiederholte sich einigemal. Bei einer Bombenfüllung war, durch Unvorsichtigkeit, Feuer entstanden, das höchste Gefahr drohte; es teilte sich schon gefüllten Bomben mit, und man hatte zu fürchten, der ganze Vorrat möchte in die Luft gehen. Bald aber war die Sorge gestillt durch rühmliche Tat kaiserlicher Soldaten, welche, die bedrohende Gefahr verachtend, Pulver und gefüllte Bomben aus dem Zeltraum eilig hinaustrugen.

So ging auch dieser Tag hin; am andern Morgen ergab sich die Stadt und ward in Besitz genommen; sogleich aber sollte uns ein republikanischer Charakterzug begegnen. Der Kommandant Beaurepaire[74], bedrängt von der bedrängten Bürgerschaft, die bei fortdauerndem Bombardement ihre ganze Stadt verbrannt und zerstört sah, konnte die Übergabe nicht länger verweigern; als er aber auf dem Rathaus in voller Sitzung seine Zustimmung gegeben hatte, zog er ein Pistol hervor und erschoß sich, um abermals ein Beispiel höchster patriotischer Aufopferung darzustellen[75].
Nach dieser so schnellen Eroberung von Verdun zweifelte niemand mehr, daß wir bald darüber hinausgelangen und in Châlons und Epernay uns von den bisherigen Leiden an gutem Weine bestens erholen sollten. Ich ließ daher ungesäumt die Jägerischen Karten, welche den Weg nach Paris bezeichneten, zerschneiden und sorgfältig aufziehen, auch auf die Rückseite weißes Papier kleben, wie ich es schon bei der ersten getan, um kurze Tagesbemerkungen flüchtig aufzuzeichnen.

Den 3. September[76]

Früh hatte sich eine Gesellschaft zusammengefunden[77], nach der Stadt zu reiten, an die ich mich anschloß. Wir fanden, gleich beim Einritt, große frühere Anstalten, die auf einen längeren Widerstand hindeuteten; das Straßenpflaster war in der Mitte durchaus aufgehoben und gegen die Häuser angehäuft, das feuchte Wetter machte deshalb das Umherwandeln nicht erfreulich. Wir besuchten aber sogleich die namentlich gerühmten Läden, wo der beste Likör aller Art zu haben war. Wir probierten ihn durch und versorgten uns mit mancherlei Sorten. Unter andern war einer namens »Baume humain«, welcher, weniger süß, aber stärker, ganz besonders erquickte. Auch die Drageen, überzuckerte kleine Gewürzkörner in saubern zylindrischen Deuten[78], wurden nicht abgewiesen. Bei so vielem Guten gedachte man nun der lieben Zurückgelassenen, denen dergleichen am friedlichen Ufer der Ilm gar wohl behagen möchte[79]. Kistchen wurden gepackt; gefällige, wohlwollende Couriere, das bisherige Kriegsglück in Deutschland zu melden beauftragt, waren geneigt, sich mit einigem Gepäck dieser Art zu belasten, wodurch sich denn die Freundinnen zu Hause in höchster Beruhigung überzeugen mochten, daß wir in einem Lande wallfahrteten, wo Geist und Süßigkeit niemals ausgehen dürfen.

Als wir nun darauf die teilweis verletzte und verwüstete Stadt beschauten, waren wir veranlaßt, die Bemerkung zu wiederholen: daß bei solchem Unglück, welches der Mensch dem Menschen bereitet, wie bei dem, was die Natur uns zuschickt, einzelne Fälle vorkommen, die auf eine Schickung, eine günstige Vorsehung hinzudeuten scheinen. Der untere Stock eines Eckhauses auf dem Markte ließ einen von vielen Fenstern wohlerleuchteten Fayenceladen sehen; man machte uns aufmerksam, daß eine Bombe, von dem Platz aufschlagend, an den schwachen steinernen Türpfosten des Ladens gefahren, von demselben aber wieder abgewiesen, andere Richtung genommen habe. Der Türpfosten war wirklich beschädigt, aber er hatte die Pflicht eines guten Vorfechters getan: die Glanzfülle des oberflächlichen Porzellans stand in widerspiegelnder Herrlichkeit hinter den wasserhellen, wohlgeputzten Fenstern.

Mittags am Wirtstische wurden wir mit guten Schöpsenkeulen und Wein von Bar traktiert, den man, weil er nicht verfahren[80] werden kann, im Lande selbst aufsuchen und genießen muß. Nun ist aber an solchen Tischen Sitte, daß man wohl Löffel, jedoch weder Messer noch Gabel erhält, die man daher mitbringen muß. Von dieser Landesart unterrichtet, hatten wir schon solche Bestecke angeschafft, die man dort flach und zierlich gearbeitet zu kaufen findet. Muntere, resolute Mädchen warteten auf, nach derselben Art und Weise, wie sie vor einigen Tagen ihrer Garnison noch aufgewartet hatten.

Bei der Besitznehmung von Verdun ereignete sich jedoch ein Fall, der, obgleich nur einzeln, großes Aufsehen erregte und allgemeine Teilnahme heranrief. Die Preußen zogen ein, und es fiel aus der französischen Volksmasse ein Flintenschuß, der niemand verletzte[81], dessen Wagestück aber ein französischer Grenadier nicht verleugnen konnte noch wollte. Auf der Hauptwache, wohin er gebracht wurde, hab ich ihn selbst gesehn: es war ein sehr schöner, wohlgebildeter junger Mann, festen Blicks und ruhigen Betragens. Bis sein Schicksal entschieden wäre, hielt man ihn läßlich. Zunächst an der Wache war eine Brücke[82], unter der ein Arm der Maas durchzog; er setzte sich aufs Mäuerchen, blieb eine Zeitlang ruhig, dann überschlug er sich rückwärts in die Tiefe und ward nur tot aus dem Wasser herausgebracht.

Diese zweite heroische, ahnungsvolle Tat erregte leidenschaftlichen Haß bei den frisch Eingewanderten[83] und ich hörte sonst verständige Personen behaupten, man möchte weder diesem noch dem Kommandanten ein ehrlich Begräbnis gestatten. Freilich hatte man sich andere Gesinnungen versprochen, und noch sah man nicht die geringste Bewegung unter den fränkischen Truppen[84], zu uns überzugehen.

Größere Heiterkeit verbreitete jedoch die Erzählung, wie

der König in Verdun aufgenommen worden: vierzehn der schönsten, wohlerzogensten Frauenzimmer hatten Ihro Majestät mit angenehmen Reden, Blumen und Früchten bewillkommt[85]. Seine Vertrautesten jedoch rieten ihm ab, vom Genuß Vergiftung befürchtend; aber der großmütige Monarch verfehlte nicht, diese wünschenswerten Gaben mit galanter Wendung anzunehmen und sie zutraulich zu kosten. Diese reizenden Kinder schienen auch unseren jungen Offizieren einiges Vertrauen eingeflößt zu haben; gewiß, diejenigen, die das Glück gehabt, dem Ball beizuwohnen, konnten nicht genug von Liebenswürdigkeit, Anmut und gutem Betragen sprechen und rühmen[86].

Aber auch für solidere Genüsse war gesorgt: denn wie man gehofft und vermutet hatte, fanden sich die besten und reichlichsten Vorräte in der Festung, und man eilte, vielleicht nur zu sehr, sich daran zu erholen. Ich konnte gar wohl bemerken, daß man mit geräuchertem Speck und Fleisch, mit Reis und Linsen und andern guten und notwendigen Dingen nicht haushältisch genug verfahre, welches in unserer Lage bedenklich schien. Lustig dagegen war die Art, wie ein Zeughaus, oder Waffensammlung aller Art, ganz gelassen geplündert ward. In ein Kloster hatte man allerlei Gewehre, mehr alte als neue, und mancherlei seltsame Dinge gebracht, womit der Mensch, der sich zu wehren Lust hat, den Gegner abhält oder wohl gar erlegt.

Mit jener sanften Plünderung aber verhielt es sich folgendermaßen: als, nach eingenommener Stadt, die hohen Militärpersonen sich von den Vorräten aller Art zu überzeugen gedachten, begaben sie sich ebenfalls in diese Waffensammlung, und indem sie solche für das allgemeine Kriegsbedürfnis in Anspruch nahmen, fanden sie manches Besondere, welches dem einzelnen zu besitzen nicht unangenehm wäre, und niemand war leicht mit Musterung dieser Waffen beschäftigt, der nicht auch für sich etwas herausgemustert hätte. Dies ging nun durch alle Grade durch, bis dieser Schatz zuletzt beinahe ganz ins Freie fiel. Nun gab jedermann der angestellten Wache ein kleines Trinkgeld, um sich diese Sammlung zu besehen, und nahm dabei etwas mit heraus, was ihm anstehen mochte. Mein Diener erbeutete auf diese Weise einen flachen, hohen Stock, der, mit Bindfaden stark und geschickt umwunden, dem ersten Anblick nach nichts weiter erwarten ließ; seine Schwere aber deutete auf einen gefährlichen Inhalt, auch enthielt er eine sehr breite, wohl vier Fuß lange Degenklinge, womit eine kräftige Faust Wunder getan hätte.

So zwischen Ordnung und Unordnung, zwischen Erhalten und Verderben, zwischen Rauben und Bezahlen lebte man immer hin, und dies mag es wohl sein, was den Krieg für das Gemüt eigentlich verderblich macht. Man spielt den Kühnen, Zerstörenden, dann wieder den Sanften, Belebenden; man gewöhnt sich an Phrasen, mitten in dem verzweifeltsten Zustand Hoffnung zu erregen und zu beleben; hierdurch entsteht nun eine Art von Heuchelei, die einen besondern Charakter hat und sich von der pfäffischen, höfischen, oder wie sie sonst heißen mögen, ganz eigen unterscheidet.

Einer merkwürdigen Person aber muß ich noch gedenken, die ich, zwar nur in der Entfernung, hinter Gefängnisgittern gesehen: es war der Postmeister von Sainte Menehould[87], der sich, ungeschickterweise, von den Preußen hatte fangen lassen. Er scheute keineswegs die Blicke der Neugierigen und schien bei seinem ungewissen Schicksal ganz ruhig. Die Emigrierten behaupteten, er habe tausend Tode verdient und hetzten deshalb an den obersten Behörden, denen aber zum Ruhme zu rechnen ist, daß sie, in diesem wie in andern Fällen, sich mit geziemender hoher Ruhe und anständigem Gleichmut betragen[88].

Am 4. September

Die viele Gesellschaft, die ab- und zuging, belebte unsere Zelte den ganzen Tag; man hörte vieles erzählen, vieles bereden und beurteilen, die Lage der Dinge tat sich deutlicher auf als bisher. Alle waren einig, daß man so schnell als möglich nach Paris vordringen müsse. Die Festungen Montmédy und Sedan hatte man unerobert sich zur Seite gelassen und schien von der in dortiger Gegend stehenden Armee[89] wenig zu befürchten.

Lafayette[90], auf welchem das Vertrauen des Kriegsvolks beruhte, war genötigt gewesen, aus der Sache zu scheiden; er sah sich gedrängt, zum Feinde überzugehen, und ward als Feind behandelt. Dumouriez[91], wenn er auch sonst als Minister Einsicht in Militärangelegenheiten bewiesen hatte, war durch keinen Feldzug berühmt, und aus der Kanzlei zum Oberbefehl der Armee befördert, schien er auch nur jene Inkonsequenz und Verlegenheit des Augenblicks zu beweisen. Von der andern Seite verlauteten die traurigen Vorfälle von der Hälfte des Augusts aus Paris[92], wo, dem braunschweigischen Manifest zum Trutze, der König gefangengenommen, abgesetzt und als Missetäter behandelt wurde. Was aber für die nächsten Kriegsoperationen höchst bedenklich sei, ward am umständlichsten besprochen.

Der waldbewachsene Gebirgsriegel, welcher die Aire von Süden nach Norden an ihm herzufließen nötigt, Forêt d'Argonne genannt[93], lag unmittelbar vor uns und hielt unsere Bewegung auf. Man sprach viel von den Isletten, dem bedeutenden Paß zwischen Verdun und Sainte Menehould. Warum er nicht besetzt werde, besetzt worden sei, darüber konnte man sich nicht vereinigen. Die Emigrierten sollten ihn einen Augenblick überrumpelt haben, ohne ihn halten zu können. Die abziehende Besatzung von Longwy hatte sich, soviel wußte man, dorthin gezogen; auch Dumouriez schickte, während wir uns auf dem Marsch nach Verdun und mit dem Bombardement der Stadt beschäftigten, Truppen querüber durchs Land, um diesen Posten zu verstärken und den rechten Flügel seiner Position hinter Grandpré zu decken und so den Preußen, Östreichern und Emigrierten ein zweites Thermopylä entgegenzustellen.

Man gestand sich einander die höchst ungünstige Lage und mußte sich in die Anstalten fügen, wornach die Armee, welche unaufhaltsam gerade vorwärts hätte dringen sollen, die Aire hinabziehen sollte, um sich an den verschanzten Bergschluchten auf gut Glück zu versuchen; wobei noch für höchst vorteilhaft galt, daß Clermont[94] den Franzosen entrissen und von Hessen besetzt sei, welche, gegen die Isletten operierend, sie, wo nicht wegnehmen, doch beunruhigen konnten.

Den 6. September

In diesem Sinne ward nunmehr das Lager verändert und kam hinter Verdun zu stehen[95]; das Hauptquartier des Königs, Glorieux, des Herzogs von Braunschweig, Regret genannt, gab zu wunderlichen Betrachtungen Anlaß[96]. An den ersten Ort gelangt' ich selbst durch einen verdrießlichen Zufall. Des Herzogs von Weimar Regiment sollte bei Jardin Fontaine zu stehen kommen, nahe an der Stadt und der Maas; zum Tore fuhren wir glücklich hinaus, indem wir uns in den Wagenzug eines unbekannten Regiments einschwärzten und von ihm fortschleppen ließen, obgleich zu bemerken war, daß man sich zu weit entferne; auch hätten wir nicht einmal bei dem schmalen Wege aus der Reihe weichen können, ohne uns in den Gräben unwiederbringlich zu verfahren. Wir schauten rechts und links, ohne zu entdecken, wir fragten ebenso und erhielten keinen Bescheid; denn alle waren fremd wie wir und aufs verdrießlichste von dem Zustand angegriffen. Endlich auf eine sanfte Höhe gelangt, sah ich links unten in einem Tal, das zu guter Jahrszeit ganz angenehm sein mochte, einen hübschen Ort mit bedeutenden Schloßgebäuden, wohin glücklicherweise ein sanfter grüner Rain uns bequem hinunterzubringen versprach. Ich ließ um so eher aus der schrecklichen Fahrleise[97] hinabwärts ausbiegen, als ich unten Offiziere und Reitknechte hin- und widersprengen, Packwagen und Chaisen aufgefahren sah; ich vermutete eins der Hauptquartiere, und so fand sich's: es war Glorieux, der Aufenthalt des Königs. Aber auch da war mein Fragen: wo Jardin Fontaine liege? ganz umsonst. Endlich begegnete ich wie einem Himmelsboten Herrn von Alvensleben[98], der sich mir früher freundlich erwiesen hatte,

dieser gab mir denn Bescheid, ich solle den von allem Fuhrwerk freien Dorfweg im Tale bis nach der Stadt verfolgen, vor derselben aber links durchzudringen suchen, und ich würde Jardin Fontaine gar bald entdecken.
Beides gelang mir, und ich fand auch unsere Zelte aufgeschlagen, aber im schrecklichsten Zustande; man sah sich in grundlosen Kot versenkt, die verfaulten Schlingen der Zelttücher zerrissen eine nach der andern, und die Leinwand schlug dem über Kopf und Schulter zusammen, der darunter sein Heil zu suchen gedachte. Eine Zeitlang hatte man's ertragen, doch fiel zuletzt der Entschluß dahin aus, das Örtchen selbst zu beziehen. Wir fanden in einem wohl eingerichteten Haus und Hof einen guten neckischen Mann als Besitzer, der ehmals Koch in Deutschland gewesen war; mit Munterkeit nahm er uns auf, im Erdgeschoß fanden sich schöne, heitere Zimmer, gutes Kamin, und was sonst nur erquicklich sein konnte.
Das Gefolge des Herzogs von Weimar ward aus der fürstlichen Küche versorgt, unser Wirt verlangte jedoch dringend: ich solle nur ein einziges Mal von seiner Kunst etwas kosten. Er bereitete mir auch wirklich ein höchst wohlschmeckendes Gastmahl, das mir aber sehr übel bekam, so daß ich wohl auch an Gift hätte denken können, wenn mir nicht noch zeitig genug der Knoblauch eingefallen wäre, durch welchen jene Schüsseln erst recht schmackhaft geworden, der auf mich aber, selbst in der geringsten Dosis, höchst gewaltsame Wirkung auszuüben pflegte. Das Übel war bald vorbei, und ich hielt mich nach wie vor desto lieber an die deutsche Küche, solange sie auch nur das mindeste leisten konnte.
Als es zum Abschied ging, überreichte der gutgelaunte Wirt meinem Diener einen vorher versprochenen Brief nach Paris an eine Schwester, die er besonders empfehlen wolle; fügte jedoch nach einigen Hin- und Widerreden gutmütig hinzu: »Du wirst wohl nicht hinkommen.«

Den 11. September

Wir wurden also, nach einigen Tagen gütlicher Pflege, wieder in das schrecklichste Wetter hinausgestoßen; unser Weg ging auf dem Gebirgsrücken hin, der, die Gewässer der Maas und Aire scheidend, beide nach Norden zu fließen nötigt. Unter großen Leiden gelangten wir nach Malancourt, wo wir leere Keller und Küchen wirtlos fanden und schon zufrieden waren, unter Dach, auf trockener Bank, eine spärliche mitgebrachte Nahrung zu genießen. Die Einrichtung der Wohnungen selbst gefiel mir, sie zeugte von einem stillen häuslichen Behagen, alles war einfach naturgemäß, dem unmittelbarsten Bedürfnis genügend. Dies hatten wir gestört, dies zerstörten wir; denn aus der Nachbarschaft erscholl ein Angstruf gegen Plünderer, worauf wir denn, hinzueilend, nicht ohne Gefahr dem Unfug für den Augenblick steuerten. Auffallend genug dabei war, daß die armen unbekleideten Verbrecher, denen wir Mäntel und Hemden entrissen, uns der härtesten Grausamkeit anklagten, daß wir ihnen nicht vergönnen wollten, auf Kosten der Feinde ihre Blöße zu decken.

Aber noch einen eigneren Vorwurf sollten wir erleben. In unser erstes Quartier zurückgekehrt, fanden wir einen vornehmen, uns sonst schon bekannten Emigrierten. Er ward freundlich begrüßt und verschmähte nicht frugale Bissen; allein man konnte ihm eine innere Bewegung anmerken, er hatte etwas auf dem Herzen, dem er durch Ausrufungen Luft zu machen suchte. Als wir nun, früherer Bekanntschaft gemäß, einiges Vertrauen in ihm zu erwecken suchten, so beschrie er die Grausamkeit, welche der König von Preußen an den französischen Prinzen[99] ausübe. Erstaunt, fast bestürzt, verlangten wir nähere Erklärung. Da erfuhren wir nun: der König habe beim Ausmarsch von Glorieux, unerachtet des schrecklichsten Regens, keinen Überrock angezogen, keinen Mantel umgenommen, da denn die königlichen Prinzen ebenfalls sich dergleichen wetterabwehrende Gewande hätten versagen müssen; unser Marquis aber habe

diese allerhöchsten Personen, leicht gekleidet, durch und durch genäßt, träufelnd von abfließender Feuchte, nicht ohne das größte Bejammern anschauen können, ja er hätte, wenn es nütze gewesen wäre, sein Leben daran gewendet, sie in einem trockenen Wagen dahinziehen zu sehen; sie, auf denen Hoffnung und Glück des ganzen Vaterlandes beruhe, die an eine ganz andere Lebensweise gewöhnt seien.
Wir hatten freilich darauf nichts zu erwidern, denn ihm konnte die Betrachtung nicht tröstlich werden, daß der Krieg, als ein Vortod, alle Menschen gleich mache, allen Besitz aufhebe und selbst die höchste Persönlichkeit mit Pein und Gefahr bedrohe.

Den 12. September

Den andern Morgen aber entschloß ich mich, in Betracht so hoher Beispiele, meine leichte und doch mit vier requirierten Pferden bespannte Chaise unter dem Schutz des zuverlässigen Kämmerier Wagner zu lassen, welchem die Equipage und das so nötige bare Geld nachzubringen aufgetragen war. Ich schwang mich, mit einigen guten Gesellen, zu Pferde, und so begaben wir uns auf den Marsch nach Landres. Wir fanden auf Mitte Wegs Wellen[100] und Reisig eines abgeschlagenen Birkenhölzchens, deren innere Trockenheit die äußere Feuchte bald überwand und uns lohe Flammen und Kohle, zur Erwärmung wie zum Kochen genugsam, sehr schnell zum besten gab. Aber die schöne Anstalt einer Regimentstafel war schon gestört, Tische, Stühle und Bänke sah man nicht nachkommen, man behalf sich stehend, vielleicht angelehnt, so gut es gehen wollte. Doch war das Lager gegen Abend glücklich erreicht; so kampierten wir unfern Landres, gerade Grandpré gegenüber, wußten aber gar wohl, wie stark und vorteilhaft der Paß besetzt sei[101]. Es regnete unaufhörlich, nicht ohne Windstoß, die Zeltdecke gewährte wenig Schutz.
Glückselig aber der, dem eine höhere Leidenschaft den Busen füllte; die Farbenerscheinung der Quelle hatte mich dieser

Tage her nicht einen Augenblick verlassen, ich überdachte sie hin und wider, um sie zu bequemen Versuchen zu erheben. Da diktierte ich an Vogel[102], der sich auch hier als treuen Kanzleigefährten erwies, ins gebrochene Konzept und zeichnete nachher die Figuren darneben. Diese Papiere besitz ich noch mit allen Merkmalen des Regenwetters und als Zeugnis eines treuen Forschens auf eingeschlagenem bedenklichem Pfad. Den Vorteil aber hat der Weg zum Wahren, daß man sich unsicherer Schritte, eines Umwegs, ja eines Fehltritts noch immer gern erinnert.
Das Wetter verschlimmerte sich und ward in der Nacht so arg, daß man es für das höchste Glück schätzen mußte, sie unter der Decke des Regimentswagens zuzubringen. Wie schrecklich war da der Zustand, wenn man bedachte, daß man im Angesicht des Feindes gelagert sei und befürchten mußte, daß er aus seinen Berg- und Waldverschanzungen irgendwo hervorzubrechen Lust haben könne.

Vom 13. bis zum 17. September[103]

Traf der Kämmerier Wagner, den Pudel mit eingeschlossen, bei guter Zeit mit aller Equipage bei uns ein; er hatte eine schreckliche Nacht verlebt, war nach tausend andern Hindernissen im Finstern von der Armee abgekommen, verführt durch schlaf- und weintrunkene Knechte eines Generals, denen er nachfuhr. Sie gelangten in ein Dorf und vermuteten die Franzosen ganz nahe. Von allerlei Alarm geängstigt, verlassen von Pferden, die aus der Schwemme nicht zurückkehrten, wußte er sich denn doch so zu richten und zu schikken, daß er von dem unseligen Dorfe loskam und wir uns zuletzt mit allem mobilen Hab und Gut wieder zusammenfanden.
Endlich gab es eine Art von erschütternder Bewegung und zugleich von Hoffnung, man hörte auf unserm rechten Flügel[104] stark kanonieren und sagte sich: General Clerfayt[105] sei aus den Niederlanden angekommen und habe die Fran-

zosen auf ihrer linken Flanke angegriffen. Alles war äußerst gespannt, den Erfolg zu vernehmen.
Ich ritt nach dem Hauptquartier, um näher zu erfahren, was die Kanonade bedeute und was eigentlich zu erwarten sei? Man wußte daselbst noch nichts genau, als daß General Clerfayt mit den Franzosen handgemein sein müsse. Ich traf auf den Major von Weyrach, der sich, aus Ungeduld und Langerweile, soeben zu Pferde setzte und an die Vorposten reiten wollte; ich begleitete ihn, und wir gelangten bald auf eine Höhe, wo man sich weit genug umsehen konnte. Wir trafen auf einen Husarenposten und sprachen mit dem Offizier, einem jungen hübschen Manne. Die Kanonade war weit über Grandpré hinaus, und er hatte Ordre, nicht vorwärts zu gehen, um nicht ohne Not eine Bewegung zu verursachen. Wir hatten uns nicht lange besprochen, als Prinz Louis Ferdinand[106] mit einigem Gefolge ankam, nach kurzer Begrüßung und Hin- und Widerreden von dem Offizier verlangte, daß er vorwärts gehen solle. Dieser tat dringende Vorstellungen, worauf der Prinz aber nicht achtete, sondern vorwärts ritt, dem wir denn alle folgen mußten. Wir waren nicht weit gekommen, als ein französischer Jäger sich von ferne sehen ließ, an uns bis auf Büchsenschußweite heransprengte und sodann umkehrend ebenso schnell wieder verschwand. Ihm folgte der zweite, dann der dritte, welche ebenfalls wieder verschwanden. Der vierte aber, wahrscheinlich der erste, schoß die Büchse ganz ernstlich auf uns ab, man konnte die Kugel deutlich pfeifen hören. Der Prinz ließ sich nicht irren, und jene trieben auch ihr Handwerk, so daß mehrere Schüsse fielen, indem wir unsern Weg verfolgten. Ich hatte den Offizier manchmal angesehen, der zwischen seiner Pflicht und zwischen dem Respekt vor einem königlichen Prinzen in der größten Verlegenheit schwankte. Er glaubte wohl in meinen Blicken etwas Teilnehmendes zu lesen, ritt auf mich zu und sagte: »Wenn Sie irgend etwas auf den Prinzen vermögen, so ersuchen Sie ihn, zurückzugehen, er setzt mich der größten Verantwortung aus; ich habe den strengsten Befehl, meinen angewiesenen Posten

nicht zu verlassen, und es ist nichts vernünftiger, als daß wir den Feind nicht reizen, der hinter Grandpré in einer festen Stellung gelagert ist. Kehrt der Prinz nicht um, so ist in kurzem die ganze Vorpostenkette alarmiert, man weiß im Hauptquartier nicht, was es heißen soll, und der erste Verdruß ergeht über mich ganz ohne meine Schuld.« Ich ritt an den Prinzen heran und sagte: »Man erzeigt mir soeben die Ehre, mir einigen Einfluß auf Ihro Hoheit zuzutrauen, deshalb ich um geneigtes Gehör bitte.« Ich brachte ihm darauf die Sache mit Klarheit vor, welches kaum nötig gewesen wäre, denn er sah selbst alles vor sich und war freundlich genug, mit einigen guten Worten sogleich umzukehren, worauf denn auch die Jäger verschwanden und zu schießen aufhörten. Der Offizier dankte mir aufs verbindlichste, und man sieht hieraus, daß ein Vermittler überall willkommen ist.

Nach und nach klärte sich's auf[107]. Die Stellung Dumouriez' bei Grandpré war höchst fest und vorteilhaft; daß er auf seinem rechten Flügel nicht anzugreifen sei, wußte man wohl; auf seiner Linken waren zwei bedeutende Pässe: La Croix aux Bois und Le Chêne Populeux, beide wohl verhauen und für unzugänglich gehalten; allein der letzte war einem Offizier anvertraut, einem dergleichen Auftrag nicht gewachsenen oder nachlässigen. Die Östreicher griffen an: bei der ersten Attacke blieb Prinz von Ligne, der Sohn, sodann aber gelang es, man überwältigte den Posten, und der große Plan Dumouriez' war zerstört: er mußte seine Stellung verlassen und sich die Aisne hinaufwärts ziehen, und preußische Husaren konnten durch den Paß dringen und jenseits des Argonner Waldes nachsetzen. Sie verbreiteten einen solchen panischen Schrecken über das französische Heer, daß zehntausend Mann vor fünfhundert flohen[108] und nur mit Mühe konnten zum Stehen gebracht und wieder gesammelt werden; wobei sich das Regiment Chamborant besonders hervortat und den Unsrigen ein weiteres Vordringen verwehrte, welche, ohnehin nur gewissermaßen auf Rekognoszieren ausgeschickt, siegreich mit Freuden zurückkehrten und nicht leugneten, einige Wagen gute Beute gemacht zu haben[109]. In das unmittelbar Brauchbare, Geld und Kleidung, hatten sie sich geteilt, mir aber als einem Kanzleimann kamen die Papiere zugut, worunter ich einige ältere Befehle Lafayettes und mehrere höchst sauber geschriebene Listen fand. Was mich aber am meisten überraschte, war ein ziemlich neuer »Moniteur«[110]. Dieser Druck, dieses Format, mit dem man seit einigen Jahren ununterbrochen bekannt gewesen und die man nun seit mehreren Wochen nicht gesehen, begrüßten mich auf eine etwas unfreundliche Weise, indem ein lakonischer Artikel vom dritten September mir drohend zurief: »Les Prussiens pourront venir à Paris, mais ils n'en sortiront pas.«[111] Also hielt man denn doch in Paris für möglich, wir könnten hingelangen; daß wir wieder zurückkehrten, dafür mochten die oberen Gewalten sorgen.

Die schreckliche Lage, in der man sich zwischen Erde und Himmel befand, war einigermaßen erleichtert, als man die Armee zurücken und eine Abteilung der Avantgarde nach der andern vorwärts ziehen sah. Endlich kam die Reihe auch an uns[112], wir gelangten über Hügel, durch Täler, Weinberge vorbei, an denen man sich auch wohl erquickte. Man kam sodann zu aufgehellter Stunde in eine freiere Gegend und sah in einem freundlichen Tal der Aire das Schloß von Grandpré auf einer Höhe sehr wohl gelegen, eben an dem Punkte, wo genannter Fluß sich westwärts zwischen die Hügel drängt, um auf der Gegenseite des Gebirgs sich mit der Aisne zu verbinden, deren Gewässer immer dem Sonnenuntergang zu, durch Vermittlung der Oise, endlich in die Seine gelangen; woraus denn ersichtlich, daß der Gebirgsrücken, der uns von der Maas trennte, zwar nicht von bedeutender Höhe, doch von entschiedenem Einfluß auf den Wasserlauf, uns in eine andere Flußregion zu nötigen geeignet war.

Auf diesem Zuge gelangte ich zufällig in das Gefolge des Königs, dann des Herzogs von Braunschweig; ich unterhielt mich mit Fürst Reuß und andern diplomatisch-militärischen

Bekannten. Diese Reitermassen machten zu der angenehmen Landschaft eine reiche Staffage, man hätte einen van der Meulen[113] gewünscht, um solchen Zug zu verewigen; alles war heiter, munter, voller Zuversicht und heldenhaft. Einige Dörfer brannten zwar vor uns auf, allein der Rauch tut in einem Kriegsbilde auch nicht übel. Man hatte, so hieß es, aus den Häusern auf den Vortrab geschossen, und dieser, nach Kriegsrecht, sogleich die Selbstrache geübt. Es ward getadelt, war aber nicht zu ändern; dagegen nahm man die Weinberge in Schutz, von denen sich die Besitzer doch keine große Lese versprechen durften, und so ging es zwischen freund- und feindseligem Betragen immer vorwärts.

Wir gelangten, Grandpré hinter uns lassend, an und über die Aisne und lagerten bei Vaux les Mouron; hier waren wir nun in der verrufenen Champagne[114], es sah aber so übel noch nicht aus. Über dem Wasser an der Sonnenseite erstreckten sich wohl gehaltene Weinberge, und wo man Dörfer und Scheunen visitierte, fanden sich Nahrungsmittel genug für Menschen und Tiere, nur leider der Weizen nicht ausgedroschen[115], noch weniger genugsame Mühlen, ihn zu mahlen; Öfen zum Backen waren auch selten, und so fing es wirklich an, sich einem tantalischen Zustande[116] zu nähern.

Am 18. September

Dergleichen Betrachtungen anzustellen, versammelte sich eine große Gesellschaft, die überhaupt, wo es Halt gab, sich immer mit einigem Zutrauen, besonders beim Nachmittagskaffee, zusammenfügte; sie bestand aus wunderlichen Elementen, Deutschen und Franzosen, Kriegern und Diplomaten, alles bedeutende Personen, erfahren, klug, geistreich, aufgeregt durch die Wichtigkeit des Augenblicks, Männer, sämtlich von Wert und Würde, aber doch eigentlich nicht in den innern Rat gezogen und also desto mehr bemüht, auszusinnen, was beschlossen sein, was geschehen könnte.

Dumouriez, als er den Paß von Grandpré nicht länger halten konnte, hatte sich die Aisne hinaufgezogen, und da ihm der

Rücken durch die Isletten gesichert war, sich auf die Höhen von Sainte Menehould, die Fronte gegen Frankreich, gestellt. Wir waren durch den engen Paß hereingedrungen, hatten uneroberte Festen, Sedan, Montmédy, Stenay, im Rücken und an der Seite, die uns jede Zufuhr nach Belieben erschweren konnten. Wir betraten beim schlimmsten Wetter ein seltsames Land, dessen undankbarer Kalkboden nur kümmerlich ausgestreute Ortschaften ernähren konnte.
Freilich lag Reims, Châlons und ihre gesegneten Umgebungen nicht fern, man konnte hoffen, sich vorwärts zu erholen; die Gesellschaft überzeugte sich daher beinahe einstimmig, daß man auf Reims marschieren und sich Châlons bemächtigen müsse; Dumouriez könne sich in seiner vorteilhaften Stellung alsdann nicht ruhig verhalten, eine Schlacht wäre unvermeidlich, wo es auch sei: man glaubte sie schon gewonnen zu haben.

Den 19. September

Manches Bedenken gab es daher, als wir den Neunzehnten beordert wurden, auf Massiges unsern Zug zu richten, die Aisne aufwärts zu verfolgen und dieses Wasser sowohl als das Waldgebirg, näher oder ferner, linker Hand zu behalten.
Nun erholte man sich unterwegs von solchen nachdenklichen Betrachtungen, indem man mancherlei Zufälligkeiten und Ereignissen eine heitere Teilnahme schenkte; ein wundersames Phänomen zog meine ganze Aufmerksamkeit auf sich. Man hatte, um mehrere Kolonnen nebeneinander fortzuschieben, die eine querfeldein über flache Hügel geführt, zuletzt aber, als man wieder ins Tal sollte, einen steilen Abhang gefunden; dieser ward nun alsbald, so gut es gehen wollte, abgeböscht, doch blieb er immer noch schroff genug. Nun trat eben zu Mittag ein Sonnenblick hervor und spiegelte sich in allen Gewehren. Ich hielt auf einer Höhe und sah jenen blinkenden Waffenfluß glänzend heranziehen; überraschend aber war es, als die Kolonne an den steilen Abhang gelangte, wo sich die bisher geschlossenen Glieder

sprungweise trennten und jeder einzelne, so gut er konnte, in die Tiefe zu gelangen suchte. Diese Unordnung gab völlig den Begriff eines Wasserfalls, eine Unzahl durcheinander hin und wider blinkender Bajonette bezeichneten die lebhafteste Bewegung. Und als nun unten am Fuße sich alles wieder gleich in Reih und Glied ordnete und sie so, wie sie oben angekommen, nun wieder im Tale fortzogen, ward die Vorstellung eines Flusses immer lebhafter; auch war diese Erscheinung um so angenehmer, als ihre lange Dauer fort und fort durch Sonnenblicke begünstigt wurde, deren Wert man in solchen zweifelhaften Stunden nach langer Entbehrung erst recht schätzen lernte.

Nachmittag gelangten wir endlich nach Massiges, nur noch wenige Stunden vom Feind; das Lager war abgesteckt, und wir bezogen den für uns bestimmten Raum. Schon waren Pfähle geschlagen, die Pferde drangebunden, Feuer angezündet, und der Küchenwagen tat sich auf. Ganz unerwartet kam daher das Gerücht, das Lager solle nicht statthaben, denn es sei die Nachricht angekommen, das französische Heer ziehe sich von Sainte Menehould auf Châlons, der König wolle sie nicht entwischen lassen und habe daher Befehl zum Aufbruch gegeben. Ich suchte an der rechten Schmiede hierüber Gewißheit und vernahm das, was ich schon gehört hatte, nur mit dem Zusatze: auf diese unsichere und unwahrscheinliche Nachricht sei der Herzog von Weimar und der General Heymann[117] mit eben den Husaren, welche die Unruhe erregt, vorgegangen. Nach einiger Zeit kamen diese Generale zurück und versicherten: es sei nicht die geringste Bewegung zu bemerken, auch mußten jene Patrouillen gestehen, daß sie das Gemeldete mehr geschlossen als gesehen hätten.

Die Anregung aber war einmal gegeben, und der Befehl lautete: die Armee solle vorrücken, jedoch ohne das mindeste Gepäck; alles Fuhrwerk sollte bis Maisons-Champagne zurückkehren, dort eine Wagenburg bilden und den, wie man voraussetzte, glücklichen Ausgang einer Schlacht abwarten.

Nicht einen Augenblick zweifelhaft, was zu tun sei, überließ ich Wagen, Gepäck und Pferde meinem entschlossenen, sorgfältigen Bedienten und setzte mich mit den Kriegsgenossen alsobald zu Pferde. Es war schon früher mehrmals zur Sprache gekommen, daß, wer sich in einen Kriegszug einlasse, durchaus bei den regulierten Truppen, welche Abteilung es auch sei an die er sich angeschlossen, fest bleiben und keine Gefahr scheuen solle: denn was uns auch da betreffe, sei immer ehrenvoll; dahingegen bei der Bagage, beim Troß oder sonst zu verweilen, zugleich gefährlich und schmählich. Und so hatte ich auch mit den Offizieren des Regiments abgeredet, daß ich mich immer an sie und womöglich an die Leibschwadron[118] anschließen wolle, weil ja dadurch ein so schönes und gutes Verhältnis nur immer besser befestigt werden könne.

Der Weg war das kleine Wasser, die Tourbe, hinauf vorgezeichnet, durch das traurigste Tal von der Welt, zwischen niedrigen Hügeln, ohne Baum und Busch; es war befohlen und eingeschärft, in aller Stille zu marschieren, als wenn wir den Feind überfallen wollten, der doch in seiner Stellung das Heranrücken einer Masse von funfzigtausend Mann wohl mochte erfahren haben. Die Nacht brach ein, weder Mond noch Sterne leuchteten am Himmel, es pfiff ein wüster Wind, die stille Bewegung einer so großen Menschenreihe in tiefer Finsternis war ein höchst Eigenes[119].

Indem man neben der Kolonne herritt, begegnete man mehreren bekannten Offizieren, die hin- und widersprengten, um die Bewegung des Marsches bald zu beschleunigen, bald zu retardieren[120]. Man besprach sich, man hielt stille, man versammelte sich. So hatte sich ein Kreis von vielleicht zwölf Bekannten und Unbekannten zusammengefunden, man fragte, klagte, wunderte sich, schalt und räsonierte: das gestörte Mittagessen konnte man dem Heerführer nicht verzeihen[121]. Ein munterer Gast wünschte sich Bratwurst und Brot, ein anderer sprang gleich mit seinen Wünschen zum Rehbraten und Sardellensalat; da das alles aber unentgeltlich geschah, fehlte es auch nicht an Pasteten und sonstigen

Leckerbissen, nicht an den köstlichsten Weinen, und ein so vollkommenes Gastmahl war beisammen, daß endlich einer, dessen Appetit übermäßig rege geworden, die ganze Gesellschaft verwünschte und die Pein einer aufgeregten Einbildungskraft im Gegensatze des größten Mangels ganz unerträglich schalt. Man verlor sich auseinander, und der einzelne war nicht besser dran als alle zusammen.

Den 19. September nachts[122]

So gelangten wir bis Somme-Tourbe, wo man Halt machte; der König war in einem Gasthofe abgetreten, vor dessen Türe der Herzog von Braunschweig, in einer Art Laube, Hauptquartier und Kanzlei errichtete. Der Platz war groß, es brannten mehrere Feuer, durch große Bündel Weinpfähle gar lebhaft unterhalten. Der Fürst-Feldmarschall tadelte einigemal persönlich, daß man die Flamme allzustark auflodern lasse; wir besprachen uns darüber, und niemand wollte glauben, daß unsere Nähe den Franzosen ein Geheimnis geblieben sei.
Ich war zu spät angekommen und mochte mich in der Nähe umsehen, wie ich wollte, alles war schon, wo nicht verzehrt, doch in Besitz genommen. Indem ich so umher forschte, gaben mir die Emigrierten ein kluges Küchenschauspiel; sie saßen um einen großen, runden, flachen, abglimmenden Aschenhaufen, in den sich mancher Weinstab knisternd mochte aufgelöst haben; klüglich und schnell hatten sie sich aller Eier des Dorfes bemächtigt, und es sah wirklich appetitlich aus, wie die Eier in dem Aschenhaufen nebeneinander aufrecht standen und eins nach dem andern zu rechter Zeit schlurfbar herausgehoben wurde. Ich kannte niemand von den edlen Küchengesellen, unbekannt mocht' ich sie nicht ansprechen; als mir aber soeben ein lieber Bekannter begegnete, der so gut wie ich an Hunger und Durst litt, fiel mir eine Kriegslist ein, nach einer Bemerkung, die ich auf meiner kurzen militärischen Laufbahn anzustellen Gelegenheit gehabt. Ich hatte nämlich bemerkt, daß man beim Furagieren um die Dörfer

und in denselben tölpisch geradezu verfahre; die ersten Andringenden fielen ein, nahmen weg, verdarben, zerstörten, die folgenden fanden immer weniger, und was verloren ging, kam niemand zugute. Ich hatte schon gedacht, daß man bei dieser Gelegenheit strategisch verfahren und, wenn die Menge von vornen hereindringe, sich von der Gegenseite nach einigem Bedürfnis umsehen müsse. Dies konnte nun hier kaum der Fall sein, denn alles war überschwemmt, aber das Dorf zog sich sehr in die Länge, und zwar seitwärts der Straße, wo wir hereingekommen. Ich forderte meinen Freund auf, die lange Gasse mit hinunterzugehen. Aus dem vorletzten Hause kam ein Soldat fluchend heraus, daß schon alles aufgezehrt und nirgends nichts mehr zu haben sei. Wir sahen durch die Fenster, da saßen ein paar Jäger ganz ruhig; wir gingen hinein, um wenigstens auf einer Bank unter Dach zu sitzen, wir begrüßten sie als Kameraden und klagten freilich über den allgemeinen Mangel. Nach einigem Hin- und Widerreden verlangten sie, wir sollten ihnen Verschwiegenheit geloben, worauf wir die Hand gaben. Nun eröffneten sie uns, daß sie in dem Hause einen schönen, wohlbestellten Keller gefunden, dessen Eingang sie zwar selbst sekretiert[123], uns jedoch von dem Vorrat einen Anteil nicht versagen wollten. Einer zog einen Schlüssel hervor, und nach verschiedenen weggeräumten Hindernissen fand sich eine Kellertüre zu eröffnen. Hinabgestiegen, fanden wir nun mehrere etwa zweieimrige Fässer auf dem Lager; was uns aber mehr interessierte, verschiedene Abteilungen in Sand gelegter gefüllter Flaschen, wo der gutmütige Kamerad, der sie schon durchprobiert hatte, an die beste Sorte wies. Ich nahm zwischen die ausgespreizten Finger jeder Hand zwei Flaschen, zog sie unter den Mantel, mein Freund desgleichen, und so schritten wir, in Hoffnung baldiger Erquickung, die Straße wieder hinaufwärts.

Unmittelbar am großen Wachfeuer gewahrte ich eine schwere, starke Egge, setzte mich darauf und schob unter dem Mantel meine Flaschen zwischen die Zacken herein. Nach einiger Zeit bracht' ich eine Flasche hervor, wegen der mich meine Nachbarn beriefen, denen ich sogleich den Mitgenuß anbot. Sie taten gute Züge, der Letzte bescheiden, da er wohl merkte, er lasse mir nur wenig zurück; ich verbarg die Flasche neben mir und brachte bald darauf die zweite hervor, trank den Freunden zu, die sich's abermals wohl schmecken ließen, anfangs das Wunder nicht bemerkten, bei der dritten Flasche jedoch laut über den Hexenmeister aufschrieen; und es war, in dieser traurigen Lage, ein auf alle Weise willkommener Scherz.

Unter den vielen Personen, deren Gestalt und Gesicht im Kreise vom Feuer erleuchtet war, erblickt' ich einen ältlichen Mann, den ich zu kennen glaubte. Nach Erkundigung und Annäherung war er nicht wenig verwundert, mich hier zu sehen. Es war Marquis von Bombelles[124], dem ich vor zwei Jahren in Venedig, der Herzogin Amalie folgend[125], aufgewartet hatte, wo er, als französischer Gesandter residierend, sich höchst angelegen sein ließ, dieser trefflichen Fürstin den dortigen Aufenthalt so angenehm als möglich zu machen. Wechselseitiger Verwunderungsausruf, Freude des Wiedersehns und Erinnerung erheiterten diesen ernsten Augenblick. Zur Sprache kam seine prächtige Wohnung am Großen Kanal, es ward gerühmt, wie wir daselbst, in Gondeln anfahrend, ehrenvoll empfangen und freundlich bewirtet worden; wie er durch kleine Feste, gerade im Geschmack und Sinn dieser, Natur und Kunst, Heiterkeit und Anstand in Verbindung liebenden Dame, sie und die Ihrigen auf vielfache Weise erfreute, auch sie durch seinen Einfluß manches andere, für Fremde sonst verschlossene Gute genießen lassen.

Wie sehr war ich aber verwundert, da ich ihn, den ich durch eine wahrhafte Lobrede zu ergötzen gedachte, mit Wehmut ausrufen hörte: »Schweigen wir von diesen Dingen, jene Zeit liegt nur gar zu weit hinter mir, und schon damals, als ich meine edlen Gäste mit scheinbarer Heiterkeit unterhielt, nagte mir der Wurm am Herzen, ich sah die Folgen voraus dessen, was in meinem Vaterlande vorging. Ich bewunderte Ihre Sorglosigkeit, in der Sie die auch Ihnen bevorstehende

Gefahr nicht ahneten; ich bereitete mich im stillen zu Veränderung meines Zustandes. Bald nachher mußt' ich meinen ehrenvollen Posten und das werte Venedig verlassen und eine Irrfahrt antreten, die mich endlich auch hierher geführt hat.«

[Den 20. September[126]]

Das Geheimnisvolle, das man diesem offenbaren Heranzuge von Zeit zu Zeit hatte geben wollen, ließ uns vermuten, man werde noch in dieser Nacht aufbrechen und vorwärts gehen; allein schon dämmerte der Tag[127], und mit demselben strich ein Sprühregen daher; es war schon völlig hell, als wir uns in Bewegung setzten. Da des Herzogs von Weimar Regiment den Vortrab hatte[128], gab man der Leibschwadron, als der vordersten der ganzen Kolonne[129], Husaren mit, die den Weg unserer Bestimmung kennen sollten[130]. Nun ging es, mitunter im scharfen Trab, über Felder und Hügel ohne Busch und Baum; nur in der Entfernung links sah man die Argonner Waldgegend; der Sprühregen schlug uns heftiger ins Gesicht; bald aber erblickten wir eine Pappelallee, die, sehr schön gewachsen und wohlunterhalten, unsere Richtung quer durchschnitt. Es war die Chaussee von Châlons auf Sainte Menehould, der Weg von Paris nach Deutschland; man führte uns drüber weg und ins Graue hinein.

Schon früher hatten wir den Feind vor der waldichten Gegend gelagert und aufmarschiert gesehen[131], nicht weniger ließ sich bemerken, daß neue Truppen ankamen; es war Kellermann[132], der sich soeben mit Dumouriez vereinigte, um dessen linken Flügel zu bilden. Die Unsrigen brannten vor Begierde, auf die Franzosen loszugehen, Offiziere wie Gemeine hegten den glühenden Wunsch, der Feldherr möge in diesem Augenblicke angreifen; auch unser heftiges Vordringen schien darauf hinzudeuten. Aber Kellermann hatte sich zu vorteilhaft gestellt[133], und nun begann die Kanonade, von der man viel erzählt, deren augenblickliche Gewaltsamkeit jedoch man nicht beschreiben, nicht einmal in der Einbildungskraft zurückrufen kann.

Schon lag die Chaussee weit hinter uns, wir stürmten immerfort gegen Westen zu, als auf einmal ein Adjutant gesprengt kam, der uns zurückbeorderte: man hatte uns zu weit geführt[134], und nun erhielten wir den Befehl, wieder über die Chaussee zurückzukehren und unmittelbar an ihre linke Seite den rechten Flügel zu lehnen. Es geschah, und so machten wir Fronte gegen das Vorwerk La Lune, welches auf der Höhe, etwa eine Viertelstunde vor uns, an der Chaussee zu sehen war. Unser Befehlshaber kam uns entgegen; er hatte soeben eine halbe reitende Batterie hinaufgebracht, wir erhielten Ordre, im Schutz derselben vorwärts zu gehen, und fanden unterwegs einen alten Schirrmeister, ausgestreckt, als das erste Opfer des Tags, auf dem Acker liegen. Wir ritten ganz getrost weiter, wir sahen das Vorwerk näher, die dabei aufgestellte Batterie feuerte tüchtig.

Bald aber fanden wir uns in einer seltsamen Lage, Kanonenkugeln flogen wild auf uns ein, ohne daß wir begriffen, wo sie herkommen konnten; wir avancierten ja hinter einer befreundeten Batterie, und das feindliche Geschütz auf den entgegengesetzten Hügeln war viel zu weit entfernt, als daß es uns hätte erreichen sollen[135]. Ich hielt seitwärts vor der Fronte und hatte den wunderbarsten Anblick[136]: die Kugeln schlugen dutzendweise vor der Eskadron nieder, zum Glück nicht rikoschettierend[137], in den weichen Boden hineingewühlt; Kot aber und Schmutz bespritzte Mann und Roß; die schwarzen Pferde, von tüchtigen Reitern möglichst zusammengehalten, schnauften und tosten; die ganze Masse war, ohne sich zu trennen oder zu verwirren, in flutender Bewegung. Ein sonderbarer Anblick erinnerte mich an andere Zeiten. In dem ersten Gliede der Eskadron schwankte die Standarte in den Händen eines schönen Knaben hin und wider; er hielt sie fest, ward aber vom aufgeregten Pferde widerwärtig[138] geschaukelt; sein anmutiges Gesicht brachte mir, seltsam genug, aber natürlich, in diesem schauerlichen Augenblick die noch anmutigere Mutter vor die Augen[139], und ich mußte an die ihr zur Seite verbrachten friedlichen Momente gedenken.

Endlich kam der Befehl, zurück und hinab zu gehen[140]; es geschah von den sämtlichen Kavallerieregimentern mit großer Ordnung und Gelassenheit, nur ein einziges Pferd von Lottum[141] ward getötet, da wir übrigen, besonders auf dem äußersten rechten Flügel, eigentlich alle hätten umkommen müssen.
Nachdem wir uns denn aus dem unbegreiflichen Feuer zurückgezogen, von Überraschung und Erstaunen uns erholt hatten, löste sich das Rätsel: wir fanden die halbe Batterie, unter deren Schutz wir vorwärts zu gehen geglaubt, ganz unten in einer Vertiefung, dergleichen das Terrain zufällig in dieser Gegend gar manche bildete. Sie war von oben vertrieben worden und an der andern Seite der Chaussee in einer Schlucht heruntergegangen, so daß wir ihren Rückzug nicht bemerken konnten, feindliches Geschütz trat an die Stelle, und was uns hätte bewahren sollen, wäre beinahe verderblich geworden. Auf unseren Tadel lachten die Bursche nur und versicherten scherzend: hier unten im Schauer sei es doch besser.
Wenn man aber nachher mit Augen sah, wie eine solche reitende Batterie sich durch die schreckbaren schlammigen Hügel qualvoll durchzerren mußte, so hatte man abermals den bedenklichen Zustand zu überlegen, in den wir uns eingelassen hatten.
Indessen dauerte die Kanonade immer fort: Kellermann hatte einen gefährlichen Posten bei der Mühle von Valmy, dem eigentlich das Feuern galt; dort ging ein Pulverwagen in die Luft[142], und man freute sich des Unheils, das er unter den Feinden angerichtet haben mochte. Und so blieb alles eigentlich nur Zuschauer und Zuhörer, was im Feuer stand und nicht. Wir hielten auf der Chaussee von Châlons an einem Wegweiser, der nach Paris deutete.
Diese Hauptstadt also hatten wir im Rücken, das französische Heer aber zwischen uns und dem Vaterland. Stärkere Riegel waren vielleicht nie vorgeschoben, demjenigen höchst apprehensiv[143], der eine genaue Karte des Kriegstheaters nun seit vier Wochen unablässig studierte.

Doch das augenblickliche Bedürfnis behauptet sein Recht selbst gegen das Nächstkünftige. Unsere Husaren hatten mehrere Brotkarren, die von Châlons nach der Armee sollten, glücklich aufgefangen und brachten sie den Hochweg daher. Wie es uns nun fremd vorkommen mußte, zwischen Paris und Sainte Menehould postiert zu sein, so konnten die zu Châlons des Feindes Armee keineswegs auf dem Wege zu der ihrigen vermuten. Gegen einiges Trinkgeld ließen die Husaren von dem Brot etwas ab, es war das schönste weiße; der Franzos erschrickt vor jeder schwarzen Krume. Ich teilte mehr als einen Laib unter die zunächst Angehörigen, mit der Bedingung, mir für die folgenden Tage einen Anteil daran zu verwahren. Auch noch zu einer andern Vorsicht fand ich Gelegenheit: ein Jäger aus dem Gefolge hatte gleichfalls diesen Husaren eine tüchtige wollene Decke abgehandelt; ich bot ihm die Übereinkunft an, mir sie auf drei Nächte, jede Nacht für acht Groschen, zu überlassen, wogegen er sie am Tage verwahren sollte. Er hielt dieses Bedingnis für sehr vorteilhaft: die Decke hatte ihm einen Gulden gekostet, und nach kurzer Zeit erhielt er sie mit Profit ja wieder. Ich aber konnte auch zufrieden sein: meine köstlichen wollenen Hüllen von Longwy waren mit der Bagage zurückgeblieben[144], und nun hatte ich doch bei allem Mangel von Dach und Fach außer meinem Mantel noch einen zweiten Schutz gewonnnen.
Alles dieses ging unter anhaltender Begleitung des Kanonendonners vor. Von jeder Seite wurden an diesem Tage zehntausend Schüsse verschwendet, wobei auf unserer Seite nur zweihundert Mann[145] und auch diese ganz unnütz fielen. Von der ungeheuren Erschütterung klärte sich der Himmel auf: denn man schoß mit Kanonen völlig, als wär' es Pelotonfeuer, zwar ungleich, bald abnehmend, bald zunehmend. Nachmittags ein Uhr, nach einiger Pause, war es am gewaltsamsten, die Erde bebte im ganz eigentlichsten Sinne, und doch sah man in den Stellungen nicht die mindeste Veränderung. Niemand wußte, was daraus werden sollte.
Ich hatte soviel vom Kanonenfieber[146] gehört und wünschte

zu wissen, wie es eigentlich damit beschaffen sei. Langeweile und ein Geist, den jede Gefahr zur Kühnheit, ja zur Verwegenheit aufruft, verleitete mich, ganz gelassen nach dem Vorwerk La Lune hinaufzureiten. Dieses war wieder von den Unsrigen besetzt, gewährte jedoch einen gar wilden Anblick. Die zerschossenen Dächer, die herumgestreuten Weizenbündel, die darauf hie und da ausgestreckten tödlich Verwundeten und dazwischen noch manchmal eine Kanonenkugel, die, sich herüberverirrend, in den Überresten der Ziegeldächer klapperte.

Ganz allein, mir selbst gelassen, ritt ich links auf den Höhen weg und konnte deutlich die glückliche Stellung der Franzosen überschauen[147]; sie standen amphitheatralisch in größter Ruh und Sicherheit, Kellermann jedoch auf dem linken Flügel eher zu erreichen.

Mir begegnete gute Gesellschaft, es waren bekannte Offiziere vom Generalstabe und vom Regimente[148], höchst verwundert, mich hier zu finden. Sie wollten mich wieder mit sich zurücknehmen, ich sprach ihnen aber von besondern Absichten, und sie überließen mich ohne weiteres meinem bekannten wunderlichen Eigensinn.

Ich war nun vollkommen in die Region gelangt, wo die Kugeln herüberspielten; der Ton ist wundersam genug, als wär' er zusammengesetzt aus dem Brummen des Kreisels, dem Butteln[149] des Wassers und dem Pfeifen eines Vogels. Sie waren weniger gefährlich wegen des feuchten Erdbodens; wo eine hinschlug, blieb sie stecken, und so ward mein törichter Versuchsritt wenigstens vor der Gefahr des Rikoschettierens gesichert.

Unter diesen Umständen konnt' ich jedoch bald bemerken, daß etwas Ungewöhnliches in mir vorgehe; ich achtete genau darauf, und doch würde sich die Empfindung nur gleichnisweise mitteilen lassen[150]. Es schien, als wäre man an einem sehr heißen Orte, und zugleich von derselben Hitze völlig durchdrungen, so daß man sich mit demselben Element, in welchem man sich befindet, vollkommen gleich fühlt. Die Augen verlieren nichts an ihrer Stärke noch Deutlichkeit;

aber es ist doch, als wenn die Welt einen gewissen braunrötlichen Ton hätte, der den Zustand, so wie die Gegenstände, noch apprehensiver macht. Von Bewegung des Blutes habe ich nichts bemerken können, sondern mir schien vielmehr alles in jener Glut verschlungen zu sein. Hieraus erhellet nun, in welchem Sinne man diesen Zustand ein Fieber nennen könne. Bemerkenswert bleibt es indessen, daß jenes gräßlich Bängliche nur durch die Ohren zu uns gebracht wird; denn der Kanonendonner, das Heulen, Pfeifen, Schmettern der Kugeln durch die Luft ist doch eigentlich Ursache an diesen Empfindungen.

Als ich zurückgeritten und völlig in Sicherheit war, fand ich bemerkenswert, daß alle jene Glut sogleich erloschen und nicht das mindeste von einer fieberhaften Bewegung übrig geblieben sei. Es gehört übrigens dieser Zustand unter die am wenigsten wünschenswerten; wie ich denn auch unter meinen lieben und edlen Kriegskameraden kaum einen gefunden habe, der einen eigentlich leidenschaftlichen Trieb hiernach geäußert hätte.

So war der Tag hingegangen; unbeweglich standen die Franzosen, Kellermann hatte auch einen bequemern Platz genommen; unsere Leute zog man aus dem Feuer zurück, und es war eben, als wenn nichts gewesen wäre. Die größte Bestürzung verbreitete sich über die Armee. Noch am Morgen hatte man nicht anders gedacht, als die sämtlichen Franzosen anzuspießen und aufzuspeisen, ja mich selbst hatte das unbedingte Vertrauen auf ein solches Heer, auf den Herzog von Braunschweig zur Teilnahme an dieser gefährlichen Expedition gelockt; nun aber ging jeder vor sich hin, man sah sich nicht an, oder wenn es geschah, so war es, um zu fluchen oder zu verwünschen. Wir hatten, eben als es Nacht werden wollte, zufällig einen Kreis geschlossen, in dessen Mitte nicht einmal wie gewöhnlich ein Feuer konnte angezündet werden; die meisten schwiegen, einige sprachen, und es fehlte doch eigentlich einem jeden Besinnung und Urteil. Endlich rief man mich auf: was ich dazu denke? denn ich hatte die

Schar gewöhnlich mit kurzen Sprüchen erheitert und erquickt; diesmal sagte ich: »Von hier und heute geht eine neue Epoche der Weltgeschichte aus, und ihr könnt sagen, ihr seid dabei gewesen.«

In diesen Augenblicken, wo niemand nichts zu essen hatte, reklamierte ich einen Bissen Brot von dem heute früh erworbenen, auch war von dem gestern reichlich verspendeten Weine noch der Inhalt eines Branntweinfläschchens übrig geblieben, und ich mußte daher auf die gestern am Feuer so kühn gespielte Rolle des willkommenen Wundertäters völlig Verzicht tun.

Die Kanonade hatte kaum aufgehört, als Regen und Sturm schon wieder eindrangen und einen Zustand unter freiem Himmel, auf zähem Lehmboden höchst unerfreulich machten. Und doch kam, nach so langem Wachen, Gemüts- und Leibesbewegung, der Schlaf sich anmeldend, als die Nacht hereindüsterte. Wir hatten uns hinter einer Erhöhung, die den schneidenden Wind abhielt, notdürftig gelagert, als es jemanden einfiel, man solle sich für diese Nacht in die Erde graben und mit dem Mantel zudecken. Hiezu machte man gleich Anstalt, und es wurden mehrere Gräber ausgehauen, wozu die reitende Artillerie Gerätschaften hergab. Der Herzog von Weimar selbst verschmähte nicht eine solche voreilige Bestattung.

Hier verlangt' ich nun gegen Erlegung von acht Groschen die bewußte Decke, wickelte mich darein und breitete den Mantel noch oben drüber, ohne von dessen Feuchtigkeit viel zu empfinden. Ulyß[151] kann unter seinem, auf ähnliche Weise erworbenen Mantel nicht mit mehr Behaglichkeit und Selbstgenügen geruht haben.

Alle diese Bereitungen waren wider den Willen des Obersten[152] geschehen, welcher uns bemerken machte, daß auf einem Hügel gegenüber hinter einem Busche die Franzosen eine Batterie stehen hatten, mit der sie uns im Ernste begraben und nach Belieben vernichten konnten. Allein wir mochten den windstillen Ort und unsere weislich ersonnene Bequemlichkeit nicht aufgeben, und es war dies nicht das letztemal, wo ich bemerkte, daß man, um der Unbequemlichkeit auszuweichen, die Gefahr nicht scheue.

Den 21. September[153]

waren die wechselseitigen Grüße der Erwachenden keineswegs heiter und froh, denn man ward sich in einer beschämenden, hoffnungslosen Lage gewahr. Am Rand eines ungeheuern Amphitheaters fanden wir uns aufgestellt, wo jenseits auf Höhen, deren Fuß durch Flüsse, Teiche, Bäche, Moräste gesichert war, der Feind einen kaum übersehbaren Halbzirkel bildete. Diesseits standen wir völlig wie gestern, um zehntausend Kanonenkugeln leichter, aber ebensowenig situiert zum Angriff; man blickte in eine weit ausgebreitete Arena hinunter, wo sich zwischen Dorfhütten und Gärten die beiderseitigen Husaren herumtrieben und mit Spiegelgefecht bald vor- bald rückwärts, eine Stunde nach der andern, die Aufmerksamkeit der Zuschauer zu fesseln wußten. Aber aus all dem Hin- und Hersprengen, dem Hin- und Widerpuffen ergab sich zuletzt kein Resultat, als daß einer der Unsrigen, der sich zu kühn zwischen die Hecken gewagt hatte, umzingelt und, da er sich keineswegs ergeben wollte, erschossen wurde.

Dies war das einzige Opfer der Waffen an diesem Tage; aber die eingerissene Krankheit machte den unbequemen, drückenden, hülflosen Zustand trauriger und fürchterlicher[154].

So schlaglustig und -fertig man gestern auch gewesen, gestand man doch, daß ein Waffenstillstand wünschenswert sei, da selbst der Mutigste, Leidenschaftlichste nach weniger Überlegung sagen mußte: ein Angriff würde das verwegenste Unternehmen von der Welt sein. Noch schwankten die Meinungen den Tag über, wo man ehrenthalben dieselbe Stellung behauptete wie beim Augenblick der Kanonade; gegen Abend jedoch veränderte man sie einigermaßen, zuletzt war das Hauptquartier nach Hans gelegt und die Bagage herbeigekommen. Nun hatten wir zu vernehmen die

Angst, die Gefahr, den nahen Untergang unserer Dienerschaft und Habseligkeiten.
Das Waldgebirg Argonne, von Sainte Menehould bis Grandpré, war von Franzosen besetzt; von dort aus führten ihre Husaren den kühnsten, mutwilligsten kleinen Krieg. Wir hatten gestern vernommen, daß ein Sekretär des Herzogs von Braunschweig und einige andere Personen der fürstlichen Umgebung zwischen der Armee und der Wagenburg waren gefangen worden. Diese verdiente aber keineswegs den Namen einer Burg, denn sie war schlecht aufgestellt, nicht geschlossen, nicht genugsam eskortiert. Nun beängstete sie ein blinder Lärm nach dem andern und zugleich die Kanonade in geringer Entfernung. Späterhin trug man sich mit der Fabel oder Wahrheit: die französischen Truppen seien schon den Gebirgswald herab, auf dem Wege gewesen, sich der sämtlichen Equipage zu bemächtigen; da gab sich denn der von ihnen gefangene und wieder losgelassene Läufer des General Kalckreuth[155] ein großes Ansehn, indem er versicherte: er habe durch glückliche Lügen von starker Bedekkung, von reitenden Batterien und dergleichen einen feindlichen Anfall abgewendet. Wohl möglich! Wer hat nicht in solchen bedeutenden Augenblicken zu tun, oder getan.
Nun waren die Zelte da, Wagen und Pferde; aber Nahrung für kein Lebendiges. Mitten im Regen ermangelten wir sogar des Wassers, und einige Teiche waren schon durch eingesunkene Pferde verunreinigt; das alles zusammen bildete den schrecklichsten Zustand. Ich wußte nicht, was es heißen sollte, als ich meinen treuen Zögling, Diener und Gefährten Paul Goetze von dem Leder des Reisewagens das zusammengeflossene Regenwasser sehr emsig schöpfen sah; er bekannte, daß es zur Schokolade bestimmt sei, davon er glücklicherweise einen Vorrat mitgebracht hatte; ja was mehr ist, ich habe aus den Fußtapfen der Pferde schöpfen sehen, um einen unerträglichen Durst zu stillen. Man kaufte das Brot von alten Soldaten[156], die, an Entbehrung gewöhnt, etwas zusammensparten, um sich am Branntwein zu erquicken, wenn derselbe wieder zu haben wäre.

Am 22. September hörte man, die Generale Manstein und Heymann[157] seien nach Dampierre, in das Hauptquartier von Kellermann, wo sich auch Dumouriez einfinden sollte. Es war von Auswechseln der Gefangenen, von Versorgung der Kranken und Blessierten zum Schein die Rede; im ganzen hoffte man aber mitten im Unglück eine Umkehr der Dinge zu bewirken. Seit dem zehnten August war der König von Frankreich gefangen, grenzenlose Mordtaten waren im September geschehen. Man wußte, daß Dumouriez für den König und die Konstitution gesinnt gewesen, er mußte also, seines eignen Heils, seiner Sicherheit willen, die gegenwärtigen Zustände bekämpfen, und eine große Begebenheit wäre es geworden, wenn er sich mit den Alliierten alliiert und so auf Paris losgegangen wäre.

Seit der Ankunft der Equipage fand sich die Umgebung des Herzogs von Weimar um vieles gebessert, denn man mußte dem Kämmerier, dem Koch und andern Hausbeamten das Zeugnis geben, daß sie niemals ohne Vorrat gewesen und selbst in dem größten Mangel immer für etwas warme Speise gesorgt. Hierdurch erquickt, ritt ich umher, mich mit der Gegend nur einigermaßen bekannt zu machen, ganz ohne Frucht; diese flachen Hügel hatten keinen Charakter, kein Gegenstand zeichnete sich vor andern aus. Mich doch zu orientieren, forscht' ich nach der langen und hoch aufgewachsenen Pappelallee, die gestern so auffallend gewesen war, und da ich sie nicht entdecken konnte, glaubt' ich mich weit verirrt, allein bei näherer Aufmerksamkeit fand ich, daß sie niedergehauen, weggeschleppt und wohl schon verbrannt sei[158].

An den Stellen, wo die Kanonade hingewirkt, erblickte man großen Jammer: die Menschen lagen unbegraben, und die schwer verwundeten Tiere konnten nicht ersterben. Ich sah ein Pferd, das sich in seinen eigenen, aus dem verwundeten Leibe herausgefallenen Eingeweiden mit den Vorderfüßen verfangen hatte und so unselig dahinhinkte.

Im Nachhausereiten traf ich den Prinzen Louis Ferdinand, im freien Felde, auf einem hölzernen Stuhle sitzen, den man aus einem untern Dorfe heraufgeschafft; zugleich schleppten einige seiner Leute einen schweren, verschlossenen Küchschrank herbei; sie versicherten, es klappere darin, sie hofften, einen guten Fang getan zu haben. Man erbrach ihn begierig, fand aber nur ein stark beleibtes Kochbuch, und nun, indessen der gespaltene Schrank im Feuer aufloderte, las man die köstlichsten Küchenrezepte vor, und so ward abermals Hunger und Begierde durch eine aufgeregte Einbildungskraft bis zur Verzweiflung gesteigert.

Den 24. September[159]

Erheitert einigermaßen wurde das schlimmste Wetter von der Welt durch die Nachricht, daß ein Stillstand geschlossen sei, und daß man also wenigstens die Aussicht habe, mit einiger Gemütsruhe leiden und darben zu können; aber auch dieses gedieh nur zum halben Trost, da man bald vernahm, es sei eigentlich nur eine Übereinkunft, daß die Vorposten Friede halten sollten, wobei nicht unbenommen bleibe, die Kriegsoperationen außer dieser Berührung nach Gutdünken fortzusetzen. Dieses war eigentlich zugunsten der Franzosen bedingt, welche rings umher ihre Stellung verändern und uns besser einschließen konnten, wir aber in der Mitte mußten stillhalten und in unserem stockenden Zustand verweilen. Die Vorposten aber ergriffen diese Erlaubnis mit Vergnügen[160]; zuerst kamen sie überein, daß, welchem von beiden Teilen Wind und Wetter ins Gesicht schlage, der solle das Recht haben, sich umzukehren und, in seinen Mantel gewickelt, von dem Gegenteil nichts befürchten. Es kam weiter: die Franzosen hatten immer noch etwas weniges zur Nahrung, indes den Deutschen alles abging; jene teilten daher einiges mit, und man ward immer kameradlicher. Endlich wurden sogar, mit Freundlichkeit, von französischer Seite Druckblätter ausgeteilt, wodurch den guten Deutschen das Heil der Freiheit und Gleichheit in zwei Sprachen verkündigt war; die Franzosen ahmten das Manifest des Herzogs von Braunschweig in umgekehrtem Sinne nach, entboten guten Willen und Gastfreundschaft, und ob sich schon bei ihnen mehr Volk, als sie von oben herein regieren konnten, auf die Beine gemacht hatte, so geschah dieser Aufruf, wenigstens in diesem Augenblick, mehr, um den Gegenteil zu schwächen, als sich selbst zu stärken.

Zum 24. September

Als Leidensgenossen bedauerte ich auch in dieser Zeit zwei hübsche Knaben von vierzehn bis funfzehn Jahren. Sie hatten, als Requirierte, mit vier schwachen Pferden meine leichte Chaise bis hierher kaum durchgeschleppt und litten still, mehr für ihre Tiere als für sich, doch war ihnen sowenig als uns allen zu helfen. Da sie um meinetwillen jedes Unheil ausstanden, fühlte ich mich zu irgendeiner Pietät gedrungen und wollte jenes erhandelte Kommißbrot redlich mit ihnen teilen; allein sie lehnten es ab und versicherten, dergleichen könnten sie nicht essen, und als ich fragte, was sie denn gewöhnlich genössen, versetzten sie: »Du bon pain, de la bonne soupe, de la bonne viande, de la bonne bière.«[161] Da nun bei ihnen alles gut und bei uns alles schlimm war, verzieh ich ihnen gern, daß sie mit Zurücklassung ihrer Pferde sich bald darauf davonmachten. Sie hatten übrigens manches Unheil ausgestanden, ich glaube aber, daß eigentlich das dargebotene Kommißbrot sie zu dem letzten entscheidenden Schritt, als ein furchtbares Gespenst, bewogen habe. Weiß und schwarz Brot ist eigentlich das Schibboleth[162], das Feldgeschrei zwischen Deutschen und Franzosen.

Eine Bemerkung darf ich hier nicht unberührt lassen: wir kamen freilich zur ungünstigsten Jahrszeit in ein von der Natur nicht gesegnetes Land, das aber denn doch seine wenigen, arbeitsamen, ordnungsliebenden, genügsamen Einwohner allenfalls ernährt[163]. Reichere und vornehmere Gegenden mögen eine solche freilich geringschätzig behandeln; ich aber habe keineswegs Ungeziefer[164] und Bettelherbergen dort getroffen. Von Mauerwerk gebaut, mit Ziegeln gedeckt sind die Häuser, und überall hinreichende Tätigkeit. Auch ist die eigentlich schlimme Landstrecke höchstens vier bis sechs Stunden breit und hat, sowohl an dem Argonner Waldgebirge her als gegen Reims und Châlons zu, schon wieder günstigere Gelegenheit. Kinder, die man in dem ersten besten Dorfe aufgegriffen hatte, sprachen mit Zufriedenheit von ihrer Nahrung, und ich durfte mich nur des Kellers zu Somme-Tourbe und des weißen Brotes, das uns ganz frisch von Châlons her in die Hände gefallen war, erinnern, so schien es doch, als ob in Friedenszeiten hier nicht gerade Hunger und Ungeziefer zu Hause sein müsse.

Den 25. September

Daß während des Stillstandes die Franzosen von ihrer Seite tätig sein würden, konnte man vermuten und erfahren. Sie suchten die verlorne Kommunikation[165] mit Châlons wieder herzustellen und die Emigrierten in unserm Rücken zu verdrängen, oder vielmehr an uns heranzudrängen; doch augenblicklich ward für uns das Schädlichste, daß sie, sowohl vom Argonner Waldgebirge als von Sedan und Montmédy her, uns die Zufuhr erschweren, wo nicht völlig vernichten konnten.

Den 26. September

Da man mich als auf mancherlei aufmerksam kannte, so brachte man alles, was irgend sonderbar scheinen mochte, herbei; unter andern legte man mir eine Kanonenkugel vor, ungefähr vierpfündig zu achten, doch war das Wunderliche daran, sie auf ihrer ganzen Oberfläche in krystallisierten Pyramiden endigen zu sehen. Kugeln waren jenes Tags genug verschossen worden, daß sich eine gar wohl hierüber konnte verloren haben. Ich erdachte mir allerlei Hypothesen, wie das Metall beim Gusse oder nachher sich zu dieser Gestalt bestimmt hätte; durch einen Zufall ward ich hierüber aufgeklärt. Nach einer kurzen Abwesenheit wieder in mein Zelt zurückkehrend, fragte ich nach der Kugel, sie wollte sich nicht finden. Als ich darauf bestand, beichtete man: sie sei, nachdem man allerlei an ihr probiert, zersprungen. Ich forderte die Stücke und fand, zu meiner großen Verwunderung, eine Krystallisation, die, von der Mitte ausgehend, sich strahlig gegen die Oberfläche erweiterte[166]. Es war Schwefelkies, der sich in einer freien Lage ringsum mußte gebildet haben. Diese Entdeckung führte weiter, dergleichen Schwefelkiese fanden sich mehr, obschon kleiner, in Kugel- und Nierenform, auch in andern weniger regelmäßigen Gestalten, durchaus aber darin gleich, daß sie nirgends angesessen hatten[167], und daß ihre Krystallisation sich immer auf eine gewisse Mitte bezog; auch waren sie nicht abgerundet, sondern völlig frisch und deutlich krystallinisch abgeschlossen. Sollten sie sich wohl in dem Boden selbst erzeugt haben, und findet man dergleichen mehr auf Ackerfeldern?

Aber ich nicht allein war auf die Mineralien der Gegend aufmerksam; die schöne Kreide, die sich überall vorfand, schien durchaus von einigem Wert[168]. Es ist wahr, der Soldat durfte nur ein Kochloch aufhauen, so traf er auf die klarste weiße Kreide, die er zu seinem blanken und glatten Putz sonst so nötig hatte. Da ging wirklich ein Armeebefehl aus: der Soldat solle sich mit dieser, hier umsonst zu habenden, notwendigen Ware soviel als möglich versehen. Dies gab nun freilich zu einigem Spott Gelegenheit; mitten in den furchtbarsten Kot versenkt, sollte man sich mit Reinlichkeits- und Putzmitteln beladen; wo man nach Brot seufzte, sich mit Staub zufriedenstellen[169]. Auch stutzten die Offiziere nicht wenig, als sie im Hauptquartier übel angelassen wurden, weil sie nicht so reinlich, so zierlich wie auf der Parade zu Berlin oder Potsdam erschienen. Die Oberen konnten nicht helfen, so sollten sie, meinte man, auch nicht schelten.

Den 27. September

Eine etwas wunderliche Vorsichtsmaßregel, dem dringenden Hunger zu begegnen, ward gleichfalls bei der Armee publiziert: man solle die vorhandenen Gerstengarben so gut als möglich ausklopfen, die gewonnenen Körner in heißem Wasser so lange sieden, bis sie aufplatzen, und durch diese Speise die Befriedigung des Hungers versuchen.

Unserer nächsten Umgebung war jedoch eine bessere Beihülfe zugedacht. Man sah in der Ferne zwei Wagen festgefahren, denen man, weil sie Proviant und andere Bedürfnisse geladen hatten, gern zu Hülfe kam. Stallmeister von Seebach[170] schickte sogleich Pferde dorthin, man brachte sie los, führte sie aber auch sogleich des Herzogs Regiment zu; sie protestierten dagegen, als zur östreichischen Armee bestimmt, wohin auch wirklich ihre Pässe lauteten. Allein man hatte sich einmal ihrer angenommen; um den Zudrang zu verhüten und sie zugleich festzuhalten, gab man ihnen Wache, und da sie auch von uns bezahlt erhielten, was sie forderten, so mußten sie auch bei uns ihre eigentliche Bestimmung finden.

Eilig drängten sich zuallererst die Haushofmeister, Köche und ihre Gehülfen herbei, nahmen von der Butter in Fäßchen, von Schinken und andern guten Dingen Besitz. Der Zulauf vermehrte sich, die größere Menge schrie nach Tabak, der denn auch um teuren Preis häufig ausgegeben wurde. Die Wagen aber waren so umringt, daß sich zuletzt niemand mehr nähern konnte, deswegen mich unsere Leute und Reiter anriefen und auf das dringendste baten, ihnen zu diesem notwendigsten aller Bedürfnisse zu verhelfen.

Ich ließ mir durch Soldaten Platz machen und erstieg sogleich, um mich nicht im Gedränge zu verwirren, den nächsten Wagen; dort bepackte ich mich für gutes Geld mit Tabak, was nur meine Taschen fassen wollten, und ward, als ich wieder herab und spendend ins Freie gelangte, für den größten Wohltäter gepriesen, der sich jemals der leidenden Menschheit erbarmt hatte. Auch Branntwein war angelangt, man versah sich damit und bezahlte die Bouteille gern mit einem Laubtaler[171].

Den 27. September

Sowohl im Hauptquartiere selbst, wohin man zuweilen gelangte, als bei allen denen, die von dort herkamen, erkundigte man sich nach der Lage der Dinge; sie konnte nicht bedenklicher sein[172]. Von dem Unheil, das in Paris vorgegangen, verlautete immer mehr und mehr, und was man anfangs für Fabeln gehalten, erschien zuletzt als Wahrheit überschwenglich furchtbar. König und Familie waren gefangen, die Absetzung dessen schon zur Sprache gekommen[173], der Haß des Königtums überhaupt gewann immer mehr Breite, ja schon konnte man erwarten, daß gegen den unglücklichen Monarchen ein Prozeß würde eingeleitet werden[174]. Unsere unmittelbaren kriegerischen Gegner hatten sich eine Kommunikation mit Châlons wieder eröffnet; dort befand sich Luckner[175], der die von Paris anströmenden Freiwilligen zu Kriegshaufen bilden sollte; aber diese, in den gräßlichen ersten Septembertagen, durch die reißend fließenden Blutströme, aus der Hauptstadt ausgewandert, brachten Lust zum Morden und Rauben mehr als zu einem rechtlichen Kriege mit. Nach dem Beispiel des Pariser Greuelvolks ersahen sie sich willkürliche Schlachtopfer, um ihnen, wie sich's fände, Autorität, Besitz oder wohl gar das Leben zu rauben. Man durfte sie nur undiszipliniert loslassen, so machten sie uns den Garaus.

Die Emigrierten waren an uns herangedrückt worden, und man erzählte noch von gar manchem Unheil, das im Rücken und von der Seite bedrohte. In der Gegend von Reims sollten sich zwanzigtausend Bauern zusammengerottet haben, mit Feldgerät und wildergriffenen Naturwaffen versehen; die Sorge war groß, auch diese möchten auf uns losbrechen.

Von solchen Dingen ward am Abend in des Herzogs Zelt, in Gegenwart von bedeutenden Kriegsobristen gesprochen; jeder brachte seine Nachricht, seine Vermutung, seine Sorge als Beitrag in diesen ratlosen Rat, denn es schien durchaus nur ein Wunder uns retten zu können. Ich aber dachte in diesem Augenblick, daß wir gewöhnlich in mißlichen Zuständen uns gern mit hohen Personen vergleichen, besonders mit solchen, denen es noch schlimmer gegangen; da fühlt' ich mich getrieben, wo nicht zur Erheiterung doch zur Ableitung, aus der Geschichte Ludwigs des Heiligen[176] die drangvollsten Begebenheiten zu erzählen. Der König, auf seinem Kreuzzuge[177], will zuerst den Sultan von Ägypten demütigen, denn von diesem hängt gegenwärtig das Gelobte Land ab. Damiette[178] fällt ohne Belagerung den Christen in die Hände. Angefeuert von seinem Bruder Graf Artois, unternimmt der König einen Zug das rechte Nilufer hinauf, nach Babylon-Kairo. Es glückt, einen Graben auszufüllen, der Wasser vom Nil empfängt. Die Armee zieht hinüber. Aber nun findet sie sich geklemmt zwischen dem Nil, dessen Haupt- und Nebenkanälen; dagegen die Sarazenen auf beiden Ufern des Flusses glücklich postiert sind. Über die größeren Wasserleitungen zu setzen wird schwierig. Man baut Blockhäuser gegen die Blockhäuser der Feinde; diese aber haben den Vorteil des griechischen Feuers[179]. Sie beschädigen damit die hölzernen Bollwerke, Bauten und Menschen. Was hilft den Christen ihre entschiedene Schlachtordnung, immerfort von den Sarazenen gereizt, geneckt, angegriffen, teilweise in Scharmützel verwickelt. Einzelne Wagnisse, Faustkämpfe sind bedeutend, herzerhebend, aber die Helden, der König selbst wird abgeschnitten. Zwar brechen die Tapfersten durch, aber die Verwirrung wächst. Der Graf von Artois ist in Gefahr, zu dessen Rettung wagt der König alles. Der Bruder ist schon tot, das Unheil steigt aufs Äußerste. An diesem heißen Tage kommt alles darauf an, eine Brücke über ein Seitenwasser zu verteidigen, um die Sarazenen vom Rücken des Hauptgefechtes abzuhalten. Den wenigen da postierten Kriegsleuten wird auf alle Weise zugesetzt, mit Geschütz von den Soldaten, mit Steinen und Kot durch Troßbuben. Mitten in diesem Unheil spricht der Graf von Soissons zum Ritter Joinville[180] scherzend: »Seneschall! laßt das Hundepack bellen und blöken; bei Gottesthron! (so pflegte er zu schwören) von diesem Tage sprechen wir noch im Zimmer vor den Damen.«

Man lächelte, nahm das Omen gut auf, besprach sich über mögliche Fälle, besonders hob man die Ursachen hervor, warum die Franzosen uns eher schonen als verderben müßten: der lange ungetrübte Stillstand, das bisherige zurückhaltende Betragen gaben einige Hoffnung. Diese zu beleben, wagte ich noch einen historischen Vortrag und erinnerte mit Vorzeigung der Spezialkarten, daß zwei Meilen von uns nach Westen das berüchtigte Teufelsfeld gelegen sei, bis wohin Attila, König der Hunnen, mit seinen ungeheuren Heerhaufen im Jahr Vierhundertzweiundfunfzig gelangte, dort aber von den burgundischen Fürsten unter Beistand des römischen Feldherrn Aetius geschlagen worden[181]; daß, hätten sie ihren Sieg verfolgt, er in Person und mit allen seinen Leuten umgekommen und vertilgt worden wäre. Der römische General aber, der die Burgunder Fürsten nicht von aller Furcht vor diesem gewaltigen Feind zu befreien gedachte, weil er sie alsdann sogleich gegen die Römer gewendet gesehen hätte, beredete einen nach dem andern, nach Hause zu ziehen; und so entkam denn auch der Hunnenkönig mit den Überresten eines unzählbaren Volkes.

In eben dem Augenblick ward die Nachricht gebracht, der erwartete Brottransport von Grandpré sei angekommen; auch dies belebte doppelt und dreifach die Geister; man schied getrösteter voneinander, und ich konnte dem Herzog bis gegen Morgen in einem unterhaltenden französischen Buche vorlesen[182], das auf die wunderlichste Weise in meine Hände gekommen. Bei den verwegenen frevelhaften Scherzen, welche mitten in dem bedrängtesten Zustand noch Lachen erregten, erinnerte ich mich der leichtfertigen Jäger vor Verdun, welche Schelmenlieder singend in den Tod gingen. Freilich, wenn man dessen Bitterkeit vertreiben will, muß man es mit den Mitteln so genau nicht nehmen.

Den 28. September[183]

Das Brot war angekommen, nicht ohne Mühseligkeit und Verlust; auf den schlimmsten Wegen von Grandpré, wo die Bäckerei lag, bis zu uns heran, waren mehrere Wagen stecken geblieben, andere dem Feind in die Hände gefallen, und selbst ein Teil des Transports ungenießbar: denn im wässerigen, zu schnell gebackenen Brote trennte sich Krume von Rinde, und in den Zwischenräumen erzeugte sich Schimmel. Abermals in Angst vor Gift, brachte man mir dergleichen Laibe, diesmal in ihren inneren Hohlungen hoch pomeranzenfarbig anzusehen, auf Arsenik und Schwefel hindeutend, wie jenes vor Verdun auf Grünspan. War es aber auch nicht vergiftet, so erregte doch der Anblick Abscheu und Ekel, getäuschte Befriedigung schärfte den Hunger; Krankheit, Elend, Mißmut lagen schwer auf einer so großen Masse guter Menschen.

In solchen Bedrängnissen wurden wir noch gar durch eine unglaubliche Nachricht überrascht und betrübt, es hieß: der Herzog von Braunschweig habe sein früheres Manifest[184] an Dumouriez geschickt, welcher, darüber ganz verwundert und entrüstet, sogleich den Stillstand aufgekündigt und den Anfang der Feindseligkeiten befohlen habe. So groß das Unheil war, in welchem wir staken, und noch größeres bevorsahen, konnten wir doch nicht unterlassen zu scherzen und zu spotten; wir sagten: da sähe man, was für Unheil die Autorschaft nach sich ziehe! Jeder Dichter und sonstige Schriftsteller trage gern seine Arbeiten einem jeden vor, ohne daß er frage, ob es die rechte Zeit und Stunde sei; nun ergehe es dem Herzog von Braunschweig ebenso, der, die Freuden der Autorschaft genießend, sein unglückliches Manifest ganz zur unrechten Zeit wieder produziere.

Wir erwarteten nun, die Vorposten abermals puffen zu hören, man schaute sich nach allen Hügeln um, ob nicht irgendein Feind erscheinen möchte; aber es war alles so still und ruhig, als wäre nichts vorgegangen. Indessen lebte man in der peinlichsten Ungewißheit und Unsicherheit, denn jeder sah wohl ein, daß wir strategisch verloren waren, wenn es dem Feind im mindesten einfallen sollte, uns zu beunruhigen und zu drängen. Doch deutete schon manches in dieser Ungewißheit auf Übereinkunft und mildere Gesinnung[185]; so hatte man zum Beispiel den Postmeister von Sainte Menehould[186] gegen die am Zwanzigsten, zwischen der Wagenburg und Armee, weggefangenen Personen der königlichen Suite frei und ledig gegeben.

Den 29. September

Gegen Abend setzte sich, der erteilten Ordre gemäß, die Equipage in Bewegung[187]; unter Geleit Regiments Herzog von Braunschweig sollte sie vorangehen, um Mitternacht die Armee folgen. Alles regte sich, aber mißmutig und langsam; denn selbst der beste Wille gleitete auf dem durchweichten Boden und versank, eh' er sich's versah. Auch diese Stunden gingen vorüber: Zeit und Stunde rennt durch den rauhsten Tag[188]!

Es war Nacht geworden, auch diese sollte man schlaflos zubringen, der Himmel war nicht ungünstig, der Vollmond leuchtete, aber hatte nichts zu beleuchten. Zelte waren verschwunden, Gepäck, Wagen und Pferde alles hinweg und unsere kleine Gesellschaft besonders in einer seltsamen Lage. An dem bestimmten Orte, wo wir uns befanden, sollten die Pferde uns aufsuchen, sie waren ausgeblieben. So weit wir bei falbem Licht umhersahen, schien alles öd und leer; wir horchten vergebens, weder Gestalt noch Ton war zu vernehmen. Unsere Zweifel wogten hin und her; wir wollten den bezeichneten Platz lieber nicht verlassen, als die Unsrigen in gleiche Verlegenheit setzen und sie gänzlich verfehlen. Doch war es grauerlich, in Feindesland, nach solchen Ereignissen, vereinzelt, aufgegeben, wo nicht zu sein, doch für den Augenblick zu scheinen. Wir paßten auf, ob nicht vielleicht eine feindliche Demonstration vorkomme, aber es rührte und regte sich weder Günstiges noch Ungünstiges.

Wir trugen nach und nach alles hinterlassene Zeltstroh in

der Umgegend zusammen und verbrannten es, nicht ohne Sorgen. Gelockt durch die Flamme, zog sich eine alte Marketenderin zu uns heran; sie mochte sich beim Rückweg in den fernen Orten nicht ohne Tätigkeit verspätet haben, denn sie trug ziemliche Bündel unter den Armen. Nach Gruß und Erwärmung hob sie zuvörderst Friedrich den Großen in den Himmel und pries den Siebenjährigen Krieg, dem sie als Kind wollte beigewohnt haben; schalt grimmig auf die gegenwärtigen Fürsten und Heerführer, die so große Mannschaft in ein Land brächten, wo die Marketenderin ihr Handwerk nicht treiben könne, worauf es denn doch eigentlich abgesehen sei. Man konnte sich an ihrer Art, die Sachen zu betrachten, gar wohl erlustigen und sich für einen Augenblick zerstreuen, doch waren uns endlich die Pferde höchst willkommen; da wir denn auch mit dem Regimente Weimar den ahnungsvollen Rückzug antraten[189].

Vorsichtsmaßregeln, bedeutende Befehle ließen fürchten, daß die Feinde unserm Abmarsch nicht gelassen zusehen würden. Mit Bangigkeit hatte man noch am Tage das sämtliche Fuhrwerk, am bänglichsten aber die Artillerie, in den durchweichten Boden einschneidend, sich stockend bewegen sehen; was mochte nun zu Nacht alles vorfallen? Mit Bedauern sah man gestürzte, geborstene Bagagewagen im Bachwasser liegen, mit Bejammern ließ man zurückbleibende Kranke hülflos. Wo man sich auch umsah, einigermaßen vertraut mit der Gegend, gestand man, hier sei gar keine Rettung, sobald es dem Feinde, den wir links, rechts und im Rücken wußten[190], belieben möchte, uns anzugreifen; da dies aber in den ersten Stunden nicht geschah, so stellte sich das hoffnungsbedürftige Gemüt schnell wieder her, und der Menschengeist, der allem, was geschieht, Verstand und Vernunft unterlegen möchte, sagte sich getrost, die Verhandlungen zwischen den Hauptquartieren Hans und Sainte Menehould seien glücklich und zu unsern Gunsten abgeschlossen worden. Von Stunde zu Stunde vermehrte sich der Glaube; und als ich Halt machen, die sämtlichen Wagen über dem Dorfe St. Jean ordnungsgemäß auffahren sah, war ich schon völlig gewiß, wir würden nach Hause gelangen und in guter Gesellschaft (devant les Dames) von unseren ausgestandenen Qualen sprechen und erzählen dürfen. Auch diesmal teilt' ich Freunden und Bekannten meine Überzeugung mit, und wir ertrugen die gegenwärtige Not schon mit Heiterkeit.

Kein Lager ward bezogen, aber die Unsrigen schlugen ein großes Zelt auf, inwendig und auswendig umher die reichsten, herrlichsten Weizengarben zur Schlafstätte gebreitet. Der Mond schien hell durch die beruhigte Luft, nur ein sanfter Zug leichter Wolken war bemerklich, die ganze Umgebung sichtbar und deutlich, fast wie am Tage. Beschienen waren die schlafenden Menschen, die Pferde, vom Futterbedürfnis wach gehalten, darunter viele weiße, die das Licht kräftig wiedergaben; weiße Wagenbedeckungen, selbst die zur Nachtruhe gewidmeten weißen Garben, alles verbreitete Helle und Heiterkeit über diese bedeutende Szene. Fürwahr, der größte Maler hätte sich glücklich geschätzt, einem solchen Bilde gewachsen zu sein.

Erst spät legt' ich mich ins Zelt und hoffte, des tiefsten Schlafes zu genießen; aber die Natur hat manches Unbequeme zwischen ihre schönsten Gaben ausgestreut, und so gehört zu den ungeselligsten Unarten des Menschen, daß er schlafend, eben wenn er selbst am tiefsten ruht, den Gesellen durch unbändiges Schnarchen wach zu halten pflegt. Kopf an Kopf, ich innerhalb, er außerhalb des Zeltes, lag ich mit einem Manne, der mir durch ein gräßlich Stöhnen die so nötige Ruhe unwiederbringlich verkümmerte. Ich löste den Strang vom Zeltpflock, um meinen Widersacher kennenzulernen; es war ein braver, tüchtiger Mann von der Dienerschaft, er lag, vom Mond beschienen, in so tiefem Schlaf, als wenn er Endymion[191] selbst gewesen wäre.

Die Unmöglichkeit, in solcher Nachbarschaft Ruhe zu erlangen, regte den schalkischen Geist in mir auf; ich nahm eine Weizenähre und ließ die schwankende Last über Stirn und Nase des Schlafenden schweben. In seiner tiefen Ruhe gestört, fuhr er mit der Hand mehrmals übers Gesicht, und sobald er wieder in Schlaf versank, wiederholt' ich mein

Spiel, ohne daß er hätte begreifen mögen, woher in dieser Jahrszeit eine Bremse kommen könne. Endlich bracht' ich es dahin, daß er, völlig ermuntert, aufzustehen beschloß. Indessen war auch mir alle Schlaflust vergangen, ich trat vor das Zelt und bewunderte in dem wenig veränderten Bilde die unendliche Ruhe am Rande der größten, immer noch denkbaren Gefahr; und wie in solchen Augenblicken Angst und Hoffnung, Kümmernis und Beruhigung wechselsweise auf und ab gaukeln, so erschrak ich wieder, bedenkend: daß, wenn der Feind uns in diesem Augenblick überfallen wollte, weder eine Radspeiche noch ein Menschengebein davonkommen würde.
Der anbrechende Tag wirkte sodann wieder zerstreuend, denn da zeigte sich manches Wunderliche. Zwei alte Marketenderinnen hatten mehrere seidene Weiberröcke buntscheckig um Hüfte und Brust übereinander gebunden, den obersten aber um den Hals und oben darüber noch ein Halbmäntelchen. In diesem Ornat stolzierten sie gar komisch einher und behaupteten, durch Kauf und Tausch sich diese Maskerade gewonnen zu haben.

Den 30. September[192]

So früh sich auch mit Tagesanbruch das sämtliche Fuhrwerk in Bewegung setzte, so legten wir doch nur einen kurzen Weg zurück, denn schon um neun Uhr hielten wir zwischen Laval und Wargemoulin. Menschen und Tiere suchten sich zu erquicken, kein Lager ward aufgeschlagen. Nun kam auch die Armee heran und postierte sich auf einer Anhöhe; durchaus herrschte die größte Stille und Ordnung. Zwar konnte man an verschiedenen Vorsichtsmaßregeln gar wohl bemerken, daß noch nicht alle Gefahr überstanden sei; man rekognoszierte, man unterhielt sich heimlich mit unbekannten Personen, man rüstete sich zum abermaligen Aufbruch.

Den 1. Oktober

[193] Der Herzog von Weimar führte die Avantgarde und deckte zugleich den Rückzug der Bagage[194]. Ordnung und Stille herrschten diese Nacht, und man beruhigte sich in dieser Ruhe, als um zwölf Uhr aufzubrechen befohlen ward. Nun ging aber aus allem hervor, daß dieser Marsch nicht ganz sicher sei, wegen Streifpartien, welche vom Argonner Wald herunter zu befürchten waren. Denn wäre auch mit Dumouriez und den höchsten Gewalten Übereinkunft[195] getroffen gewesen, welches nicht einmal als ganz gewiß angenommen werden konnte, so gehorchte doch damals nicht leicht jemand dem andern, und die Mannschaft im Waldgebirge durfte sich nur für selbständig erklären, einen Versuch machen zu unserm Verderben, welches niemand damals hätte mißbilligen dürfen.
Auch der heutige Marsch ging nicht weit; es war die Absicht, Equipage und Armee zusammen sollten auch gleichen Schritt mit den Östreichern und Emigrierten halten, die, uns zur linken Seite, parallel, gleichfalls auf dem Rückzug begriffen waren.
Gegen acht Uhr hielten wir schon, bald nachdem wir Rouvroy hinter uns gelassen hatten; einige Zelte wurden aufgeschlagen, der Tag war schön und die Ruhe nicht gestört.
Und so will ich denn hier auch noch anführen, daß ich in diesem Elend das neckische Gelübde getan[196]: man solle, wenn ich uns erlöst und mich wieder zu Hause sähe, von mir niemals wieder einen Klagelaut vernehmen über den meine freiere Zimmeraussicht beschränkenden Nachbargiebel[197], den ich vielmehr jetzt recht sehnlich zu erblicken wünsche; ferner wollt' ich mich über Mißbehagen und Langeweile im deutschen Theater nie wieder beklagen, wo man doch immer Gott danken könne, unter Dach zu sein, was auch auf der Bühne vorgehe. Und so gelobt' ich noch ein Drittes, das mir aber entfallen ist.
Es war noch immer genug, daß jeder für sich selbst in dem Grade sorgte und Roß und Wagen, Mann und Pferd nach

ihren Abteilungen regelmäßig zusammenblieben, und so auch wir, sobald stille gehalten oder ein Lager aufgeschlagen ward, immer wieder gedeckte Tafeln und Bänke und Stühle fanden. Doch wollte uns bedünken, daß wir gar zu schmal abgefunden würden, ob wir uns gleich bei dem bekannten allgemeinen Mangel bescheiden darein ergaben.
Indessen schenkte mir das Glück Gelegenheit, einem bessern Gastmahl beizuwohnen. Es war zeitig Nacht geworden, jedermann hatte sich sogleich auf die zubereitete Streue gelegt, auch ich war eingeschlafen, doch weckte mich ein lebhafter, angenehmer Traum: denn mir schien, als röch' ich, als genöss' ich die besten Bissen, und als ich darüber aufwachte, mich aufrichtete, war mein Zelt voll des herrlichsten Geruchs gebratenen und versengten Schweinefettes, der mich sehr lüstern machte. Unmittelbar an der Natur mußte es uns verziehen sein, den Schweinehirten für göttlich und Schweinebraten für unschätzbar zu halten[198]. Ich stand auf und erblickte in ziemlicher Ferne ein Feuer, glücklicherweise ober dem Winde: von daher kam mir die Fülle des guten Dunstes. Unbedenklich ging ich dem Scheine nach und fand die sämtliche Dienerschaft um ein großes, bald zu Kohlen verbranntes Feuer beschäftigt, den Rücken des Schweins schon beinahe gar, das übrige zerstückt, zum Einpacken bereit, einen jeden aber tätig und handreichend, um die Würste bald zu vollenden. Unfern des Feuers lagen ein paar große Baumstämme; nach Begrüßung der Gesellschaft setzt' ich mich darauf, und ohne ein Wort zu sagen, sah ich einer solchen Tätigkeit mit Vergnügen zu. Teils wollten mir die guten Leute wohl, teils konnten sie den unerwarteten Gast schicklicherweise nicht ausschließen, und wirklich, da es zum Austeilen kam, reichten sie mir ein kostbares Stück; auch war Brot zu haben und ein Schluck Branntwein dazu; es fehlte eben an keinem Guten.
Nicht weniger ward mir ein tüchtiges Stück Wurst gereicht, als wir uns noch bei Nacht und Nebel zu Pferde setzten; ich steckte es in meine Pistolenhalfter, und so war mir die Begünstigung des Nachtwindes gut zustatten gekommen.

Den 2. Oktober[199]

Wenn man sich auch mit einigem Essen und Trinken gestärkt und den Geist durch sittliche Trostgründe beschwichtigt hatte, so wechselten doch immer Hoffnung und Sorge, Verdruß und Scham in der schwankenden Seele; man freute sich, noch am Leben zu sein, unter solchen Bedingungen zu leben verwünschte man. Nachts um zwei Uhr brachen wir auf, zogen mit Vorsicht an einem Walde vorbei, kamen bei Vaux über die Stelle unseres vor kurzem verlassenen Lagers und bald an die Aisne. Hier fanden wir zwei Brücken geschlagen, die uns aufs rechte Ufer hinüberleiteten. Da verweilten wir nun zwischen beiden, die wir zugleich übersehen konnten, auf einem Sand- und Weidenwerder, das lebhafteste Küchenfeuer sogleich besorgend. Die zartesten Linsen, die ich jemals genossen, lange, rote, schmackhafte Kartoffeln waren bald bereitet. Als aber zuletzt jene von den östreichischen Fuhrleuten aufgebrachten, bisher streng verheimlichten Schinken gar geworden, konnte man sich genugsam wiederherstellen.

Die Equipage war schon herüber[200]; aber bald eröffnete sich ein so prächtiger als trauriger Anblick. Die Armee zog über die Brücken, Fußvolk und Artillerie, die Reiterei durch eine Furt, alle Gesichter düster, jeder Mund verschlossen, eine gräßliche Empfindung mitteilend. Kamen Regimenter heran, unter denen man Bekannte, Befreundete wußte, so eilte man hin, man umarmte, man besprach sich, aber unter welchen Fragen! welchem Jammer! welcher Beschämung! nicht ohne Tränen.

Indessen freuten wir uns, so marketenderhaft eingerichtet zu sein, um Hohe wie Niedere erquicken zu können. Erst war die Trommel eines allda postierten Piquets die Tafel, dann holte man aus benachbarten Orten Stühle, Tische und machte sich's und den verschiedenartigsten Gästen so bequem als möglich. Der Kronprinz und Prinz Louis ließen sich die Linsen schmecken, mancher General, der von weiten den Rauch sah, zog sich darnach. Freilich, wie auch unser Vorrat sein

mochte, was sollte das unter so viele[201]? Man mußte zum zweiten- und drittenmale ansetzen, und unsere Reserve verminderte sich.
Wie nun unser Fürst gern alles mitteilte, so hielten's auch seine Leute, und es wäre schwer, einzeln zu erzählen, wieviel der unglücklichen vorbeiziehenden einzelnen Kranken durch Kämmerier und Koch erquickt wurden.
So ging es nun den ganzen Tag! und so ward mir der Rückzug nicht etwa nur durch Beispiel und Gleichnis, nein, in seiner völligen Wirklichkeit dargestellt und der Schmerz durch jede neue Uniform erneuert und vervielfältigt. Ein so grauenvolles Schauspiel sollte denn auch seiner würdig schließen; der König und sein Generalstab ritt von weiten her, hielt an der Brücke eine Zeitlang stille, als wenn er sich's noch einmal übersehen und überdenken wollte; zog dann aber am Ende den Weg aller der Seinen. Ebenso erschien der Herzog von Braunschweig an der andern Brücke, zauderte und ritt herüber.
Die Nacht brach ein, windig, aber trocken, und ward auf dem traurigen Weidenkies meist schlaflos zugebracht.

Den 3. Oktober

Morgens um sechs Uhr verließen wir diesen Platz, zogen über eine Anhöhe nach Grandpré zu und trafen daselbst die Armee gelagert. Dort gab es neues Übel und neue Sorgen; das Schloß war zum Krankenhause umgebildet und schon mit mehrern hundert Unglücklichen belegt, denen man nicht helfen, sie nicht erquicken konnte. Man zog mit Scheu vorüber und mußte sie der Menschlichkeit des Feindes überlassen.
Hier überfiel uns abermals ein grimmiger Regen und lähmte jede Bewegung.

Den 4. Oktober

Die Schwierigkeit, vom Platze zu kommen, wuchs mehr und mehr; um den unfahrbaren Hauptwegen zu entgehen, suchte man sich Bahn über Feld. Der Acker, von rötlicher Farbe, noch zäher als der bisherige Kreideboden, hinderte jede Bewegung. Die vier kleinen Pferde konnten meine Halbchaise kaum erziehen, ich dachte sie wenigstens um das Gewicht meiner Person zu erleichtern. Die Reitpferde waren nicht zu erblicken; der große Küchwagen, mit sechs tüchtigen bespannt, kam an mir vorbei. Ich bestieg ihn; von Viktualien[202] war er nicht ganz leer, die Küchmagd aber stak sehr verdrießlich in der Ecke. Ich überließ mich meinen Studien. Den dritten Band von Fischers physikalischem Lexikon hatte ich aus dem Koffer genommen[203]; in solchen Fällen ist ein Wörterbuch die willkommenste Begleitung, wo jeden Augenblick eine Unterbrechung vorfällt, und dann gewährt es wieder die beste Zerstreuung, indem es uns von einem zum andern führt.

Man hatte sich auf den zähen, hie und da quelligen roten Tonfeldern notgedrungen unvorsichtig eingelassen; in einer solchen Falge[204] mußte zuletzt auch dem tüchtigen Küchengespann die Kraft ausgehen. Ich schien mir in meinem Wagen wie eine Parodie von Pharao im Roten Meere, denn auch um mich her wollten Reiter und Fußvolk in gleicher Farbe gleicherweise versinken. Sehnsüchtig schaut' ich nach allen umgebenden Hügelhöhen, da erblickt' ich endlich die Reitpferde, darunter den mir bestimmten Schimmel; ich winkte sie mit Heftigkeit herbei, und nachdem ich meine Physik der armen krankverdrießlichen Küchmagd übergeben und ihrer Sorgfalt empfohlen, schwang ich mich aufs Pferd, mit dem festen Vorsatz, mich so bald nicht wieder auf eine Fahrt einzulassen. Hier ging es nun freilich selbständiger, aber nicht besser, noch schneller.

Grandpré, das nun als ein Ort der Pest und des Todes geschildert war, ließen wir gern hinter uns. Mehrere befreundete Kriegsgenossen trafen zusammen und traten im Kreise, hinter sich am Zügel die Pferde haltend, um ein Feuer. Sie sagen, dies sei das einzige Mal gewesen, wo ich ein verdrießlich Gesicht gemacht und sie weder durch Ernst gestärkt noch durch Scherz erheitert habe.

Den 4. Oktober

Der Weg, den das Heer eingeschlagen hatte, führte gegen Buzancy, weil man oberhalb Dun über die Maas gehen wollte. Wir schlugen unser Lager unmittelbar bei Sivry, in dessen Umgegend wir noch nicht alles verzehrt fanden. Der Soldat stürzte in die ersten Gärten und verdarb, was andere hätten genießen können. Ich ermunterte unseren Koch und seine Leute zu einer strategischen Furagierung[205]: wir zogen ums ganze Dorf und fanden noch völlig unangetastete Gärten und eine reiche, unbestrittene Ernte. Hier war von Kohl und Zwiebeln, von Wurzeln und andern guten Vegetabilien die Fülle; wir nahmen deshalb nicht mehr, als wir brauchten, mit Bescheidenheit und Schonung. Der Garten war nicht groß, aber sauber gehalten, und ehe wir zu dem Zaun wieder hinauskrochen, stellt' ich Betrachtungen an, wie es zugehe, daß in einem Hausgarten doch auch keine Spur von einer Türe ins anstoßende Gebäude zu entdecken sei. Als wir mit Küchenbeute wohl beschwert wieder zurückkamen, hörten wir großen Lärm vor dem Regimente. Einem Reiter war sein vor zwanzig Tagen etwa in dieser Gegend requiriertes Pferd davongelaufen, es hatte den Pfahl, an dem es gebunden gewesen, mit fortgenommen; der Kavallerist wurde sehr übel angesehen, bedroht und befehligt, das Pferd wiederzuschaffen.

Da es beschlossen war, den Fünften in der Gegend zu rasten, so wurden wir in Sivry einquartiert und fanden, nach so viel Unbilden, die Häuslichkeit gar erfreulich und konnten den französisch-ländlichen, idyllisch-homerischen Zustand zu unserer Unterhaltung und Zerstreuung abermals[206] genauer bemerken. Man trat nicht unmittelbar von der Straße in das Haus, sondern fand sich erst in einem kleinen, offenen, viereckten Raum, wie die Türe selbst das Quadrat angab; von da gelangte man, durch die eigentliche Haustüre, in ein geräumiges, hohes, dem Familienleben bestimmtes Zimmer; es war mit Ziegelsteinen gepflastert, links, an der langen Wand, ein Feuerherd, unmittelbar an Mauer und Erde; die Esse, die den Rauch abzog, schwebte darüber. Nach Begrüßung der Wirtsleute zog man sich gern dahin, wo man eine entschieden bleibende Rangordnung für die Umsitzenden gewahrte. Rechts am Feuer stand ein hohes Klappkästchen, das auch zum Stuhl diente; es enthielt das Salz, welches, in Vorrat angeschafft, an einem trocknen Platze verwahrt werden mußte. Hier war der Ehrensitz, der sogleich dem vornehmsten Fremden angewiesen wurde[207]; auf mehrere hölzerne Stühle setzten sich die übrigen Ankömmlinge mit den Hausgenossen. Die landsittliche Kochvorrichtung, pot au feu[208], konnt' ich hier zum erstenmal genau betrachten. Ein großer eiserner Kessel hing an einem Haken, den man durch Verzahnungen erhöhen und erniedrigen konnte, über dem Feuer; darin befand sich schon ein gutes Stück Rindfleisch mit Wasser und Salz, zugleich aber auch mit weißen und gelben Rüben, Porree, Kraut und andern vegetabilischen Ingredienzien.

Indessen wir uns freundlich mit den guten Menschen besprachen, bemerkt' ich erst, wie architektonisch klug Anrichte, Gossenstein, Topf- und Tellerbretter angebracht seien. Diese nahmen sämtlich den länglichen Raum ein, den jenes Viereck des offenen Vorhauses inwendig zur Seite ließ. Nett und alles der Ordnung gemäß war das Geräte zusammengestellt; eine Magd, oder Schwester des Hauses, besorgte alles aufs zierlichste. Die Hausfrau saß am Feuer, ein Knabe stand an ihren Knien, zwei Töchterchen drängten sich an sie heran. Der Tisch war gedeckt, ein großer irdener Napf aufgestellt, schönes weißes Brot in Scheibchen hineingeschnitten, die heiße Brühe drüber gegossen und guter Appetit empfohlen. Hier hätten jene Knaben, die mein Kommißbrot verschmähten, mich auf das Muster von bon pain und bonne soupe verweisen können[209]. Hierauf folgte das zu gleicher Zeit gar gewordene Zugemüse, so wie das Fleisch, und jedermann hätte sich an dieser einfachen Kochkunst begnügen können.

Wir fragten teilnehmend nach ihren Zuständen; sie hatten

schon das vorige Mal, als wir so lange bei Landres gestanden, sehr viel gelitten und fürchteten, kaum hergestellt, von einer feindlichen zurückziehenden Armee nunmehr den völligen Untergang. Wir bezeigten uns teilnehmend und freundlich, trösteten sie, daß es nicht lange dauern werde, da wir, außer der Arrieregarde[210], die Letzten seien, und gaben ihnen Rat und Regel, wie sie sich gegen Nachzügler zu verhalten hätten.

Bei immer wechselnden Sturm und Regengüssen brachten wir den Tag meist unter Dach und am Feuer zu; das Vergangene in Gedanken zurückrufend, das Nächstbevorstehende nicht ohne Sorge bedenkend. Seit Grandpré hatte ich weder Wagen noch Koffer noch Bedienten wieder gesehen, Hoffnung und Sorge wechselten deshalb augenblicklich ab. Die Nacht war herangekommen, die Kinder sollten zu Bette gehen; sie näherten sich Vater und Mutter ehrfurchtsvoll, verneigten sich, küßten ihnen die Hand und sagten »Bon soir, Papa! bon soir, Maman!« mit wünschenswerter Anmut. Bald darauf erfuhren wir, daß der Prinz von Braunschweig[211] in unserer Nachbarschaft gefährlich krank liege, und erkundigten uns nach ihm. Besuch lehnte man ab und versicherte zugleich, daß es mit ihm viel besser geworden, so daß er morgen früh unverzüglich aufzubrechen gedenke.

Kaum hatten wir[212] uns vor dem schrecklichen Regen wieder ans Kamin geflüchtet, als ein junger Mann hereintrat, den wir als den jüngeren Bruder unseres Wirts wegen entschiedener Ähnlichkeit erkennen mußten; und so erklärte sich's auch. In die Tracht des französischen Landvolks gekleidet, einen starken Stab in der Hand, trat er auf, ein schöner junger Mann. Sehr ernst, ja verdrießlich-wild saß er bei uns am Feuer, ohne zu sprechen; doch hatte er sich kaum erwärmt, als er mit seinem Bruder auf und ab, sodann in das nächste Zimmer trat. Sie sprachen sehr lebhaft und vertraulich zusammen. Er ging in den grimmigen Regen hinaus, ohne daß ihn unsere Wirtsleute zu halten suchten.

Aber auch wir wurden durch ein Angst- und Zetergeschrei in die stürmische Nacht hinausgerufen. Unsere Soldaten hatten, unter dem Vorwand, Furage[213] auf den Böden zu suchen, zu plündern angefangen, und zwar ganz ungeschickterweise, indem sie einem Weber sein Werkzeug wegnahmen, eigentlich für sie ganz unbrauchbar. Mit Ernst und einigen guten Worten brachten wir die Sache wieder ins Gleiche: denn es waren nur wenige, die sich solcher Tat unterfingen. Wie leicht konnte das ansteckend werden und alles drunter und drüber gehn.

Da sich mehrere Personen zusammengefunden hatten, so trat ein weimarischer Husar zu mir, seines Handwerks ein Fleischer, und vertraute, daß er in einem benachbarten Haus ein gemästetes Schwein entdeckt habe; er feilsche darum, könne es aber von dem Besitzer nicht erhalten, wir möchten mit Ernst dazu tun: denn es würde in den nächsten Tagen an allem fehlen. Es war wunderbar genug, daß wir, die soeben der Plünderung Einhalt getan, zu einem ähnlichen Unternehmen aufgefordert werden sollten. Indessen, da der Hunger kein Gesetz anerkennt, gingen wir mit dem Husar in das bezeichnete Haus, fanden gleichfalls ein großes Kaminfeuer, begrüßten die Leute und setzten uns zu ihnen. Es hatte sich noch ein anderer weimarischer Husar, namens Liseur[214], zu uns gefunden, dessen Gewandtheit wir die Sache vertrauten. Es begann in geläufigem Französisch von den Tugenden regulierter Truppen zu sprechen und rühmte die Personen, welche nur für bares Geld die notwendigsten Viktualien anzuschaffen verlangten; dahingegen schalt er die Nachzügler, Packknechte und Marketender, die mit Ungestüm und Gewalt auch die letzte Klaue sich zuzueignen gewohnt seien. Er wolle daher einem jeden den wohlmeinenden Rat geben, auf den Verkauf zu sinnen, weil Geld noch immer leichter zu verbergen sei als Tiere, die man wohl auswittere. Seine Argumente schienen keinen großen Eindruck zu machen, als seine Unterhandlung seltsam genug unterbrochen wurde.

An der fest verschlossenen Haustüre entstand auf einmal ein heftiges Pochen, man achtete nicht darauf, weil man keine Lust hatte, noch mehr Gäste einzulassen; es pochte fort, die kläglichste Stimme rief dazwischen, eine Weiberstimme, die auf gut Deutsch flehentlich um Eröffnung der Türe bat. Endlich erweicht, schloß man auf, es drang eine alte Marketenderin herein, etwas in ein Tuch gewickelt auf dem Arme tragend; hinter ihr eine junge Person, nicht häßlich, aber blaß und entkräftet, sie hielt sich kaum auf den Füßen. Mit wenigen, aber rüstigen Worten erklärte die Alte den Zustand, indem sie ein nacktes Kind vorwies, von dem jene Frau auf der Flucht entbunden worden. Dadurch versäumt, waren sie, mißhandelt von Bauern, in dieser Nacht endlich an unsere Pforte gekommen. Die Mutter hatte, weil ihr die Milch verschwunden, dem Kinde, seitdem es Atem holte, noch keine Nahrung reichen können. Jetzt forderte die Alte mit Ungestüm Mehl, Milch, Tiegel, auch Leinwand, das Kind hineinzuwickeln. Da sie kein Französisch konnte, mußten wir in ihrem Namen fordern, aber ihr herrisches Wesen, ihre Heftigkeit gab unseren Reden genug pantomimisches Gewicht und Nachdruck: man konnte das Verlangte nicht geschwind genug herbeischaffen, und das Herbeigeschaffte war ihr nicht gut genug. Dagegen war auch sehenswert, wie behend sie verfuhr. Uns hatte sie bald vom Feuer verdrängt, der beste Sitz war sogleich für die Wöchnerin eingenommen, sie aber machte sich auf ihrem Schemel so breit, als wenn sie im Hause allein wäre. In einem Nu war das Kind gereinigt und gewickelt, der Brei gekocht; sie fütterte das kleine Geschöpf, dann die Mutter, an sich selbst dachte sie kaum. Nun verlangte sie frische Kleider für die Wöchnerin, indes die alten trockneten. Wir betrachteten sie mit Verwunderung; sie verstand sich aufs Requirieren.

Der Regen ließ nach, wir suchten unser voriges Quartier, und kurz darauf brachten die Husaren das Schwein. Wir zahlten ein Billiges; nun sollte es geschlachtet werden, es geschah, und als im Nebenzimmer am Tragebalken ein Kloben eingeschraubt zu sehen war, hing das Schwein sogleich dort, um kunstmäßig zerstückt und bereitet zu werden.

Daß unsere Hausleute bei dieser Gelegenheit sich nicht verdrießlich, vielmehr behülflich und zutätig erwiesen, schien uns einigermaßen wunderbar, da sie wohl Ursache gehabt hätten, unser Betragen roh und rücksichtslos zu finden. In demselbigen Zimmer, wo wir die Operation vornahmen, lagen die Kinder in reinlichen Betten, und aufgeweckt durch unser Getöse, schauten sie artig-furchtsam unter den Decken hervor. Nahe an einem großen zweischläfrigen Ehebett, mit grünem Rasch[215] sorgfältig umschlossen, hing das Schwein, so daß die Vorhänge einen malerischen Hintergrund zu dem erleuchteten Körper machten. Es war ein Nachtstück ohnegleichen. Aber solchen Betrachtungen konnten sich die Einwohner nicht hingeben; wir merkten vielmehr, daß sie jenem Hause, dem man das Schwein abgewonnen, nicht sonderlich befreundet seien und also eine gewisse Schadenfreude hierbei obwalte. Früher hatten wir auch gutmütig einiges von Fleisch und Wurst versprochen, das alles kam der Funktion zustatten, die in wenig Stunden vollendet sein sollte. Unser Husar[216] aber bewies sich in seinem Fache so tätig und behend wie die Zigeunerin[217] drüben in dem ihrigen, und wir freuten uns schon auf die guten Würste und Braten, die uns von dieser Halbbeute zuteil werden sollten. In Erwartung dessen legten wir uns in der Schmiedewerkstatt unseres Wirtes auf die schönsten Weizengarben und schliefen geruhig bis an den Tag. Indessen hatte unser Husar sein Geschäft im Innern des Hauses vollendet, ein Frühstück fand sich bereit, und das übrige war schon eingepackt, nachdem vorher den Wirtsleuten gleichfalls ihr Teil gespendet worden, nicht ohne Verdruß unserer Leute, welche behaupteten: bei diesem Volk sei Gutmütigkeit übel angewendet, sie hätten gewiß noch Fleisch und andere gute Dinge verborgen, die wir auszuwittern noch nicht recht gelernt hätten.

Als ich mich in dem innern Zimmer umsah, fand ich zuletzt eine Türe verriegelt, die ihrer Stellung nach in einen Garten gehen mußte. Durch ein kleines Fenster an der Seite konnt' ich bemerken, daß ich nicht irre geschlossen hatte; der Garten lag etwas höher als das Haus, und ich erkannt' ihn ganz deutlich für denselben, wo wir uns früh mit Küchenwaren versehen hatten. Die Türe war verrammelt und von außen so geschickt verschüttet und bedeckt, daß ich nun wohl begriff, warum ich sie heute früh vergebens gesucht hatte. Und so stand es in den Sternen geschrieben, daß wir, ungeachtet aller Vorsicht, doch in das Haus gelangen sollten.

Den 6. Oktober früh[218]

Bei solchen Umgebungen darf man sich nicht einen Augenblick Ruhe, nicht das kürzeste Verharren irgendeines Zustandes erwarten. Mit Tagesanbruch war der ganze Ort auf einmal in großer Bewegung; die Geschichte des entflohenen Pferdes[219] kam wieder zur Sprache. Der geängstigte Reiter, der es herbeischaffen oder Strafe leiden und zu Fuße gehen sollte, war auf den nächsten Dörfern herumgerannt, wo man ihm denn, um die Plackerei selbst loszuwerden, zuletzt versicherte: es müsse in Sivry stecken; dort habe man vor soviel Wochen einen Rappen ausgehoben, wie er ihn beschreibe, unmittelbar vor Sivry habe nun das Pferd sich losgemacht, und was sonst noch die Wahrscheinlichkeit vermehren mochte. Nun kam er, begleitet von einem ernsten Unteroffizier, der, durch Bedrohung des ganzen Ortes, endlich die Auflösung des Rätsels fand. Das Pferd war wirklich hinein nach Sivry zu seinem vorigen Herrn gelaufen; die Freude, den vermißten Haus- und Stallgenossen wiederzusehen, sagten sie, sei in der Familie grenzenlos gewesen, allgemein die Teilnahme der Nachbarn. Künstlich genug hatte man das Pferd auf einen Oberboden gebracht und hinter Heu versteckt; jedermann bewahrte das Geheimnis. Nun aber ward es, unter Klagen und Jammern, wieder hervorgezogen, und Betrübnis ergriff die ganze Gemeinde, als der Reiter sich daraufschwang und dem Wachtmeister folgte. Niemand gedachte weder eigener Lasten noch des keineswegs aufgeklärten allgemeinen Geschickes: das Pferd und der zum zweitenmal getäuschte Besitzer waren der Gegenstand der zusammengelaufenen Menge.
Eine augenblickliche Hoffnung tat sich hervor; der Kronprinz von Preußen kam geritten, und indem er sich erkundigen wollte, was die Menge zusammengebracht, wendeten

sich die guten Leute an ihn mit Flehen, er möge ihnen das Pferd wieder zurückgeben. Es stand nicht in seiner Macht, denn die Kriegsläufte sind mächtiger als die Könige; er ließ sie trostlos, indem er sich stillschweigend entfernte.

Nun besprachen wir wiederholt mit unsern guten Hausleuten das Manöver gegen die Nachzügler: denn schon spukte das Geschmeiß hin und wider. Wir rieten: Mann und Frau, Magd und Geselle sollten in der Türe innerhalb des kleinen Vorraums sich halten und allenfalls ein Stück Brot, einen Schluck Wein, wenn es gefordert würde, auswendig reichen, den eindringenden Ungestüm aber standhaft abwehren. Mit Gewalt erstürmten dergleichen Leute nicht leicht ein Haus, einmal eingelassen aber werde man ihrer nicht wieder Herr. Die guten Menschen baten uns, noch länger zu bleiben, allein wir hatten an uns selber zu denken; das Regiment des Herzogs war schon vorwärts und der Kronprinz abgeritten; dies war genug, unseren Abschied zu bestimmen[220].

Wie klüglich dies gewesen, wurde uns noch deutlicher, als wir, bei der Kolonne angelangt, zu hören hatten, daß der Vortrab der französischen Prinzen gestern, als er eben den Paß Le Chêne Populeux und die Aisne hinter sich gelassen, zwischen Les Grandes und Les Petites Armoises von Bauern angegriffen worden; einem Offizier solle das Pferd unterm Leib getötet, dem Bedienten des Kommandierenden eine Kugel durch den Hut gegangen sein. Nun fiel mir's aufs Herz, daß in vergangner Nacht, als der bärbeißige Schwager ins Haus trat, ich einer solchen Ahnung mich nicht erwehren konnte.

Zum 6. Oktober[221]

Aus der gefährlichsten Klemme waren wir nun heraus, unser Rückzug jedoch noch immer beschwerlich und bedenklich; der Transport unseres Haushaltes von Tag zu Tage lästiger, denn freilich führten wir ein komplettes Mobiliar mit uns: außer dem Küchengerät noch Tisch und Bänke, Kisten, Kasten und Stühle, ja ein paar Blechofen. Wie wollte man

die mehreren Wagen fortbringen, da der Pferde täglich weniger wurden; einige fielen, die überbliebenen zeigten sich kraftlos. Es blieb nichts übrig, als einen Wagen stehen zu lassen, um die andern fortzubringen. Nun ward geratschlagt, was wohl das Entbehrlichste sei, und so mußte man einen mit allerlei Gerät wohl bepackten Wagen im Stiche lassen, um nicht alles zu entbehren. Diese Operation wiederholte sich einigemal, unser Zug ward um vieles kompendioser[222], und doch wurden wir aufs neue an eine solche Reduktion[223] gemahnt, da wir uns an den niedrigen Ufern der Maas mit größter Unbequemlichkeit fortschleppten[224].
Was mich aber in diesen Stunden am meisten druckte und besorgt machte, war, daß ich meinen Wagen schon einige Tage vermißte. Nun konnt' ich mir's nicht anders denken, als mein sonst so resoluter Diener sei in Verlegenheit geraten, habe seine Pferde verloren und andere zu requirieren nicht vermocht. Da sah ich denn in trauriger Einbildungskraft meine werte böhmische Halbchaise, ein Geschenk meines Fürsten, die mich schon so weit in der Welt herumgetragen[225], im Kot versunken, vielleicht auch über Bord geworfen, und somit, wie ich da zu Pferde saß, trug ich nun alles bei mir. Der Koffer mit Kleidungsstücken, Manuskripten jeder Art und manches durch Gewohnheit sonst noch werte Besitztum, alles schien mir verloren und schon in die Welt zerstreut.
Was war aus der Brieftasche mit Geld und bedeutenden Papieren geworden? aus sonstigen Kleinigkeiten, die man an sich herumsteckt? Hatte ich das alles nun recht umständlich und peinlich durchgedacht, so stellte sich der Geist aus dem unerträglichen Zustande bald wieder her. Das Vertrauen auf meinen Diener fing wieder an zu wachsen, und wie ich vorher umständlich den Verlust gedacht, so dacht' ich nunmehr alles durch seine Tätigkeit erhalten und freute mich dessen, als läg' es mir schon vor Augen.

Den 7. Oktober

Als wir eben auf dem linken Ufer der Maas aufwärts zogen, um an die Stelle zu gelangen, wo wir übersetzen und die gebahnte Hauptstraße jenseits erreichen sollten, gerade auf dem sumpfigsten Wiesenfleck, hieß es: der Herzog von Braunschweig komme hinter uns her[226]. Wir hielten an und begrüßten ihn ehrerbietig; er hielt auch ganz nahe vor uns stille und sagte zu mir: »Es tut mir zwar leid, daß ich Sie in dieser unangenehmen Lage sehe, jedoch darf es mir in dem Sinne erwünscht sein, daß ich einen einsichtigen, glaubwürdigen Mann mehr weiß, der bezeugen kann, daß wir nicht vom Feinde, sondern von den Elementen überwunden worden.«

Er hatte mich in dem Hauptquartier zu Hans vorbeigehend gesehen und wußte überhaupt, daß ich bei dem ganzen traurigen Zug gegenwärtig gewesen. Ich antwortete ihm etwas Schickliches und bedauerte noch zuletzt, daß er, nach so viel Leiden und Anstrengung, noch durch die Krankheit seines fürstlichen Sohnes sei in Sorgen gesetzt worden: woran wir vorige Nacht in Sivry großen Anteil empfunden. Er nahm es wohl auf, denn dieser Prinz war sein Liebling, zeigte sodann auf ihn, der in der Nähe hielt; wir verneigten uns auch vor ihm. Der Herzog wünschte uns allen Geduld und Ausdauer, und ich ihm dagegen eine ungestörte Gesundheit, weil ihm sonst nichts abgehe, uns und die gute Sache zu retten. Er hatte mich eigentlich niemals geliebt, das mußte ich mir gefallen lassen[227]; er gab es zu erkennen, das konnt' ich ihm verzeihen: nun aber war das Unglück eine milde Vermittlerin geworden, die uns auf eine teilnehmende Weise zusammenbrachte.

Den 7. und 8. Oktober

Wir hatten über die Maas gesetzt und den Weg eingeschlagen, der aus den Niederlanden nach Verdun führt[228]; das Wetter war furchtbarer als je, wir lagerten bei Consenvoye. Die Unbequemlichkeit, ja das Unheil stiegen aufs höchste:

die Zelte durchnäßt, sonst kein Schirm, kein Obdach; man wußte nicht, wohin man sich wenden sollte; noch immer fehlte mein Wagen, und ich entbehrte das Notwendigste. Konnte man sich auch unter einem Zelte bergen, so war doch an keine Ruhestelle zu denken. Wie sehnte man sich nicht nach Stroh, ja nach irgendeinem Brettstück, und zuletzt blieb doch nichts übrig, als sich auf den kalten, feuchten Boden niederzulegen.
Nun hatte ich aber schon in vorigen gleichen Fällen mir ein praktisches Hülfsmittel ersonnen, wie solche Not zu überdauern sei; ich stand nämlich so lange auf den Füßen, bis die Knie zusammenbrachen, dann setzt' ich mich auf einen Feldstuhl, wo ich hartnäckig verweilte, bis ich niederzusinken glaubte, da denn jede Stelle, wo man sich horizontal ausstrecken konnte, höchst willkommen war. Wie also Hunger das beste Gewürz bleibt, so wird Müdigkeit der herrlichste Schlaftrunk sein.

Zwei Tage und zwei Nächte hatten wir auf diese Weise verlebt, als der traurige Zustand einiger Kranken auch Gesunden zugute kommen sollte. Des Herzogs Kammerdiener war von dem allgemeinen Übel befallen[229], einen Junker vom Regiment hatte der Fürst aus dem Lazarett von Grandpré gerettet; nun beschloß er, die beiden in das etwa zwei Meilen entfernte Verdun zu schicken. Kämmerier Wagner wurde ihnen zur Pflege mitgegeben, und ich säumte nicht, auf gnädigste vorsorgliche Anmahnung, den vierten Platz einzunehmen. Mit Empfehlungsschreiben an den Kommandanten[230] wurden wir entlassen, und als beim Einsitzen der Pudel nicht zurückbleiben durfte, so ward aus dem sonst so beliebten Schlafwagen ein halbes Lazarett und etwas Menagerieartiges.
Zur Eskorte, zum Quartier- und Proviantmeister erhielten wir jenen Husaren, der, namens Liseur, aus Luxemburg gebürtig, der Gegend kundig, Geschick, Gewandtheit und Kühnheit eines Freibeuters vereinigte; mit Behagen ritt er

vorauf und machte dem mit sechs starken Schimmeln bespannten Wagen und sich selbst ein gutes Ansehen.
Zwischen ansteckende Kranke gepackt, wußt' ich von keiner Apprehension[231]. Der Mensch, wenn er sich getreu bleibt, findet zu jedem Zustande eine hülfreiche Maxime; mir stellte sich, sobald die Gefahr groß ward, der blindeste Fatalismus zur Hand, und ich habe bemerkt, daß Menschen, die ein durchaus gefährlich Metier treiben, sich durch denselben Glauben gestählt und gestärkt fühlen. Die mahometanische Religion[232] gibt hievon den besten Beweis.

Den 9. Oktober

Unsere traurige Lazarettfahrt[233] zog nun langsam dahin und gab zu ernsten Betrachtungen Anlaß, da wir in dieselbe Heerstraße fielen, auf der wir mit soviel Mut und Hoffnung ins Land eingetreten waren. Hier berührten wir nun wieder dieselbe Gegend, wo der erste Schuß aus den Weinbergen fiel, denselben Hochweg, wo uns die hübsche Frau in die Hände lief und zurückgeführt worden; kamen an dem Mäuerchen vorbei, von wo sie uns mit den Ihrigen freundlich und zur Hoffnung aufgeregt begrüßte. Wie sah das alles jetzt anders aus! und wie doppelt unerfreulich erschienen die Folgen eines fruchtlosen Feldzugs durch den trüben Schleier eines anhaltenden Regenwetters!
Doch mitten in diesen Trübnissen sollte mir gerade das Erwünschteste begegnen. Wir holten ein Fuhrwerk ein, das mit vier kleinen, unansehnlichen Pferden vor uns herzog; hier aber gab es einen Lust- und Erkennungsauftritt, denn es war mein Wagen, mein Diener. – »Paul!« rief ich aus, »Teufelsjunge, bist du's! Wie kommst du hierher?« – Der Koffer stand geruhig aufgepackt an seiner alten Stelle; welch erfreulicher Anblick! und als ich mich nach Portefeuille und anderem hastig erkundigte, sprangen zwei Freunde aus dem Wagen, Geheimer Sekretär Weyland und Hauptmann Vent[234]. Das war eine gar frohe Szene des Wiederfindens, und ich erfuhr nun, wie es bisher zugegangen.

Seit der Flucht jener Bauernknaben[235] hatte mein Diener die vier Pferde durchzubringen gewußt und sich nicht allein von Hans bis Grandpré, sondern auch von da, als er mir aus den Augen gekommen, über die Aisne geschleppt[236] und immer so fort verlangt, begehrt, furagiert, requiriert, bis wir zuletzt glücklich wieder zusammentrafen und nun, alle vereint und höchst vergnügt, nach Verdun zogen, wo wir genugsame Ruhe und Erquickung zu finden hofften.
Hiezu hatte denn auch der Husar weislich und klüglich die besten Voranstalten getroffen; er war voraus in die Stadt geritten und hatte sich, bei der Fülle des Dranges, gar bald überzeugt, daß hier ordnungsgemäß, durch Wirksamkeit und guten Willen eines Quartieramts, nichts zu hoffen sei; glücklicherweise aber sah er in dem Hof eines schönen Hauses Anstalten zu einer herannahenden Abreise, er sprengte zurück, bedeutete uns, wie wir fahren sollten, und eilte nun, sobald jene Partei heraus war, das Hoftor zu besetzen, dessen Schließen zu verhindern und uns gar erwünscht zu empfangen. Wir fuhren ein, wir stiegen aus, unter Protestation einer alten Haushälterin, welche, soeben von einer Einquartierung befreit, keine neue, besonders ohne Billet[237] aufzunehmen Lust empfand. Indessen waren die Pferde schon ausgespannt und im Stalle, wir aber hatten uns in die oberen Zimmer geteilt; der Hausherr[238], ältlich, Edelmann, Ludwigsritter, ließ es geschehen; weder er noch Familie wollten von Gästen weiter wissen, am wenigsten diesmal von Preußen auf dem Rückzuge.

Den 10. Oktober[239]

Ein Knabe, der uns in der verwilderten Stadt herumführte, fragte mit Bedeutung: ob wir denn von den unvergleichlichen Verduner Pastetchen noch nicht gekostet hätten? Er führte uns darauf zu dem berühmtesten Meister dieser Art. Wir traten in einen weiten Hausraum, in welchem große und kleine Öfen ringsherum angebracht waren, zugleich auch in der Mitte Tisch und Bänke zum frischen Genuß des augenblicklich Gebackenen. Der Künstler trat vor, sprach aber seine Verzweiflung höchst lebhaft aus, daß es ihm nicht möglich sei, uns zu bedienen, da es ganz und gar an Butter fehle. Er zeigte die schönsten Vorräte des feinsten Weizenmehls; aber wozu nützten ihm diese ohne Milch und Butter! Er rühmte sein Talent, den Beifall der Einwohner, der Durchreisenden, und bejammerte nur, daß er gerade jetzt, wo er sich vor solchen Fremden zu zeigen und seinen Ruf auszubreiten Gelegenheit finde, gerade des Notwendigsten ermangeln müßte. Er beschwor uns daher, Butter herbeizuschaffen, und gab zu verstehen, wenn wir nur ein wenig Ernst zeigen wollten, so sollte sich dergleichen schon irgendwo finden. Doch ließ er sich für den Augenblick zufriedenstellen, als wir versprachen, bei längerem Aufenthalt von Jardin Fontaine dergleichen herbeizuholen.

Unsern jungen Führer, der uns weiter durch die Stadt begleitete und sich ebenso wohl auf hübsche Kinder als auf Pastetchen zu verstehen schien, befragten wir nach einem wunderschönen Frauenzimmer, das sich eben aus dem Fenster eines wohlgebauten Hauses herausbog. »Ja«, rief er, nachdem er ihren Namen genannt, »das hübsche Köpfchen mag sich fest auf den Schultern halten; es ist auch eine von denen, die dem König von Preußen Blumen und Früchte überreicht haben[240]. Ihr Haus und Familie dachten schon, sie wären wieder oben drauf, das Blatt aber hat sich gewendet, jetzt tausch ich nicht mit ihr.« Er sprach hierüber mit besonderer Gelassenheit, als wäre es ganz naturgemäß und könne und werde nicht anders sein.

Mein Diener war von Jardin Fontaine zurückgekommen, wohin er, unsern alten Wirt zu begrüßen und den Brief an die Schwester zu Paris wiederzubringen, gegangen war. Der neckische Mann empfing ihn gutmütig genug, bewirtete ihn aufs beste und lud die Herrschaft ein, die er gleichfalls zu traktieren versprach.

So wohl sollt' es uns aber nicht werden; denn kaum hatten wir den Kessel übers Feuer gehängt, mit herkömmlichen Ingredienzien und Zeremonien, als eine Ordonnanz hereintrat und im Namen des Kommandanten Herrn von Courbière[241] freundlich andeutete, wir möchten uns einrichten, morgen früh um acht Uhr aus Verdun zu fahren. Höchst betroffen, daß wir Dach, Fach und Herd, ohne uns nur einigermaßen herstellen zu können, eiligst verlassen und uns wieder in die wüste, schmutzige Welt hinausgestoßen sehen sollten, beriefen wir uns auf die Krankheit des Junkers und Kammerdieners, worauf er denn meinte, wir sollten diese baldmöglichst fortzubringen suchen, weil in der Nacht die Lazarette geleert und nur die völlig intransportablen Kranken zurückgelassen würden.

Uns überfiel Schrecken und Entsetzen, denn bisher zweifelte niemand, daß von Seiten der Alliierten man Verdun und Longwy erhalten, wo nicht gar noch einige Festungen erobern und sichere Winterquartiere bereiten müsse[242]. Von diesen Hoffnungen konnten wir nicht auf einmal Abschied nehmen; daher schien es uns, man wolle nur die Festung von den unzähligen Kranken und dem unglaublichen Troß befreien, um sie alsdann mit der notwendigen Garnison besetzen zu können. Kämmerier Wagner jedoch, der das Schreiben des Herzogs dem Kommandanten überbracht hatte, glaubte das Allerbedenklichste in diesen Maßregeln zu sehen. Was es aber auch im ganzen für einen Ausgang nähme, mußten wir uns diesmal in unser Schicksal ergeben und speisten geruhig den einfachen Topf in verschiedenen Absätzen und Trachten[243]; als eine andere Ordonnanz abermals hereintrat und uns beschied, wir möchten ja ohne Zaudern und Aufenthalt morgen früh um drei Uhr aus Verdun zu kommen suchen. Kämmerier Wagner, der den Inhalt jenes Briefs an den Kommandanten zu wissen glaubte, sah hierin ein entschiedenes Bekenntnis, daß die Festung den Franzosen sogleich wieder würde übergeben werden. Dabei gedachten wir der Drohung des Knaben, gedachten der schönen geputzten Frauenzimmer, der Früchte und Blumen, und betrübten uns zum erstenmal recht herzlich und gründlich über eine so entschieden mißlungene große Unternehmung[244].

Ob ich schon unter dem diplomatischen Korps echte und

verehrungswürdige Freunde gefunden, so konnt' ich doch, so oft ich sie mitten unter diesen großen Bewegungen fand, mich gewisser neckischer Einfälle nicht enthalten; sie kamen mir vor wie Schauspieldirektoren, welche die Stücke wählen, Rollen austeilen und in unscheinbarer Gestalt einhergehen, indessen die Truppe, so gut sie kann, aufs beste herausgestutzt, das Resultat ihrer Bemühungen dem Glück und der Laune des Publikums überlassen muß.

Baron Breteuil[245] wohnte gegen uns über; seit der Halsbandgeschichte war er mir nicht aus den Gedanken gekommen[246]. Sein Haß gegen den Kardinal von Rohan verleitete ihn zu der furchtbarsten Übereilung; die durch jenen Prozeß entstandene Erschütterung ergriff die Grundfesten des Staates, vernichtete die Achtung gegen die Königin und gegen die obern Stände überhaupt: denn leider alles, was zur Sprache kam, machte nur das greuliche Verderben deutlich, worin der Hof und die Vornehmeren befangen lagen.

Diesmal glaubte man, er habe den auffallenden Vergleich gestiftet, der uns zum Rückzug verpflichtete, zu dessen Entschuldigung man höchst günstige Bedingungen voraussetzte; man versicherte, König, Königin und Familie sollten freigegeben und sonst noch manches Wünschenswerte erfüllt werden. Die Frage aber, wie diese großen diplomatischen Vorteile mit allem übrigen, was uns doch auch bekannt war, übereinstimmen sollten, ließ einen Zweifel nach dem andern aufkeimen.

Die Zimmer, die wir bewohnten, waren anständig möbliert; mir fiel ein Wandschrank auf, durch dessen Glastüren ich viele regelmäßig beschnittene gleiche Hefte in Quart erblickte. Zu meiner Verwunderung ersah ich daraus, daß unser Wirt als einer der Notablen im Jahre 1787 zu Paris gewesen[247]; in diesen Heften war seine Instruktion abgedruckt. Die Mäßigkeit der damaligen Forderungen, die Bescheidenheit, womit sie abgefaßt, kontrastierten völlig mit den gegenwärtigen Zuständen von Gewaltsamkeit, Übermut und Verzweiflung. Ich las diese Blätter mit wahrhafter Rührung und nahm einige Exemplare zu mir.

Den 11. Oktober[248]

Ohne die Nacht geschlafen zu haben, waren wir früh um drei Uhr eben im Begriff, unsern gegen das Hoftor gerichteten Wagen zu besteigen, als wir ein unüberwindliches Hindernis gewahr wurden; denn es zog schon eine ununterbrochene Kolonne Krankenwagen, zwischen den zur Seite aufgehäuften Pflastersteinen, durch die zum Sumpf gefahrene Stadt. Als wir nun so standen, abzuwarten, was erreicht werden könnte, drängte sich unser Wirt, der Ludwigsritter[249], ohne zu grüßen, an uns vorbei. Unsere Verwunderung über sein frühes und unfreundliches Erscheinen ward aber bald in Mitleid verkehrt, denn sein Bedienter, hinter ihm drein, trug ein Bündelchen auf dem Stocke, und so ward es nur allzu deutlich, daß er, nachdem er vier Wochen vorher Haus und Hof wiedergesehen hatte, es nun abermals, wie wir unsre Eroberungen, verlassen mußte.

Sodann ward aber meine Aufmerksamkeit auf die bessern Pferde vor meiner Chaise gelenkt; da gestand denn die liebe Dienerschaft: daß sie die bisherigen schwachen, unbrauchbaren gegen Zucker und Kaffee vertauscht, sogleich aber in Requisition anderer glücklich gewesen sei. Die Tätigkeit des gewandten Liseurs war hiebei nicht zu verkennen; auch durch ihn kamen wir diesmal vom Flecke, denn er sprengte in eine Lücke der Wagenreihe und hielt das folgende Gespann so lange zurück, bis wir sechs- und vierspännig eingeschaltet waren; da ich mich denn frischer Luft in meinem leichten Wägelchen abermals erfreuen konnte.

Nun bewegten wir uns mit Leichenschritt, aber bewegten uns doch; der Tag brach an, wir befanden uns vor der Stadt in dem größtmöglichen Gewirr und Gewimmel[250]. Alle Arten von Wagen, wenig Reiter, unzählige Fußgänger durchkreuzten sich auf dem großen Platze vor dem Tor. Wir zogen mit unserer Kolonne rechts gegen Étain, auf einem beschränkten Fahrweg mit Graben zu beiden Seiten. Die Selbsterhaltung in einem so ungeheuren Drange kannte schon kein Mitleiden, keine Rücksicht mehr; nicht weit vor uns fiel ein Pferd vor einem Rüstwagen, man schnitt die Stränge entzwei und ließ es liegen. Als nun aber die drei übrigen die Last nicht weiter bringen konnten, schnitt man auch sie los, warf das schwer bepackte Fuhrwerk in den Graben, und mit dem geringsten Aufhalte fuhren wir weiter und zugleich über das Pferd weg, das sich eben erholen wollte, und ich sah ganz deutlich, wie dessen Gebeine unter den Rädern knirschten und schlotterten[251].

Reiter und Fußgänger suchten sich von der schmalen, unwegsamen Fahrstraße auf die Wiesen zu retten; aber auch diese waren zugrunde geregnet, von ausgetretenen Gräben überschwemmt, die Verbindung der Fußpfade überall unterbrochen. Vier ansehnliche, schöne, sauber gekleidete französische Soldaten wateten eine Zeitlang neben unseren Wagen her, durchaus nett und reinlich, und wußten so gut hin und her zu treten, daß ihr Fußwerk nur bis an die Knorren[252] von der schmutzigen Wallfahrt zeugte, welche die guten Leute bestanden.

Daß man unter solchen Umständen in Gräben, auf Wiesen, Feldern und Angern tote Pferde genug erblickte, war natürliche Folge des Zustandes; bald aber fand man sie auch abgedeckt, die fleischigen Teile sogar ausgeschnitten; trauriges Zeichen des allgemeinen Mangels!

So zogen wir fort, jeden Augenblick in Gefahr, bei der geringsten eigenen Stockung selbst über Bord geworfen zu werden; unter welchen Umständen freilich die Sorgfalt unseres Geleitsmanns nicht genug zu rühmen und zu preisen war. Dieselbe betätigte sich denn auch zu Étain, wo wir gegen Mittag anlangten und in dem schönen, wohlgebauten Städtchen, durch Straßen und auf Plätzen, ein sinneverwirrendes Gewimmel um und neben uns erblickten; die Masse wogte hin und her, und indem alles vorwärts drang, ward jeder dem andern hinderlich. Unvermutet ließ unser Führer die Wagen vor einem wohlgebauten Hause des Marktes halten, wir traten ein, Hausherr und Frau begrüßten uns in ehrerbietiger Entfernung.

Man führte uns in ein getäfeltes Zimmer auf gleicher Erde,

wo im schwarz-marmornen Kamin behägliches Feuer brannte. In dem großen Spiegel darüber beschauten wir uns ungern, denn ich hatte noch immer nicht die Entschließung gefaßt, meine langen Haare kurz schneiden zu lassen, die jetzt wie ein verworrener Hanfrocken umherquollen; der Bart, strauchig, vermehrte das wilde Ansehen unserer Gegenwart.
Nun aber konnten wir, aus den niedrigen Fenstern den ganzen Markt überschauend, unmittelbar das grenzenlose Getümmel beinahe mit Händen greifen. Aller Art Fußgänger, Uniformierte marode, gesunde aber trauernde Bürgerliche, Weiber und Kinder drängten und quetschten sich zwischen Fuhrwerk aller Gestalt; Rüst- und Leiterwagen, Ein- und Mehrspänner, hunderterlei eigenes und requiriertes Gepferde, weichend, anstoßend, hinderte sich rechts und links. Auch Hornvieh zog damit weg, wahrscheinlich geforderte, weggenommene Herden. Reiter sah man wenig, auffallend aber waren die eleganten Wagen der Emigrierten, vielfarbig lackiert, verguldet und versilbert, die ich wohl schon in Grevenmachern mochte bewundert haben[253]. Die größte Not aber entstand da, wo die den Markt füllende Menge in eine zwar grade und wohlgebaute, doch verhältnismäßig viel zu enge Straße ihren Weg einschlagen sollte. Ich habe in meinem Leben nichts Ähnliches gesehn; vergleichen aber ließ sich der Anblick mit einem erst über Wiesen und Anger ausgetretenen Strome, der sich nun wieder durch enge Brückenbogen durchdrängen und im beschränkten Bette weiter fließen soll.
Die lange, aus unsern Fenstern übersehbare Straße hinab schwoll unaufhaltsam die seltsamste Woge; ein hoher zweisitziger Reisewagen ragte über der Flut empor. Er ließ uns an die schönen Französinnen denken[254], sie waren es aber nicht, sondern Graf Haugwitz[255], den ich mit einiger Schadenfreude Schritt vor Schritt dahinwackeln sah.

Ein gutes Essen war uns bereitet, die köstlichste Schöpsenkeule besonders willkommen; an gutem Wein und Brot fehlte es nicht, und so waren wir, neben dem größten Getümmel, in der schönsten Beruhigung: wie man auch wohl der stürmenden See, am Fuße eines Leuchtturms auf dem Steindamm sitzend, der wilden Wellenbewegung zusieht und dort und da ein Schiff ihrer Willkür preisgegeben. Aber uns erwartete in diesem gastlichen Hause eine wahrhaft herzergreifende Familienszene[257].

Der Sohn, ein schöner junger Mann, hatte schon einige Zeit, hingerissen von den allgemeinen Gesinnungen, in Paris unter den Nationaltruppen gedient und sich dort hervorgetan. Als nun aber die Preußen eingedrungen, die Emigrierten mit der stolzen Hoffnung eines gewissen Sieges herangelangt waren, verlangten die nun auch zuversichtlichen Eltern dringend und wieder dringend, der Sohn solle seine dortige Lage, die er nunmehr verabscheuen müsse, eiligst aufgeben, zurückkehren und diesseits für die gute Sache fechten. Der Sohn, wider Willen, aus Pietät, kommt zurück, eben in dem Moment, da Preußen, Östreicher und Emigrierte retirieren; er eilt verzweiflungsvoll durch das Gedränge zu seinem Vaterhause. Was soll er nun anfangen? und wie sollen sie ihn empfangen? Freude, ihn wieder zu sehen, Schmerz, ihn in dem Augenblick wieder zu verlieren; Verwirrung, ob Haus und Hof in diesem Sturm werde zu erhalten sein. Als junger Mann dem neuen Systeme günstig, kehrt er genötigt zu einer Partei zurück, die er verabscheut, und eben als er sich in dies Schicksal ergibt, sieht er diese Partei zugrunde gehen. Aus Paris entwichen, weiß er sich schon in das Sünden- und Todesregister geschrieben; und nun im Augenblick soll er aus seinem Vaterlande verbannt, aus seines Vaters Hause gestoßen werden. Die Eltern, die sich gern an ihm letzen möchten, müssen ihn selbst wegtreiben, und er, in Schmerzenswonne des Wiedersehens, weiß nicht, wie er sich losreißen soll; die Umarmungen sind Vorwürfe,

und das Scheiden, das vor unsern Augen geschieht, schrecklich.
Unmittelbar vor unserer Stubentüre ereignete sich das alles auf der Hausflur. Kaum war es still geworden und die Eltern hatten sich weinend entfernt, als eine Szene, fast noch wunderbarer, auffallender, uns selbst ansprach, ja in Verlegenheit setzte und, obgleich herzergreifend genug, uns doch zuletzt ein Lächeln abnötigte[258]. Einige Bauersleute, Männer, Frauen und Kinder, drangen in unsere Zimmer und warfen sich heulend und schreiend mir zu Füßen. Mit der vollen Beredsamkeit des Schmerzes und des Jammers klagten sie, daß man ihr schönes Rindvieh wegtreibe, sie schienen Pächter eines ansehnlichen Gutes; ich solle nur zum Fenster hinaussehen, eben treibe man sie vorbei, es hätten Preußen sich derselben bemächtigt; ich solle befehlen, solle Hülfe schaffen. Hierauf trat ich, um mich zu besinnen, ans Fenster, der leichtfertige Husar stellte sich hinter mich und sagte: »Verzeihen Sie! ich habe Sie für den Schwager des Königs von Preußen ausgegeben, um gute Aufnahme und Bewirtung zu finden. Die Bauern hätten freilich nicht hereinkommen sollen; aber mit einem guten Wort weisen Sie die Leute an mich und scheinen überzeugt von meinen Vorschlägen.«
Was war zu tun? überrascht und unwillig nahm ich mich zusammen und schien über die Umstände nachzudenken. »Wird doch«, sagt' ich zu mir selbst, »List und Verschlagenheit im Kriege gerühmt! Wer sich durch Schelme bedienen läßt, kommt in Gefahr, von ihnen irregeführt zu werden. Ein Skandal, unnütz und beschämend, ist hier zu vermeiden.« Und wie der Arzt in verzweifelten Fällen wohl noch ein Hoffnungsrezept verschreibt, entließ ich die guten Menschen mehr pantomimisch als mit Worten; dann sagt' ich mir zu meiner Beruhigung: »Hatte doch bei Sivry der echte Thronfolger den bedrängten Leuten ihr Pferd nicht zusprechen können[259], so dürfte sich der untergeschobene Schwager des Königs wohl verzeihen, wenn er die Hülfsbedürftigen mit irgendeiner klugen eingeflüsterten Wendung abzulehnen suchte.«

Wir aber gelangten in finsterer Nacht nach Spincourt[260]; alle Fenster waren helle, zum Zeichen, daß alle Zimmer besetzt seien. An jeder Haustüre ward protestiert, von den Einwohnern, die keine neuen Gäste, von den Einquartierten, die keine Genossen aufnehmen wollten. Ohne viel Umstände aber drang unser Husar ins Haus, und als er einige französische Soldaten in der Halle am Feuer fand, ersuchte er sie zudringlich, vornehmen Herrn, die er geleite, einen Platz am Kamin einzuräumen. Wir traten zugleich herein, sie waren freundlich und rückten zusammen, setzten sich aber bald wieder in die wunderliche Positur, ihre aufgehobenen Füße gegen das Feuer zu strecken. Sie liefen auch wohl einmal im Saale hin und wider und kehrten bald in ihre vorige Lage zurück, und nun konnt' ich bemerken, daß es ihr eigentliches Geschäft sei, den untern Teil ihrer Gamaschen zu trocknen.
Gar bald aber erschienen sie mir als bekannt; es waren eben dieselbigen, die heute früh neben unserm Wagen im Schlamme so zierlich einhertraten. Nun, früher als wir angelangt, hatten sie schon am Brunnen die untersten Teile gewaschen und gebürstet, trockneten sie nunmehr, um morgen früh neuem Schmutz und Unrat galant entgegenzugehen. Ein musterhaftes Betragen, an das man sich in manchen Fällen des Lebens wohl wieder zu erinnern hat. Auch dacht' ich dabei meiner lieben Kriegskameraden, die den Befehl zur Reinlichkeit murrend aufgenommen hatten.
Doch uns dergestalt untergebracht zu haben, war dem klugen, dienstfertigen Liseur nicht genug; die Fiktion des Mittags, die sich so glücklich erwiesen hatte, ward kühnlich wiederholt, die hohe Generalsperson, der Schwager des Königs, wirkte mächtig und vertrieb eine ganze Masse guter Emigrierten aus einem Zimmer mit zwei Betten. Zwei Offiziere von Köhler[261] nahmen wir dagegen in demselben Raum auf, ich aber begab mich vor die Haustüre, zu dem alten erprobten Schlafwagen, dessen Deichsel, diesmal nach Deutschland gekehrt, mir ganz eigene Gedanken hervorrief, die jedoch durch ein schnelles Einschlummern gar bald abgeschnitten wurden.

Den 12. Oktober[262]

Der heutige Weg erschien noch trauriger als der gestrige; ermattete Pferde waren öfter gefallen und lagen mit umgestürzten Wagen häufiger neben der Hochstraße auf den Wiesen[263]. Aus den geborstenen Decken der Rüstwagen fielen gar niedliche Mantelsäcke, einem Emigriertenkorps gehörig, hervor; das bunte, zierliche Ansehn dieses herrenlosen aufgegebenen Gutes lockte die Besitzlust der Vorbeiwandernden, und mancher bepackte sich mit einer Last, die er zunächst[264] auch wieder abwerfen sollte. Daraus mag denn wohl die Rede entstanden sein, auf dem Rückzuge seien Emigrierte von Preußen geplündert worden.

Von ähnlichen Vorfällen erzählte man auch manches Scherzhafte. Ein schwer beladener Emigrantenwagen war ebenermaßen[265] an einer Anhöhe steckengeblieben und verlassen worden. Nachfolgende Truppen untersuchen den Inhalt, finden Kästchen von mäßiger Größe, auffallend schwer, belästigen sich gemeinschaftlich damit und schleppen sie mit unsäglicher Mühe auf die nächste Höhe. Hier wollen sie nun in die Beute und in die Last sich teilen; aber welch ein Anblick! Aus jedem zerschlagenen Kasten fällt eine Unzahl Kartenspiele hervor, und die Goldlustigen trösten sich im wechselseitigen Spott durch Lachen und Possen.

Wir aber zogen durch Longuyon nach Longwy; und hier muß man, indem die Bilder bedeutender Freudenszenen aus dem Gedächtnis verschwinden, sich glücklich schätzen, daß auch widerwärtige Greuelbilder sich vor der Einbildungskraft abstumpfen. Was soll ich also wiederholen, daß die Wege nicht besser wurden, daß man nach wie vor, zwischen umgestürzten Wagen, abgedeckte und frisch ausgeschnittene Pferde aber- und abermals rechts und links verabscheute. Von Büschen schlecht bedeckte, geplünderte und ausgezogene Menschen konnte man oft genug bemerken, und endlich lagen auch die vor dem offenen Blick neben der Straße.

Uns sollte jedoch auf einem Seitenwege abermals Erquickung und Erholung werden, dagegen aber auch traurige Betrachtungen über den Zustand des wohlhabenden gutmütigen Bürgers in schrecklichem, diesmal ganz unerwartetem Kriegsunheil.

Den 13. Oktober

Unser Führer wollte nicht freventlich seine braven wohlhabenden Verwandten in dieser Gegend gerühmt haben[266]; er ließ uns deshalb einen Umweg machen über Arlon, wo wir in einem schönen Städtchen, bei ansehnlichen und wakkern Leuten, in einem wohlgebauten und gut eingerichteten Hause, von ihm angemeldet, gar freundlich aufgenommen wurden. Die guten Personen freuten sich selbst ihres Vettern, glaubten gewisse Besserung und nächste Beförderung schon in dem Auftrage zu sehn, daß er uns, mit zwei Wagen, soviel Pferden und, wie er ihnen glauben gemacht hatte, mit vielem Geld und Kostbarkeiten, aus dem gefährlichsten Gewirre herauszuführen beehrt worden. Auch wir konnten seiner bisherigen Leitung das beste Zeugnis geben, und ob wir gleich an die Bekehrung dieses verlornen Sohnes nicht sonderlich glauben konnten, so waren wir ihm doch diesmal soviel schuldig geworden, daß wir auch seinem künftigen Betragen einiges Zutrauen nicht ganz verweigern durften. Der Schelm verfehlte nicht, mit schmeichelhaftem Wesen das Seinige zu tun, und erhielt wirklich, in der Stille, von den braven Leuten ein artiges Geschenk in Gold. Wir erquickten uns dagegen an gutem kaltem Frühstück und dem trefflichsten Wein und beantworteten die Fragen der freilich auch sehr erstaunten wackern Leute wegen der wahrscheinlichen nächsten Zukunft so schonend als möglich.
Vor dem Hause hatten wir ein paar sonderbare Wagen bemerkt, länger und teilweise höher als gewöhnliche Rüstwagen, auch an der Seite mit wunderlichen Ansätzen geformt; mit rege gewordener Neugier fragte ich nach diesem seltsamen Fuhrwerke, man antwortete mir zutraulich, aber mit Vorsicht: es sei darin die Assignatenfabrik der Emigrierten enthalten, und bemerkte dabei, was für ein grenzenloses

Unglück dadurch über die Gegend gebracht worden. Denn da man sich seit einiger Zeit der echten Assignate kaum erwehren könne, so habe man nun auch, seit dem Einmarsch der Alliierten, diese falschen in Umlauf gezwungen. Aufmerksame Handelsleute hätten dagegen sogleich, ihrer Sicherheit willen, diese verdächtige Papierware nach Paris zu senden und sich von dorther offizielle Erklärung ihrer Falschheit zu verschaffen gewußt; dies verwirre aber Handel und Wandel ins Unendliche: denn da man bei den echten Assignaten sich nur zum Teil gefährdet finde, bei den falschen aber gewiß gleich um das Ganze betrogen sei, auch beim ersten Anblick niemand sie zu unterscheiden vermöge, so wisse kein Mensch mehr, was er geben und was er empfangen solle; dies verbreite schon bis Luxemburg und Trier solche Ungewißheit, Mißtrauen und Bangigkeit, daß nunmehr von allen Seiten das Elend nicht größer werden könne[267].
Bei allen solchen schon erlittenen und noch zu fürchtenden Unbilden zeigten sich diese Personen in bürgerlicher Würde, Freundlichkeit und gutem Benehmen zu unserer Verwunderung, wovon uns in den französischen ernsten Dramen alter und neuer Zeit ein Abglanz herübergekommen ist[268]. Von einem solchen Zustande können wir uns in eigner vaterländischer Wirklichkeit und ihrer Nachbildung keinen Begriff machen. Die »Petite ville[269]« mag lächerlich sein, »Die deutschen Kleinstädter« sind dagegen absurd[270].

Den 14. Oktober

Sehr angenehm überrascht fuhren wir von Arlon nach Luxemburg auf der besten Kunststraße und wurden in diese sonst so wichtige und wohl verwahrte Festung eingelassen wie in jedes Dorf, in jeden Flecken. Ohne irgend angehalten oder befragt zu werden[271], sahen wir uns nach und nach innerhalb der Außenwerke, der Wälle, Gräben, Zugbrücken, Mauern und Tore; unserm Führer, der Mutter und Vater hier zu finden vorgab, das Weitere vertrauend. Überdrängt war die Stadt von Blessierten und Kranken, von tätigen

Menschen, die sich selbst, Pferde und Fuhrwerk wiederherzustellen trachteten.
Unsere Gesellschaft, die sich bisher zusammengehalten hatte, mußte sich trennen; mir verschaffte der gewandte Quartiermeister ein hübsches Zimmer, das aus dem engsten Höfchen, wie aus einer Feueresse, doch bei sehr hohen Fenstern genugsames Licht erhielt. Hier wußte er mich mit meinem Gepäck und sonst gar wohl einzurichten und für alle Bedürfnisse zu sorgen; er gab mir den Begriff von den Haus- und Mietleuten des Gebäudes und versicherte: daß ich gegen eine kleine Gabe so bald nicht ausgetrieben und wohl behandelt werden sollte.
Hier konnt' ich nun zum erstenmal den Koffer wieder aufschließen und mich meiner Reisehabseligkeiten, des Geldes, der Manuskripte wieder versichern. Das Konvolut zur Farbenlehre[272] bracht' ich zuerst in Ordnung, immer meine frühste Maxime vor Augen: die Erfahrung zu erweitern und die Methode zu reinigen. Ein Kriegs- und Reisetagebuch mocht' ich gar nicht anrühren[273]. Der unglückliche Verlauf der Unternehmung, der noch Schlimmeres befürchten ließ, gab immer neuen Anlaß zum Wiederkäuen des Verdrusses und zu neuem Aufregen der Sorge. Meine stille, von jedem Geräusch abgeschlossene Wohnung gewährte mir wie eine Klosterzelle vollkommenen Raum zu den ruhigsten Betrachtungen, dagegen ich mich, sobald ich nur den Fuß vor die Haustüre hinaussetzte, in dem lebendigsten Kriegsgetümmel befand und nach Lust das wunderlichste Lokal durchwandeln konnte, das vielleicht in der Welt zu finden ist.

Den 15. Oktober[274]

Wer Luxemburg nicht gesehen hat, wird sich keine Vorstellung von diesem an- und übereinander gefügten Kriegsgebäude machen. Die Einbildungskraft verwirrt sich, wenn man die seltsame Mannigfaltigkeit wieder hervorrufen will, mit der sich das Auge des hin- und hergehenden Wanderers kaum befreunden konnte. Plan und Grundriß vor sich zu

nehmen, wird nötig sein, nachstehendes nur einigermaßen verständlich zu finden.
Ein Bach, Petrus genannt, erst allein, dann verbunden mit dem entgegenkommenden Fluß, die Elze, schlingt sich mäanderartig[275] zwischen Felsen durch und um sie herum, bald im natürlichen Lauf, bald durch Kunst genötigt. Auf dem linken Ufer liegt hoch und flach die alte Stadt; sie, mit ihren Festungswerken nach dem offenen Lande zu, ist andern befestigten Städten ähnlich. Als man nun für die Sicherheit derselben nach Westen Sorge getragen, sah man wohl ein, daß man sich auch gegen die Tiefe, wo das Wasser fließt, zu verwahren habe; bei zunehmender Kriegskunst war auch das nicht hinreichend, man mußte, auf dem rechten Ufer des Gewässers, nach Süden, Osten und Norden auf ein- und ausspringenden Winkeln unregelmäßiger Felspartien neue Schanzen vorschieben, nötig immer eine zur Beschützung der andern. Hieraus entstand nun eine Verkettung unübersehbarer Bastionen, Redouten[276], halber Monde und solches Zangen- und Krakelwerk, als nur die Verteidigungskunst im seltsamsten Falle zu leisten vermochte.
Nichts kann deshalb einen wunderlichern Anblick gewähren als das mitten durch dies alles am Flusse sich hinabziehende enge Tal, dessen wenige Flächen, dessen sanft oder steil aufsteigende Höhen zu Gärten angelegt, in Terrassen abgestuft und mit Lusthäusern belebt sind; von wo aus man auf die steilsten Felsen, auf hochgetürmte Mauern rechts und links hinaufschaut. Hier findet sich soviel Größe mit Anmut, soviel Ernst mit Lieblichkeit verbunden, daß wohl zu wünschen wäre, Poussin[277] hätte sein herrliches Talent in solchen Räumen betätigt.
Nun besaßen die Eltern unseres lockeren Führers[278] in dem »Pfaffental« einen artigen abhängigen Garten, dessen Genuß sie mir gern und freundlich überließen. Kirche und Kloster, nicht weit entfernt, rechtfertigte den Namen dieses Elysiums, und in dieser geistlichen Nachbarschaft schien auch den weltlichen Bewohnern Ruh und Friede verheißen, ob sie

gleich mit jedem Blick in die Höhe an Krieg, Gewalt und Verderben erinnert wurden.

Jetzt nun aber aus der Stadt, wo das unselige Kriegsnachspiel mit Lazaretten, abgerissenen Soldaten, zerstückten Waffen, herzustellenden Achsen, Rädern und Lafetten, zugleich mit sonstigen Trümmern aller Art aufgeführt wurde, in eine solche Stille zu flüchten, war höchst wohltätig; aus den Straßen zu entweichen, wo Wagner, Schmiede und andre Gewerke ihr Wesen öffentlich unermüdet und geräuschvoll treiben, und sich in das Gärtchen im geistlichen Tale zu verbergen, war höchst behaglich. Hier fand ein Ruhe- und Sammlungsbedürftiger das willkommenste Asyl.

Den 16. Oktober[279]

Die allen Begriff übersteigende Mannigfaltigkeit der auf- und aneinander getürmten, gefügten Kriegsgebäude, die bei jedem Schritt vor- oder rückwärts, auf- oder abwärts ein anderes Bild zeigten, riefen die Lust hervor, wenigstens etwas davon aufs Papier zu bringen. Freilich mußte diese Neigung auch wieder einmal sich regen, da seit soviel Wochen mir kaum ein Gegenstand vor die Augen gekommen, der sie geweckt hätte. Unter andern fiel es sonderbar auf, daß so manche gegen einander über stehende Felsen, Mauern und Verteidigungswerke in der Höhe durch Zugbrücken, Galerien und gewisse wunderliche Vorrichtungen verbunden waren. Irgend jemand vom Metier hätte dieses alles mit Kunstaugen angesehen und sich mit Soldatenblick der sichern Einrichtung erfreut; ich aber konnte nur den malerischen Effekt ihr abgewinnen und hätte gar zu gern, wäre nicht alles Zeichnen an und in den Festungen höchlich verpönt, meine Nachbildungskräfte hier in Übung gesetzt.

Den 19. Oktober

Nachdem ich nun also mehrere Tage in diesen Labyrinthen, wo Naturfels und Kriegsgebäu wetteifernd seltsam steile Schluchten gegeneinander aufgetürmt und daneben Pflanzenwachstum, Baumzucht und Lustgebüsch nicht ausgeschlossen, mich sinnend und denkend einsam genug herumgewunden hatte, fing ich an, nach Hause kommend, die Bilder, wie sie sich der Einbildungskraft nach und nach einprägten, aufs Papier zu bringen, unvollkommen zwar, doch hinreichend, das Andenken eines höchst seltsamen Zustandes einigermaßen festzuhalten[280].

Den 20. Oktober

Ich hatte Zeit gewonnen, das kurz Vergangene zu überdenken, aber je mehr man dachte, je verworrener und unsicherer ward alles vor dem Blicke. Auch sah ich, daß wohl das Notwendigste sein möchte, sich auf das unmittelbar Bevorstehende zu bereiten. Die wenigen Meilen bis Trier mußten zurückgelegt werden; aber was mochte dort zu finden sein, da nun die Heere selbst mit andern Flüchtlingen sich nachdrängten[281].

Als das Schmerzlichste jedoch, was einen jeden, mehr oder weniger resigniert wie er war, mit einer Art von Furienwut ergriff, empfand man die Kunde, die sich nicht verbergen ließ, daß unsere höchsten Heerführer mit den vermaledeiten, durch das Manifest dem Untergang gewidmeten, durch die schrecklichsten Taten abscheulich dargestellten Aufrührern doch übereinkommen, ihnen die Festungen übergeben mußten, um nur sich und den Ihrigen eine mögliche Rückkehr zu gewinnen[282]. Ich habe von den Unsrigen gesehen, für welche der Wahnsinn zu fürchten war.

Den 22. Oktober

Auf dem Wege nach Trier fand sich bei Grevenmachern nichts mehr von jener galanten Wagenburg[283]; öde, wüst und zerfahren lagen die Anger, nur die weit und breiten Spuren deuteten auf jenes vorübergegangene flüchtige Dasein. Am Posthaus fuhr ich diesmal mit requirierten Pferden ganz im stillen vorbei, das Briefkästchen[284] stand noch auf seinem

Platze, kein Gedränge war umher; man konnte sich der wunderlichsten Gedanken nicht erwehren.
Doch ein herrlicher Sonnenblick belebte soeben die Gegend, als mir das Monument von Igel[285], wie der Leuchtturm einem nächtlich Schiffenden, entgegenglänzte.
Vielleicht war die Macht des Altertums nie so gefühlt worden als an diesem Kontrast: ein Monument, zwar auch kriegerischer Zeiten, aber doch glücklicher, siegreicher Tage und eines dauernden Wohlbefindens rühriger Menschen in dieser Gegend.
Obgleich in später Zeit unter den Antoninen erbaut, behält es immer noch von trefflicher Kunst soviel Eigenschaften übrig, daß es uns im ganzen anmutig-ernst zuspricht und aus seinen, obgleich sehr beschädigten Teilen das Gefühl eines fröhlich-tätigen Daseins mitteilt. Es hielt mich lange fest[286]; ich notierte manches, ungern scheidend, da ich mich nur desto unbehaglicher in meinem erbärmlichen Zustande fühlte.
Doch auch jetzt wechselte schnell wieder eine freudige Aussicht in der Seele, die bald darauf zur Wirklichkeit gelangte.

Den 23. Oktober

Wir brachten unserm Freunde Lieutenant von Fritsch[287], den wir auf seinem Posten widerwillig zurückgelassen, die erwünschte Nachricht, daß er den Militärverdienstorden erhalten habe, mit Recht, wegen einer braven Tat, und mit Glück, ohne an unserm Jammer teilgenommen zu haben. Die Sache verhielt sich aber also.
Die Franzosen, weil sie uns weit genug ins Land vorgedrungen, uns in bedeutender Entfernung, in großer Not wußten, versuchten im Rücken einen unvermuteten Streich; sie näherten sich Trier in bedeutender Anzahl, sogar mit Kanonen. Lieutenant von Fritsch erfährt es, und mit weniger Mannschaft geht er dem Feinde entgegen, der, über die Wachsamkeit stutzend, mehr anrückende Truppen befürchtend, nach kurzem Gefecht sich bis Merzig zurückzieht und nicht wieder

erscheint. Dem Freunde war das Pferd blessiert, durch dieselbe Kugel sein Stiefel gestreift, dagegen er aber auch, als Sieger zurückkehrend, aufs beste empfangen wird. Der Magistrat, die Bürgerschaft erzeigen ihm alle mögliche Aufmerksamkeit; auch die Frauenzimmer, die ihn bisher als einen hübschen jungen Mann gekannt, erfreuen sich nun doppelt an ihm als einem Helden.

Sogleich berichtet er seinem Chef den Vorfall[288], der, wie billig, dem Könige vorgetragen wird, worauf denn der blaue Kreuzstern erfolgt. Die Glückseligkeit des braven Jünglings, dessen lebhafteste Freude mitzufühlen, war ein ungemeiner Genuß; ihn hatte das Glück, das uns vermied, in unserm Rücken aufgesucht, und er sah sich für den militärischen Gehorsam belohnt, der ihn an einer untätigen Lage zu fesseln schien.

Den 24. Oktober

Der Freund hatte mir bei jenem Kanonikus[289] abermals Quartier verschafft. Auch ich war von der allgemeinen Krankheit nicht ganz frei geblieben und bedurfte daher einiger Arznei und Schonung.

In diesen ruhigen Stunden nahm ich sogleich die kurzen Bemerkungen vor, die ich bei dem Monument zu Igel aufgezeichnet hatte[290].

Soll man den allgemeinsten Eindruck aussprechen, so ist hier Leben dem Tod, Gegenwart der Zukunft entgegengestellt und beide untereinander im ästhetischen Sinne aufgehoben. Dies war die herrliche Art und Weise der Alten, die sich noch lange genug in der Kunstwelt erhielt.

Die Höhe des Monuments kann siebzig Fuß betragen, es steigt in mehreren architektonischen Abteilungen obeliskenartig hinauf; erst der Grund, auf diesem ein Sockel, sodann die Hauptmasse, darüber eine Attike[291], sodann ein Fronton und zuletzt eine wundersam sich aufschlingende Spitze, wo sich die Reste einer Kugel und eines Adlers zeigen. Jede dieser Abteilungen ist mit den Gliedern, aus denen sie besteht, durchaus mit Bildern und Zieraten geschmückt.

Diese Eigenschaft deutet denn freilich auf spätere Zeiten: denn dergleichen tritt ein, sobald sich die reine Proportion im ganzen verliert, wie denn auch hier daran manches zu erinnern sein möchte.

Dem ungeachtet muß man anerkennen, daß dieses Werk auf eine erst kurz vergangene höhere Kunst gegründet ist. So waltet denn auch über das Ganze der antike Sinn, in dem das wirkliche Leben dargestellt wird, allegorisch gewürzt durch mythologische Andeutungen. In dem Hauptfelde Mann und Frau von kolossaler Bildung, sich die Hände reichend, durch eine dritte verloschene Figur als eine segnende verbunden. Sie stehen zwischen zwei sehr verzierten, mit übereinander gestellten tanzenden Kindern geschmückten Pilastern.

Alle Flächen sodann deuten auf die glücklichsten Familienverhältnisse, überein denkende und wirkende Verwandte, redliches, genußreiches Zusammenleben darstellend.

Aber eigentlich waltet überall die Tätigkeit vor; ich getraue mir jedoch nicht, alles zu erklären. In einem Felde scheinen sich geschäftüberlegende Handelsleute versammelt zu haben; offenbar aber sind beladene Schiffe, Delphine als Verzierung, Transport auf Saumrossen, Ankunft von Waren und deren Beschauen, und was sonst noch Menschliches und Natürliches mehr vorkommen dürfte.

Sodann aber auch im Zodiak[292] ein rennendes Pferd, das vielleicht vormals Wagen und Lenker hinter sich zog, in Friesen, sodann sonstigen Räumen und Giebelfeldern Bacchus, Faunen, Sol und Luna, und was sonst noch Wunderbares Knopf und Gipfel verzieren und verziert haben mag.

Das Ganze ist höchst erfreulich, und man könnte, auf der Stufe, wo heutzutag Bau- und Bildkunst stehen, in diesem Sinne ein herrliches Denkmal den würdigsten Menschen, ihren Lebensgenüssen und Verdiensten gar wohl errichten. Und so war es mir denn recht erwünscht, mit solchen Betrachtungen beschäftigt, den Geburtstag unserer verehrten Herzogin Amalie im stillen zu feiern[293], ihr Leben, ihr edles Wirken und Wohltun umständlich zurückzurufen; woraus sich denn ganz natürlich die Aufregung[294] ergab, ihr in Gedanken einen gleichen Obelisk zu widmen und die sämtlichen Räume mit ihren individuellen Schicksalen und Tugenden charakteristisch zu verzieren.

Trier den 25. Oktober

Die mir nunmehr gegönnte Ruh' und Bequemlichkeit benutzte ich nun ferner, manches zu ordnen und aufzubewahren, was ich in den wildesten Zeiten bearbeitet hatte. Ich rekapitulierte und redigierte meine chromatischen Akten[295], zeichnete mehrere Figuren zu den Farbentafeln[296], die ich oft genug veränderte, um das, was ich darstellen und behaupten wollte, immer anschaulicher zu machen. Hierauf dacht' ich denn auch, meinen dritten Teil von Fischers physikalischem Lexikon[297] wiederzuerlangen. Auf Erkundigung und Nachforschen fand ich endlich die Küchmagd im Lazarett, das man mit ziemlicher Sorgfalt in einem Kloster errichtet hatte. Sie litt an der allgemeinen Krankheit, doch waren die Räume luftig und reinlich; sie erkannte mich, konnte aber nicht reden, nahm den Band unter dem Haupte hervor und übergab mir ihn so reinlich und wohlerhalten, als ich ihn überliefert hatte, und ich hoffe, die Sorgfalt, der ich sie empfahl, wird ihr zugute gekommen sein.
Ein junger Schullehrer[298], der mich besuchte und mir verschiedene der neusten Journale mitteilte, gab Gelegenheit zu erfreulichen Unterhaltungen. Er verwunderte sich, wie so viel andere, daß ich von Poesie nichts wissen wolle, dagegen auf Naturbetrachtungen mich mit ganzer Kraft zu werfen schien. Er war in der Kantischen Philosophie unterrichtet, und ich konnte ihm daher auf den Weg deuten, den ich eingeschlagen hatte. Wenn Kant in seiner »Kritik der Urteilskraft« der ästhetischen Urteilskraft die teleologische zur Seite stellt[299], so ergibt sich daraus, daß er andeuten wolle: ein Kunstwerk solle wie ein Naturwerk, ein Naturwerk wie ein Kunstwerk behandelt und der Wert eines jeden aus sich selbst entwickelt, an sich selbst betrachtet werden. Über sol-

che Dinge konnte ich sehr beredt sein, und glaube dem guten jungen Mann einigermaßen genutzt zu haben. Es ist wundersam, wie eine jede Zeit Wahrheit und Irrtum aus dem Kurzvergangenen, ja dem Längstvergangenen mit sich trägt und schleppt, muntere Geister jedoch sich auf neuer Bahn bewegen, wo sie sich's denn freilich gefallen lassen, meist allein zu gehen oder einen Gesellen auf eine kurze Strecke mit sich fortzuziehen.

Trier den 26. Oktober

Nun durfte man aber aus solchen ruhigen Umgebungen nicht heraustreten, ohne sich wie im Mittelalter zu finden, wo Klostermauern und der tollste, unregelmäßigste Kriegszustand miteinander immerfort kontrastierten. Besonders jammerten einheimische Bürger sowie zurückkehrende Emigrierte über das schreckliche Unheil, was durch die falschen Assignaten über Stadt und Land gekommen war. Schon hatten Handelshäuser gewußt, dergleichen nach Paris zu bringen und von dort die Falschheit, völlige Ungültigkeit, die höchste Gefahr vernommen, sich mit dergleichen nur irgend abzugeben. Daß die echten gleichfalls dadurch in Mißkredit gerieten, daß man bei völliger Umkehrung der Dinge auch wohl die Vernichtung aller dieser Papiere zu fürchten habe, fiel jedermann auf. Dieses ungeheure Übel nun gesellte sich zu den übrigen, so daß es vor der Einbildungskraft und dem Gefühl ganz grenzenlos erschien; ein verzweiflungsvoller Zustand, demjenigen ähnlich, wenn man eine Stadt vor sich niederbrennen sieht.

Trier den 28. Oktober[300]

Die Wirtstafel, an der man übrigens ganz wohl versorgt war, gab auch ein sinneverwirrendes Schauspiel; Militärs und Angestellte, aller Art Uniform, Farben und Trachten, im stillen mißmutig, auch wohl in Äußerungen heftig, aber alle wie in einer gemeinsamen Hölle zusammengefaßt.
Daselbst begegnete mir ein wahrhaft rührendes Ereignis; ein

alter Husarenoffizier, mittlerer Größe, grauen Bartes und Haares und funkelnden Auges, kam nach Tisch auf mich zu, ergriff mich bei der Hand und fragte: ob ich denn das alles auch mit ausgestanden habe? Ich konnte ihm einiges von Valmy und Hans erzählen, woraus er sich denn gar wohl das übrige nachbilden konnte. Hierauf fing er mit Enthusiasmus und warmem Anteil zu sprechen an, Worte, die ich nachzuschreiben kaum wage, des Inhalts: es sei schon unverantwortlich, daß man sie, deren Metier und Schuldigkeit es bleibe, dergleichen Zustände zu erdulden und ihr Leben dabei zuzusetzen, in solche Not geführt, die vielleicht kaum jemals erhört worden; daß aber auch ich (er drückte seine gute Meinung über meine Persönlichkeit und meine Arbeiten aus) das hätte mit erdulden sollen, darüber wollt' er sich nicht zufrieden geben. Ich stellte ihm die Sache von der heitern Seite vor, von der Seite, mit meinem Fürsten, dem ich nicht ganz unnütz gewesen, mit so vielen wackren Kriegsmännern zu eigner Prüfung diese wenigen Wochen her geduldet zu haben; allein er blieb bei seiner Rede, indessen ein Zivilist zu uns trat und dagegen erwiderte: man sei mir Dank schuldig, daß ich das alles mit ansehen wollen, indem man sich nun gar wohl von meiner geschickten Feder Darstellung und Aufklärung erwarten könne. Der alte Degen wollte davon auch nichts wissen und rief: »Glaubt es nicht, er ist viel zu klug! was er schreiben dürfte, mag er nicht schreiben, und was er schreiben möchte, wird er nicht schreiben!«

Übrigens mochte man kaum hie und da hinhorchen, der Verdruß war grenzenlos. Und wie es schon eine verdrießliche Empfindung erregt, wenn glückliche Menschen nicht ablassen, uns ihr Behagen vorzurechnen, so ist es noch viel unausstehlicher, wenn uns ein Unheil, das wir selbst aus dem Sinne schlagen möchten, immer wiederkäuend vorgetragen wird. Von den Franzosen, die man haßte, aus dem Lande gedrängt zu sein, genötigt, mit ihnen zu unterhandeln, mit den Männern des zehnten Augusts sich zu befreunden, das alles war für Geist und Gemüt so hart, als bisher die körperliche Duldung gewesen. Man schonte der obersten Leitung nicht, und das Vertrauen, das man dem berühmten Feldherrn[301] so lange Jahre gegönnt hatte, schien für immer verloren.

Trier den 29. Oktober

Als man sich nun auf deutschem Grund und Boden wiederfand und aus der ungeheuersten Verwirrung zu entwickeln hoffen durfte, traf uns die Nachricht von Custinens verwegenen und glücklichen Unternehmungen[302]. Das große Magazin zu Speyer war in seine Hände geraten, er hatte darauf gewußt, eine Übergabe von Mainz zu bewirken. Diese Schritte schienen die grenzenlosesten Übel nach sich zu ziehen, sie deuteten auf einen außerordentlichen, so kühnen als folgerechten Geist, und da mußte denn schon alles verloren sein. Nichts fand man wahrscheinlicher und natürlicher, als daß auch schon Koblenz von den Franken besetzt sei, und wie sollten wir unsern Rückweg antreten[303]! Frankfurt gab man in Gedanken gleichfalls auf; Hanau und Aschaffenburg an einer, Kassel an der andern Seite sah man bedroht, und was nicht alles zu fürchten! Vom unseligen Neutralitätssystem die nächsten Fürsten paralysiert[304], desto lebendig-tätiger die von revolutionären Gesinnungen ergriffene Masse. Sollte man, wie Mainz bearbeitet worden, nicht auch die Gegend und die nächst anstoßenden Provinzen zu Gesinnungen vorbereiten und die schon entwickelten schleunig benutzen? Das alles mußte zum Gedanken, zur Sprache kommen.
Öfters hört' ich wiederholen: sollten die Franzosen wohl ohne große Überlegung und Umsicht, ohne starke Heeresmacht solche bedeutende Schritte getan haben? Custinens Handlungen schienen so kühn als vorsichtig; man dachte sich ihn, seine Gehülfen, seine Obern als weise, kräftige, konsequente Männer[305]. Die Not war groß und sinneverwirrend, unter allen bisher erduldeten Leiden und Sorgen ohne Frage die größte.
Mitten in diesem Unheil und Tumulte fand mich ein ver-

späteter Brief meiner Mutter, ein Blatt, das an jugendlich-ruhige, städtisch-häusliche Verhältnisse gar wundersam erinnerte. Mein Oheim Schöff Textor war gestorben[306], dessen nahe Verwandtschaft mich von der ehrenhaft wirksamen Stelle eines Frankfurter Ratsherrn bei seinen Lebzeiten ausschloß, worauf man, herkömmlich löblicher Sitte gemäß, meiner sogleich gedachte, der ich unter den Frankfurter Graduierten ziemlich weit vorgerückt war[307].

Meine Mutter hatte den Auftrag erhalten, bei mir anzufragen: ob ich die Stelle eines Ratsherrn annehmen würde, wenn mir, unter die Losenden gewählt, die goldene Kugel zufiele? Vielleicht konnte eine solche Anfrage in keinem seltsamern Augenblicke anlangen als in dem gegenwärtigen; ich war betroffen, in mich selbst zurückgewiesen; tausend Bilder stiegen vor mir auf und ließen mich nicht zu Gedanken kommen. Wie aber ein Kranker oder Gefangener sich wohl im Augenblicke an einem erzählten Märchen zerstreut, so war auch ich in andere Sphären und Jahre versetzt.

Ich befand mich in meines Großvaters Garten, wo die reich mit Pfirsichen gesegneten Spaliere des Enkels Appetit gar lüstern ansprachen und nur die angedrohte Verweisung aus diesem Paradiese, nur die Hoffnung, die reifste, rotbäckigste Frucht aus des wohltätigen Ahnherrn eigner Hand zu erhalten, solche Begierde bis zum endlichen Termin einigermaßen beschwichtigen konnte. Sodann erblickt' ich den ehrwürdigen Altvater um seine Rosen beschäftigt, wie er gegen die Dornen mit altertümlichen Handschuhen, als Tribut überreicht von zollbefreiten Städten, sich vorsichtig verwahrte, dem edlen Laertes gleich[308], nur nicht wie dieser sehnsüchtig und kummervoll. Dann erblickt' ich ihn im Ornat als Schultheiß, mit der goldnen Kette, auf dem Thronsessel unter des Kaisers Bildnis; sodann leider im halben Bewußtsein einige Jahre auf dem Krankenstuhle und endlich im Sarge[309].

Bei meiner letzten Durchreise durch Frankfurt hatte ich meinen Oheim im Besitz des Hauses, Hofes und Gartens gefunden, der als wackrer Sohn, dem Vater gleich, die höheren

Stufen freistädtischer Verfassung erstieg[310]. Hier im traulichen Familienkreis, in dem unveränderten, altbekannten Lokal, riefen sich jene Knabenerinnerungen lebhaft hervor und traten mir nun neukräftig vor die Augen. Sodann gesellten sich zu ihnen andere jugendliche Vorstellungen, die ich nicht verschweigen darf. Welcher reichstädtische Bürger wird leugnen, daß er, früher oder später, den Ratsherrn, Schöff und Burgemeister im Auge gehabt und, seinem Talent gemäß, nach diesen, vielleicht auch nach minderen Stellen emsig und vorsichtig gestrebt: denn der süße Gedanke, an irgendeinem Regimente teilzunehmen, erwacht gar bald in der Brust eines jeden Republikaners, lebhafter und stolzer schon in der Seele des Knaben.

Diesen freundlichen Kinderträumen konnt' ich mich jedoch nicht lange hingeben; nur allzuschnell aufgeschreckt, besah ich mir die ahnungsvolle Lokalität, die mich umfaßte, die traurigen Umgebungen, die mich beengten, und zugleich die Aussicht nach der Vaterstadt getrübt, ja verfinstert. Mainz in französischen Händen, Frankfurt bedroht, wo nicht schon eingenommen, der Weg dorthin versperrt und innerhalb jener Mauern, Straßen, Plätze, Wohnungen Jugendfreunde, Blutverwandte vielleicht schon von demselben Unglück ergriffen, daran ich Longwy und Verdun so grausam hatte leiden sehen; wer hätte gewagt, sich in solchen Zustand zu stürzen!

Aber auch in der glücklichsten Zeit jenes ehrwürdigen Staatskörpers wäre mir nicht möglich gewesen, auf diesen Antrag einzugehen; die Gründe waren nicht schwer auszusprechen. Seit zwölf Jahren[311] genoß ich eines seltenen Glückes, des Vertrauens wie der Nachsicht des Herzogs von Weimar. Dieser von der Natur höchst begünstigte, glücklich ausgebildete Fürst ließ sich meine wohlgemeinten, oft unzulänglichen Dienste gefallen und gab mir Gelegenheit, mich zu entwickeln, welches unter keiner andern vaterländischen Bedingung möglich gewesen wäre; meine Dankbarkeit war ohne Grenzen, sowie die Anhänglichkeit an die hohen Frauen Gemahlin und Mutter, an die heranwachsende Fa-

milie, an ein Land, dem ich doch auch manches geleistet hatte. Und mußte ich nicht zugleich jenes Zirkels neu erworbener, höchst gebildeter Freunde gedenken, auch so manches andern häuslich Lieben und Guten, was sich aus meinen treubeharrlichen Zuständen entwickelt hatte? Diese bei solcher Gelegenheit abermals erregten Bilder und Gefühle erheiterten mich auf einmal in dem betrübtesten Augenblick: denn man ist schon halb gerettet, wenn man, aus traurigster Lage im fremden Land, einen hoffnungsvollen Blick in die gesicherte Heimat zu tun aufgeregt wird; so genießen wir diesseits auf Erden, was uns jenseits der Sphären zugesagt ist.
In solchem Sinne begann ich den Brief an meine Mutter, und wenn sich diese Beweggründe zunächst auf mein Gefühl, auf persönliches Behagen, individuellen Vorteil zu beziehen schienen, so hatt' ich noch andere hinzuzufügen, die auch das Wohl meiner Vaterstadt berücksichtigten und meine dortigen Gönner überzeugen konnten. Denn wie sollt' ich mich in dem ganz eigentümlichen Kreise tätig wirksam erzeigen, wozu man vielleicht mehr als zu jedem andern treulich herangebildet sein muß? Ich hatte mich seit soviel Jahren zu Geschäften, meinen Fähigkeiten angemessen, gewöhnt, und zwar solchen, die zu städtischen Bedürfnissen und Zwecken kaum verlangt werden möchten. Ja ich durfte hinzufügen: daß, wenn eigentlich nur Bürger in den Rat aufgenommen werden sollten, ich nunmehr jenem Zustand so entfremdet sei, um mich völlig als einen Auswärtigen zu betrachten.
Dieses alles gab ich meiner Mutter dankbar zu erkennen, welche sich auch wohl nichts anderes erwartete. Freilich mag dieser Brief spät genug zu ihr gelangt sein.

Trier den 29. Oktober

Mein junger Freund[312], mit dem ich gar manche angenehme wissenschaftliche und literarische Unterhaltung genoß, war auch im Geschichtlichen der Stadt und Umgebung gar wohl erfahren. Unsere Spaziergänge bei leidlichem Wetter waren

deshalb immer belehrend, und ich konnte mir das Allgemeinste merken.
Die Stadt an sich hat einen auffallenden Charakter, sie behauptet, mehr geistliche Gebäude zu besitzen als irgendeine andere von gleichem Umfang, und möchte ihr dieser Ruhm wohl kaum zu leugnen sein; denn sie ist innerhalb der Mauer von Kirchen, Kapellen, Klöstern, Konventen, Kollegien, Ritter- und Brüdergebäuden belastet, ja erdrückt; außerhalb von Abteien, Stiftern, Kartausen blockiert, ja belagert[313].
Dieses zeugt denn von einem weiten geistlichen Wirkungskreis, welchen der Erzbischof sonst von hier aus beherrschte, denn seine Diözes war auf Metz, Toul und Verdun ausgedehnt. Auch dem weltlichen Regiment fehlt es nicht an schönen Besitztümern, wie denn der Kurfürst von Trier auf beiden Seiten der Mosel ein herrliches Land beherrscht, und so fehlt es auch Trier nicht an Palästen, welche beweisen, daß zu verschiedener Zeit von hier aus die Herrschaft sich weit und breit erstreckte.
Der Ursprung der Stadt verliert sich in die Fabelzeit; das erfreuliche Lokal[314] mag früh genug Anbauende hierher gelockt haben. Die Trevirer[315] waren ins römische Reich eingeschlossen, erst Heiden, dann Christen, von Normannen und von Franken überwältigt, und zuletzt ward das schöne Land dem Römisch-Deutschen Reiche einverleibt[316].
Ich wünschte wohl, die Stadt in guter Jahreszeit, an friedlichen Tagen zu sehen, ihre Bürger näher kennenzulernen, welche von jeher den Ruf haben, freundlich und fröhlich zu sein. Von erster Eigenschaft finden sich in diesem Augenblicke wohl noch Spuren, von der zweiten kaum; und wie sollte Fröhlichkeit sich in einem so widerwärtigen Zustande erhalten.
Freilich, wer in die Annalen der Stadt zurücksieht, findet wiederholte Nachricht von Kriegsunheil, das diese Gegend betroffen, da das Moseltal, ja der Fluß selbst dergleichen Züge begünstigt. Attila sogar aus dem fernsten Osten hatte mit seinem unzählbaren Heere Vor- und Rückzug, wie wir, durch diese Flußregion genommen. Was erduldeten die Ein-

wohner nicht im Dreißigjährigen Kriege, bis zu Ende des siebzehnten Jahrhunderts, indem sich der Fürst an Frankreich als den nachbarlichsten Alliierten angeschlossen hatte und darüber in langwierige österreichische Gefangenschaft geriet[317]. Auch an inneren Kriegen erkrankte die Stadt mehr als einmal, wie es überall in bischöflichen Städten sich ereignen mußte, wo der Bürger mit geistlich-weltlicher Obergewalt sich nicht immer vertragen konnte.

Mein Führer, indem er mich geschichtlich unterrichtete, machte mich auf Gebäude der verschiedensten Zeit aufmerksam, wovon das meiste kurios und daher wohl merkwürdig schien, weniges aber dem Geschmacksurteil erfreulich zusagte, wie vorher an dem Monumente zu Igel gerühmt werden konnte.

Die Reste des römischen Amphitheaters fand ich respektabel[318]; da aber das Gebäude über sich selbst zusammengestürzt und wahrscheinlich mehrere Jahrhunderte als Steinbruch behandelt war, ließ sich nichts entziffern. Bewundernswert jedoch war noch immer, wie die Alten ihrer Weisheit gemäß große Zwecke mit mäßigen Mitteln hervorzubringen suchten und die Naturgelegenheit eines Tals zwischen zwei Hügeln zu nutzen gewußt, wo die Gestalt des Bodens an Exkavation und Substruktion[319] dem Baumeister vieles glücklich ersparte. Wenn man nun von den ersten Höhen des Martisberges, wo diese Ruine gelegen, etwas weiter aufsteigt, so sieht man über alle Reliquien der Heiligen, über Dome, Dächer und Schirme nach dem Apolloberg hinüber, und so behaupten beide Götter, den Merkur zur Seite, ihres Namens Gedächtnis; die Bilder waren zu beseitigen, der Genius nicht.

Zur Betrachtung der Baukunst früherer Mittelzeit bietet Trier merkwürdige Monumente; ich habe von solchen Dingen wenige Kenntnis, und sie sprechen nicht zum gebildeten Sinn. Mich wollte der Anblick bei einiger Teilnahme verwirren; manches davon ist verschüttet, zerstückt, zu anderm Gebrauche gewidmet[320].

Über die große Brücke, auch noch im Altertum gegründet[321], führte man mich im heitersten Momente; hier nun sieht man deutlich, wie die Stadt auf einer mit ausspringendem Winkel nach dem Fluß zudrängenden Fläche, welche denselben gegen das linke Ufer hinweist, erbaut ist. Nun überschaut man vom Fuße des Apolloberges Fluß, Brücke, Mühlen, Stadt und Gegend, da sich denn die noch nicht ganz entlaubten Weinberge sowohl zu unsern Füßen als auf den ersten Höhen des Martisberges gegenüber gar freundlich ausnahmen, anschaulich machten, in welcher gesegneten Gegend man sich befinde, und ein Gefühl von Wohlfahrt und Behagen erweckten, welches über den Weinländern in der Luft zu schweben scheint. Die besten Sorten Moselweine, die uns nun zuteil wurden, schienen nach diesem Überblick einen angenehmern Geschmack zu haben.

Trier den 29. Oktober

Unser fürstlicher Heerführer kam an und nahm Quartier im Kloster St. Maximin[322]. Diese reichen und sonst überglücklichen Menschen hatten denn freilich schon eine gute Zeit her große Unruhe erduldet; die Brüder des Königs waren dort einquartiert gewesen, und nachher war es nicht wieder leer geworden. Eine solche Anstalt, aus Ruh und Frieden entsprungen, auf Ruh und Frieden berechnet, nahm sich freilich unter diesen Umständen wunderlich aus, da, man mochte noch so schonend verfahren, ein gewaltiger Gegensatz des Ritter- und Mönchtums sich hervortat. Der Herzog wußte jedoch hier wie überall, selbst als ungebetener Gast, durch Freigebigkeit und freundliches Betragen sich und die Seinigen angenehm zu machen.
Mich aber sollte auch hier der böse Kriegsdämon wieder verfolgen. Unser guter Obrist von Gotsch[323] war gleichfalls im Kloster einquartiert; ich fand ihn zur Nacht seinen Sohn bewachend und besorgend, welcher an der unglücklichen Krankheit gleichfalls hart darniederlag. Hier mußt' ich nun wieder die Litanei und Verwünschung unseres Feldzugs aus dem Munde eines alten Soldaten und Vaters vernehmen, der

die sämtlichen Fehler mit Leidenschaft zu rügen berechtigt war, die er als Soldat einsah und als Vater verfluchte. Auch die Isletten[324] kamen wieder zur Sprache, und es mußte wirklich ein jeder, der sich diesen unseligen Punkt deutlich machte, durchaus verzweifeln.

Ich erfreute mich der Gelegenheit, die Abtei zu sehen, und fand ein weitläufiges, wahrhaft fürstliches Gebäude; die Zimmer von bedeutender Größe und Höhe, und die Fußboden getäfelt, Sammet und damastne Tapeten, Stukkatur, Verguldung und Schnitzwerk nicht gespart, und was man sonst in solchen Palästen zu sehen gewohnt ist, alles doppelt und dreifach in großen Spiegeln wiederholt.

Auch ward den einquartierten Personen ganz wohl dahier; die Pferde jedoch konnten nicht sämtlich untergebracht werden, sie mußten unter freiem Himmel aushalten ohne Lagerstätte, Raufen und Tröge. Unglücklicherweise waren die Futtersäcke gefault, und so mußte der Hafer von der Erde aufgeschnopert werden.

Wenn aber die Stallungen unbedeutend waren, so fand man die Keller desto geräumiger. Noch über die eigenen Weinberge genoß das Kloster die Einnahme von vielen Zehnten[325]. Freilich mochte in den letzten Monaten gar manches Stückfaß geleert worden sein, es lagen deren viele auf dem Hofe.

Den 30. Oktober

gab unser Fürst große Tafel; drei der vornehmsten geistlichen Herren waren eingeladen, sie hatten köstliches Tischzeug, sehr schönes Porzellanservice hergegeben; von Silber war wenig zu sehen, Schätze und Kostbarkeiten lagen in Ehrenbreitstein[326]. Die Speisen von den fürstlichen Köchen schmackhaft zubereitet; Wein, der uns früher hatte nach Frankreich folgen sollen, von Luxemburg zurückkehrend, ward hier genossen; was aber am meisten Lob und Preis verdiente, war das kostbarste weiße Brot, das an den Gegensatz des Kommißbrots bei Hans erinnerte.

Ich hatte mich, als ich nach trierischer Geschichte in diesen

Tagen forschte, notwendig auch um die Abtei St. Maximin bekümmern müssen; ich konnte daher mit meinem geistlichen Nachbar ein ganz auslangendes geschichtliches Gespräch führen. Das hohe Alter des Stifts ward vorausgesetzt; dann gedachte man seiner mannigfaltig wechselnden Schicksale, der nahen Lage des Stifts an der Stadt, beiden Teilen gleich gefährlich; wie es denn im Jahre 1674 niedergebrannt und völlig verwüstet wurde. Von dem Wiederaufbau und der allmählichen Herstellung in den gegenwärtigen Zustand ließ ich mich auch unterrichten. Dazu konnte man viel Gutes sagen und die Anstalten preisen, welches der geistliche Herr auch gern vernahm; von den letzten Zeiten aber wollte er nichts Rühmliches wissen: die französischen Prinzen waren da lange im Quartier gelegen, und man hatte von manchem Unfug, Übermut und Verschwendung zu hören.

Bei Abwechselung des Gesprächs daher ging ich wieder ins Geschichtliche zurück; als ich aber der frühern Zeit erwähnte, wo das Stift sich dem Erzbischof gleichgesetzt und der Abt Reichsstand des Römisch-Deutschen Reichs gewesen, wich er lächelnd aus, als wenn er eine solche Erinnerung in der neusten Zeit für verfänglich halte.

Die Sorge des Herzogs für sein Regiment ward nun tätig und klar; denn als die Kranken zu Wagen fortzubringen unmöglich war, so ließ der Fürst ein Schiff mieten, um sie bequem nach Koblenz zu transportieren.

Nun aber kamen andere auf eine eigene Weise preßhafte[327] Kriegsmänner an[328]. Auf dem Rückzuge hatte man gar bald bemerkt, daß die Kanonen nicht fortzubringen seien; die Artilleriepferde kamen um, eines nach dem andern, wenig Vorspann war zu finden; die Pferde, auf dem Hinzug requiriert, beim Herzug geflüchtet, fehlten überall, man griff zu der letzten Maßregel: von jedem Regiment mußte eine starke Anzahl Reiter absitzen und zu Fuße wandern, damit das Geschütz gerettet werde. In ihren steifen Stiefeln, die zuletzt nicht mehr durchhalten wollten, litten diese braven Menschen bei dem schrecklichen Wege unendlich; aber auch ihnen erheiterte sich die Zeit, denn es ward Anstalt getroffen, daß auch sie zu Wasser nach Koblenz fahren konnten.

November[329]

Mein Fürst hatte mir aufgetragen, dem Marquis Lucchesini aufzuwarten, eine Abschiedsempfehlung auszusprechen und mich nach einigem zu erkundigen. Bei später Abendzeit, nicht ohne einige Schwierigkeiten, ward ich bei diesem, mir früher nicht ungewogenen, bedeutenden Manne eingelassen. Die Anmut und Freundlichkeit, mit der er mich empfing, war wohltätig; nicht so die Beantwortung meiner Fragen und Erfüllung meiner Wünsche; er entließ mich, wie er mich aufgenommen hatte, ohne mich im mindesten zu fördern, und man wird mir zutrauen, daß ich darauf vorbereitet gewesen[330].

[331]Als ich nun die Abfahrt jener kranken und ermüdeten Reiter eifrig betreiben sah, ergriff mich gleichfalls das Gefühl, es sei wohl am besten getan, einen Ausweg auf dem Wasser zu suchen. Sehr ungern ließ ich meine Chaise zurück, die man mir aber nach Koblenz nachzusenden versprach, und mietete ein einmänniges Boot, wo mir denn beim Einschiffen meine sämtlichen Habseligkeiten, gleichsam vorgezählt, einen sehr angenehmen Eindruck machten, indem ich sie mehr als einmal verloren glaubte oder zu verlieren fürchtete. Zu dieser Fahrt gesellte sich ein preußischer Offizier, den ich als alten Bekannten aufnahm[332], dessen ich mich als Pagen gar wohl erinnerte und dem seine Hofzeit noch gar deutlich vorschwebte; wie er mir denn gewöhnlich den Kaffee wollte präsentiert haben.

Das Wetter war leidlich, die Fahrt ruhig, und man erkannte die Anmut dieser Wohltat um so mehr, je mühseliger auf dem Landwege, der sich dem Flusse hie und da näherte, die Kolonnen dahinzogen, oder auch wohl von Zeit zu Zeit stockend verweilten. Schon in Trier hatte man geklagt, daß bei so eiligem Rückmarsch die größte Schwierigkeit sei, Quartier zu finden, indem gar oft die einem Regiment an-

gewiesenen Ortschaften schon besetzt gefunden worden, wodurch große Not und Verwirrung entstehe.
Die Uferansichten der Mosel waren längs dieser Fahrt höchst mannigfaltig; denn obgleich das Wasser eigensinnig seinen Hauptlauf von Südwest nach Nordost richtet, so wird es doch, da es ein schikanöses, gebirgisches Terrain durchstreift, von beiden Seiten durch vorspringende Winkel bald rechts, bald links gedrängt, so daß es nur im weitläufigen Schlangengange fortwandeln kann. Deswegen ist denn aber auch ein tüchtiger Fährmeister höchst nötig; der unsere bewies Kraft und Gewandtheit, indem er bald hier einen vorgeschobenen Kies zu vermeiden, sogleich aber dort den an steiler Felswand herflutenden Strom zu schnellerer Fahrt kühn zu benutzen wußte. Die vielen Ortschaften zu beiden Seiten gaben den muntersten Anblick; der Weinbau, überall sorgfältig gepflegt, ließ auf ein heiteres Volk schließen, das keine Mühe schont, den köstlichen Saft zu erzielen. Jeder sonnige Hügel war benutzt, bald aber bewunderten wir schroffe Felsen am Strom, auf deren schmalen vorragenden Kanten, wie auf zufälligen Naturterrassen, der Weinstock zum allerbesten gedieh.
Wir landeten bei einem artigen Wirtshause, wo uns eine alte Wirtin wohl empfing, manches erduldete Ungemach beklagte, den Emigrierten aber besonders alles Böse gönnte. Sie habe, sagte sie, an ihrem Wirtstische gar oft mit Grauen gesehen, wie diese gottesvergessenen Menschen das liebe Brot kugel- und brockenweise sich an den Kopf geworfen, so daß sie und ihre Mägde es nachher mit Tränen zusammengekehrt.
Und so ging es mit gutem Glück und Mut immer weiter hinab bis zur Dämmerung, da wir uns denn aber in das mäandrische Flußgewinde, wie es sich gegen die Höhen von Montroyal herandrängt, verschlungen sahen[333]. Nun überfiel uns die Nacht, bevor wir Trarbach erreichen oder auch nur gewahren konnten. Es ward stockfinster; eingeengt wußten wir uns zwischen mehr oder weniger steilem Ufer, als ein Sturm, bisher schon ruckweise verkündigt, gewaltsam an-

haltend hereinbrach; bald schwoll der Strom im Gegenwinde, bald wechselten abprallende Windstöße niederstürzend mit wütendem Sausen; eine Welle nach der andern schlug über den Kahn, wir fühlten uns durchnäßt. Der Schiffmeister barg nicht seine Verlegenheit; die Not schien immer größer, je länger sie dauerte, und der Drang war aufs höchste gestiegen, als der wackere Mann versicherte, er wisse weder, wo er sei, noch wohin er steuern solle.

Unser Begleiter verstummte, ich war still in mir gefaßt, wir schwebten in der tiefsten Finsternis, nur manchmal wollte mir scheinen, daß Massen über mir doch noch etwas dunkler als der verfinsterte Himmel sich dem Auge bemerklich machten; dies gewährte jedoch wenig Trost und Hoffnung; zwischen Land und Fels eingeschlossen zu sein, drang sich immer ängstlicher auf. Und so wurden wir im Stockfinstern lange hin und her geworfen, bis sich endlich in der Ferne ein Licht und damit auch Hoffnung auftat. Nun ward nach Möglichkeit drauflos gesteuert und gerudert, wobei sich Paul[334] nach Kräften tätig erwies.

Endlich stiegen wir in Trarbach glücklich ans Land, wo man uns in einem leidlichen Gasthofe Henne mit Reis alsobald anbot. Ein angesehener Kaufmann aber[335], die Landung von Fremden in so tiefer stürmischer Nacht vernehmend, nötigte uns in sein Haus, wo wir bei hellem Kerzenschein, in wohlgeschmückten Zimmern englische schwarze Kunstblätter, in Rahm und Glas gar zierlich aufgehangen, mit Freude, ja mit Rührung, gegen die kurz vorher erduldeten finsteren Gefährlichkeiten, begrüßend erblickten. Herr und Frau, noch junge Leute, beeiferten sich, uns gütlich zu tun; wir genossen des köstlichsten Moselweins, an dem sich mein Gefährte, der eine Wiederherstellung freilich am nötigsten haben mochte, besonders erquickte.

Paul gestand[336], daß er schon Rock und Stiefel ausgezogen, um, wenn wir scheitern sollten, uns durch Schwimmen zu erretten; wobei er sich denn freilich nur allein möchte durchgebracht haben.

Kaum hatten wir uns getrocknet und geletzt, als es in mir

schon wieder zu treiben anfing und ich fortzueilen begehrte. Der freundliche Wirt wollte uns nicht entlassen, sondern verlangte vielmehr, wir sollten den morgenden Tag noch zugeben, versprach auch von einer benachbarten Höhe die weiteste, schönste Aussicht über ein bedeutend Gelände und manches andere, was uns zur Erquickung und Zerstreuung hätte dienen können. Aber es ist wunderbar: wie sich der Mensch an ruhige Zustände gewöhnt und in denselben verharren mag, so gibt es auch eine Gewöhnung zum Unruhigen; es war in mir die Nötigung zu einem rollenden Forteilen, der ich nicht gebieten konnte.

Als wir daher fortzueilen im Begriff standen, nötigte uns der wackere Mann noch zwei Matratzen auf, damit wir im Schiff wenigstens einige Bequemlichkeit hätten; die Frau gab solche nicht gerne her, welches ihr, da der Barchent neu und schön, gar nicht zu verdenken war. Und so ereignet sich's oft in Einquartierungsfällen, daß bald der eine, bald der andere Gatte dem aufgedrungenen Gast mehr oder weniger wohlwill.

Bis Koblenz schwammen wir ruhig hinunter, und ich erinnere mich nur deutlich, daß ich am Ende der Fahrt das schönste Naturbild gesehen, was mir vielleicht zu Augen gekommen. Als wir gegen die Moselbrücke zufuhren, stand uns dieses schwarze, mächtige Bauwerk kräftig entgegen; durch die Bogenöffnungen aber schauten die stattlichen Gebäude des Tals, über der Brückenlinie sodann das Schloß Ehrenbreitstein im blauen Dufte durch und hervor. Rechts bildete die Stadt, an die Brücke sich anschließend, einen tüchtigen Vorgrund; dieses Bild gab einen herrlichen, aber nur augenblicklichen Genuß, denn wir landeten und schickten sogleich gewissenhaft die Matratzen unversehrt an das von den wackern Trarbachern uns bezeichnete Handelshaus.

Dem Herzog von Weimar war ein schönes Quartier eingeräumt, worin auch ich ein gutes Unterkommen fand[337]; die Armee rückte nach und nach heran; die Dienerschaft des fürstlichen Generals traf ein und konnte nicht genug von den Unbilden erzählen, die sie erleiden müssen. Wir segneten

uns, die Wasserfahrt eingeschlagen zu haben, und die glücklich überstandene Windsbraut schien nur ein geringes Übel gegen eine stockende und überall gehinderte Landfahrt.
Der Fürst selbst war angekommen[338]; um den König versammelten sich viele Generale; ich aber, in einsamen Spaziergängen den Rhein hin, wiederholte mir die wunderlichen Ereignisse der vergangenen Wochen.

[339]Ein französischer General, Lafayette[340], Haupt einer großen Partei, vor kurzem der Abgott seiner Nation, des vollkommensten Vertrauens der Soldaten genießend, lehnt sich gegen die Obergewalt auf, die allein nach Gefangennehmung des Königs das Reich repräsentiert; er entflieht, seine Armee, nicht stärker als dreiundzwanzigtausend Mann, bleibt ohne General und Oberoffiziere, desorganisiert, bestürzt.
Zur selbigen Zeit betritt ein mächtiger König, mit einem achtzigtausend Mann starken verbündeten Heere, den Boden von Frankreich; zwei befestigte Städte, nach geringem Zaudern, ergeben sich.
Nun erscheint ein wenig gekannter General, Dumouriez; ohne jemals einen Oberbefehl geführt zu haben, nimmt er, gewandt und klug, eine sehr starke Stellung; sie wird durchbrochen, und doch erreicht er eine zweite, wird auch daselbst eingeschlossen, und zwar so, daß der Feind sich zwischen ihn und Paris stellt.
Aber sonderbar verwickelte Zustände werden, durch anhaltendes Regenwetter, herbeigeführt; das furchtbare alliierte Heer, nicht weiter als sechs Stunden von Châlons und zehn von Reims, sieht sich abgehalten, diese beiden Orte zu gewinnen, bequemt sich zum Rückzug, räumt die zwei eroberten Plätze, verliert über ein Drittel seiner Mannschaft, und davon höchstens zweitausend durch die Waffen, und sieht sich nun wieder am Rheine. Alle diese Begegnisse, die an das Wunderbare grenzen, ereignen sich in weniger als sechs Wochen, und Frankreich ist aus der größten Gefahr gerettet, deren seine Jahrbücher jemals gedenken. –

Vergegenwärtige man sich nun die vielen tausend Teilnehmer an solchem Mißgeschick, denen das grimmige Leibes- und Seelenleiden einiges Recht zur Klage zu geben schien, so wird man sich leicht vorstellen, daß nicht alles im stillen abgetan ward und, so sehr man sich auch vorzusehen gedachte, doch aus einem vollen Herzen der Mund zu Zeiten überging.
Und so begegnete denn auch mir, daß ich an großer Tafel neben einem alten trefflichen General saß und vom Vergangenen zu sprechen mich nicht ganz enthielt, worauf er mir, zwar freundlich, aber mit gewisser Bestimmtheit antwortete: »Erzeigen Sie mir morgen früh die Ehre, mich zu besuchen, da wir uns hierüber freundlich und aufrichtig besprechen wollen.« Ich schien es anzunehmen, blieb aber aus und gelobte mir innerlich, das gewohnte Stillschweigen sobald nicht wieder zu brechen.

Auf der Wasserfahrt sowie auch in Koblenz hatte ich manche Bemerkung gemacht zum Vorteil meiner chromatischen Studien; besonders war mir über die epoptischen Farben ein neues Licht aufgegangen, und ich konnte immer mehr hoffen, die physischen Erscheinungen in sich zu verknüpfen und sie von andern abzusondern, mit denen sie in entfernterer Verwandtschaft zu stehen schienen[341].
Auch kam mir des treuen Kämmerier Wagner Tagebuch zu Ergänzung des meinigen gar wohl zustatten, das ich in den letzten Tagen ganz und gar vernachlässigt hatte.
Des Herzogs Regiment war herangekommen und kantonierte in den Dörfern gegen Neuwied über. Hier bewies der Fürst die väterlichste Sorgfalt für seine Untergebenen; jeder einzelne durfte seine Not klagen, und soviel nur möglich ward abgestellt und nachgeholfen. Leutnant von Flotow, in der Stadt auf Kommando stehend und dem Wohltäter am nächsten, erwies sich tätig und hülfreich. Dem Hauptbedürfnis an Schuhen und Stiefeln wurde dadurch abgeholfen, daß man Leder kaufte und die im Regimente sich findenden Schuster unter den Meistern der Stadt arbeiten ließ. Auch

für Reinlichkeit und Zierde war gesorgt, gelbe Kreide angeschafft, die Kolletts[342] gesäubert und gefärbt, und unsere Reiter trabten wieder ganz schmuck einher.

Meine Studien jedoch sowohl als die heitere Unterhaltung mit den Kanzlei- und Hausgenossen[343] wurden gar sehr belebt durch den Ehrenwein, welcher von trefflicher Moselsorte unserem Fürsten vom Stadtrate gereicht ward, und welchen wir, da der Fürst meist auswärts speiste, zu genießen die Erlaubnis hatten. Als wir Gelegenheit fanden, einem von den Gebern darüber ein Kompliment zu machen, und dankbar anerkannten, daß sie sich bei solcher Gelegenheit um unsertwillen mancher guten Flasche berauben wollen, vernahmen wir die Erwiderung: daß sie uns dies und noch viel mehr gönnten und nur die Fässer bedauerten, welche sie an die Emigrierten wenden müssen, welche zwar viel Geld, aber auch viel Unheil über die Stadt gebracht, ja den Zustand derselben völlig umgekehrt; besonders aber wollte man ihr Betragen gegen den Fürsten[344] nicht rühmen, an dessen Stelle sie sich gewissermaßen gesetzt und gegen seinen Willen kühnlich Unverantwortliches unternommen.

In der letzten, Unheil drohenden Zeit war er auch nach Regensburg abgereist[345], und ich schlich, zu schöner, heiterer Mittagsstunde, an sein Schloß hin, das auf dem linken Rheinufer, etwas oberhalb der Stadt, wunderschön, seitdem ich diese Gegend nicht betreten, aus der Erde gewachsen war[346]. Es stand einsam und als die allerneuste, wenn auch nicht architektonische, doch politische Ruine da, und ich hatte nicht den Mut, mir von dem umherwandelnden Schloßvogt den Eingang zu gewinnen. Wie schön war die nähere und weitere Umgebung, wie angebaut und gartenreich der Raum zwischen Schloß und Stadt; die Aussicht den Rhein stromauf ruhig und besänftigend, gegen Stadt und Festung[347] aber prächtig und aufregend.

In der Absicht, mich übersetzen zu lassen, ging ich zur fliegenden Brücke, ward aber aufgehalten, oder hielt mich vielmehr selbst auf in Beschauung eines östreichischen Wagentransportes, welcher nach und nach übergesetzt wurde. Hier ereignete sich ein Streit zwischen einem preußischen und östreichischen Unteroffizier, welcher den Charakter beider Nationen klar ins Licht setzte.

Vom Östreicher, der hierher postiert war, um die möglich schnelle Überfahrt der Wagenkolonne zu beaufsichtigen, aller Verwirrung vorzubeugen und deshalb kein anderes Fuhrwerk dazwischen zu lassen, verlangte der Preuße heftig eine Ausnahme für sein Wägelchen, auf welchem Frau und Kind mit einigen Habseligkeiten gepackt waren. Mit großer Gelassenheit versagte der Östreicher die Forderung, auf die Ordre sich berufend, die ihm dergleichen ausdrücklich verbiete; der Preuße ward heftiger, der Östreicher womöglich gelassener; er litt keine Lücke in der ihm empfohlenen Kolonne, und der andere fand sich einzudrängen keinen Raum. Endlich schlug der Zudringliche an seinen Säbel und forderte den Widerstehenden heraus; mit Drohen und Schimpfen wollte er seinen Gegner ins nächste Gäßchen bewegen, um die Sache daselbst auszumachen; der höchst ruhige, verständige Mann aber, der die Rechte seines Postens gar wohl kannte, rührte sich nicht und hielt Ordnung nach wie vor.

Ich wünschte diese Szene wohl von einem Charakterzeichner aufgefaßt: denn wie im Betragen so auch in Gestalt unterschieden sich beide; der Gelassene war stämmig und stark, der Wütende, denn zuletzt erwies er sich so, hager, lang, schmächtig und rührig.

Die auf diesen Spaziergang zu verwendende Zeit war zum Teil schon verstrichen, und mir vertrieb die Furcht vor ähnlichen Retardationen[348] bei der Rückkehr jede Lust, das sonst so geliebte Thal[349] zu besuchen, das doch nur das Gefühl schmerzlichen Entbehrens erregt und mich fruchtlos zu Betrachtung früherer Jahre aufgeregt hätte; doch stand ich lange hinüberschauend, friedlicher Zeiten mitten im verwirrenden Wechsel irdischer Ereignisse treulich eingedenk.

Und so traf es zufällig, daß ich von den Maßregeln zum ferneren Feldzuge auf dem rechten Ufer näher unterrichtet ward. Des Herzogs Regiment rüstete sich, hinüberzuziehen;

der Fürst selbst mit seiner ganzen Umgebung sollte folgen. Mir bangte vor jeder Fortsetzung des kriegerischen Zustandes, und das Fluchtgefühl ergriff mich abermals. Ich möchte dies ein umgekehrtes Heimweh nennen, eine Sehnsucht ins Weite, statt ins Enge. Ich stand; der herrliche Fluß lag vor mir, er gleitete so sanft und lieblich hinunter, in ausgedehnter, breiter Landschaft; er floß zu Freunden, mit denen ich, trotz manchem Wechseln und Wenden, immer treu verbunden geblieben. Mich verlangte aus der fremden, gewaltsamen Welt an Freundesbrust, und so mietete ich, nach erhaltenem Urlaub, eilig einen Kahn bis Düsseldorf; meine noch immer zurückbleibende Chaise Koblenzer Freunden empfehlend, mit Bitte, sie mir hinabwärts zu spedieren.

[350]Als ich nun mit meinen Habseligkeiten mich eingeschifft und sogleich auf dem Strome dahinschwimmen sah, begleitet vom getreuen Paul und einem blinden Passagier, welcher gelegentlich zu rudern sich verband, hielt ich mich für glücklich und von allem Übel befreit.
Indessen standen noch einige Abenteuer bevor. Wir hatten nicht lange flußabwärts gerudert, als zu bemerken war, daß der Kahn ein starkes Leck haben müsse, indem der Fährmann von Zeit zu Zeit das Wasser fleißig ausschöpfte. Und nun entdeckte sich erst, daß wir, bei übereilt unternommener Fahrt, nicht bedacht hatten, wie auf die weite Strecke hinab, von Koblenz bis Düsseldorf, der Schiffer nur ein altes Boot zu nehmen pflegt, um es unten als Brennholz zu verkaufen und, sein Fährgeld in der Tasche, ganz leicht nach Hause zu wandern.
Indessen fuhren wir getrost dahin. Eine sternhelle, doch sehr kalte Nacht begünstigte unsere Fahrt, als auf einmal der fremde Ruderer verlangte, ans Land gesetzt zu werden, und sich mit dem Schiffer zu streiten anfing, an welcher Stelle es denn eigentlich für den Wandrer am vorteilhaftesten sei; worüber sie sich nicht vereinigen konnten.
Unter diesen Händeln, die mit Heftigkeit geführt wurden, stürzte unser Fährmann ins Wasser und wurde nur mit Mühe

herausgezogen. Nun konnte er bei heller, kalter Nacht nicht mehr aushalten und bat dringend um die Erlaubnis, bei Bonn anfahren zu dürfen, um sich zu trocknen und zu erwärmen. Mein Diener ging mit ihm in eine Schifferkneipe, ich aber beharrte, unter freiem Himmel zu bleiben, und ließ mir ein Lager auf Mantelsack und Portefeuille bereiten. So groß ist die Macht der Gewohnheit, daß mir, der ich die letzten sechs Wochen fast immer unter freiem Himmel zugebracht hatte, vor Dach und Zimmer graute. Diesmal aber entstand daraus für mich ein neues Unheil, welches man freilich hätte vorhersehen sollen: den Kahn hatte man zwar so weit als möglich auf den Strand gezogen, aber nicht so weit, daß er nicht durch das Leck noch hätte Wasser einnehmen können.
Nach einem tiefen Schlafe fand ich mich mehr als erfrischt, denn das Wasser war bis zu meinem Lager gedrungen und hatte mich und meine Habseligkeiten durchnäßt. Ich war daher genötigt aufzustehen, das Wirtshaus aufzusuchen und mich in Tabak schmauchender, Glühwein schlürfender Gesellschaft so gut als möglich zu trocknen; worüber denn der Morgen ziemlich herankam und eine verspätete Reise durch frisches Rudern eifrig beschleunigt wurde.

Zwischenrede[351]

Wenn ich mich nun so, in der Erinnerung, den Rhein hinunter schwimmen sehe, wüßt' ich nicht genau zu sagen, was in mir vorging. Der Anblick eines friedlichen Wasserspiegels, das Gefühl der bequemen Fahrt auf demselben ließ mich nach der kurz vergangenen Zeit zurückschauen wie auf einen bösen Traum, von dem ich mich soeben erwacht fände; ich überließ mich den heitersten Hoffnungen eines nächsten gemütlichen Zusammenseins.
Nun aber, wenn ich mitzuteilen fortfahren soll, muß ich eine andere Behandlung wählen, als dem bisherigen Vortrag wohl geziemte: denn wo Tag für Tag das Bedeutendste vor unsern Augen vorgeht, wenn wir mit so viel Tausenden

leiden und fürchten und nur furchtsam hoffen, dann hat die Gegenwart ihren entschiedenen Wert, und, Schritt vor Schritt vorgetragen, erneut sie das Vergangene, indem sie auf die Zukunft hindeutet.

Was aber in geselligen Zirkeln sich ereignet, kann nur aus einer sittlichen Folge der Äußerungen innerlicher Zustände begriffen werden; die Reflexion ist hier an ihrer Stelle, der Augenblick spricht nicht für sich selbst, Andenken an das Vergangene, spätere Betrachtungen müssen ihn dolmetschen.

Wie ich überhaupt ziemlich unbewußt lebte und mich vom Tag zum Tage führen ließ, wobei ich mich, besonders die letzten Jahre, nicht übel befand, so hatte ich die Eigenheit, niemals weder eine nächst zu erwartende Person noch eine irgend zu betretende Stelle vorauszudenken, sondern diesen Zustand unvorbereitet auf mich einwirken zu lassen. Der Vorteil, der daraus entsteht, ist groß; man braucht von einer vorgefaßten Idee nicht wieder zurückzukommen, nicht ein selbstbeliebig gezeichnetes Bild wieder auszulöschen und mit Unbehagen die Wirklichkeit an dessen Stelle aufzunehmen; der Nachteil dagegen mag wohl hervortreten, daß wir mit Unbewußtsein in wichtigen Augenblicken nur herumtasten und uns nicht gerade in jeden ganz unvorhergesehenen Zustand aus dem Stegreife zu finden wissen.

In eben dem Sinne war ich auch niemals aufmerksam, was meine persönliche Gegenwart und Geistesstimmung auf die Menschen wirke, da ich denn oft ganz unerwartet fand, daß ich Neigung oder Abneigung und sogar oft beides zugleich erregte.

Wollte man nun auch dieses Betragen als eine individuelle Eigenheit weder loben noch tadeln, so muß doch bemerkt werden, daß sie im gegenwärtigen Falle gar wunderliche Phänomene und nicht immer die erfreulichsten hervorbrachte.

Ich war mit jenen Freunden seit vielen Jahren nicht zusammengekommen[352], sie hatten sich getreu an ihrem Lebensgange gehalten, dagegen mir das wunderbare Los beschieden

war, durch manche Stufen der Prüfung, des Tuns und Duldens durchzugehen, so daß ich, in eben der Person beharrend, ein ganz anderer Mensch geworden, meinen alten Freunden fast unkenntlich auftrat.
Es würde schwer halten, auch in späteren Jahren[353], wo eine freiere Übersicht des Lebens gewonnen ist, sich genaue Rechenschaft von jenen Übergängen abzulegen, die bald als Vorschritt, bald als Rückschritt erscheinen und doch alle dem gottgeführten Menschen zu Nutz und Frommen gereichen müssen. Ungeachtet solcher Schwierigkeiten aber will ich, meinen Freunden zuliebe, einige Andeutung versuchen.
Der sittliche Mensch erregt Neigung und Liebe nur insofern, als man Sehnsucht an ihm gewahr wird; sie drückt Besitz und Wunsch zugleich aus, den Besitz eines zärtlichen Herzens und den Wunsch, ein gleiches in andern zu finden; durch jenes ziehen wir an, durch dieses geben wir uns hin.
Das Sehnsüchtige, das in mir lag, das ich in früheren Jahren vielleicht zu sehr gehegt und bei fortschreitendem Leben kräftig zu bekämpfen trachtete, wollte dem Manne nicht mehr ziemen, nicht mehr genügen, und er suchte deshalb die volle endliche Befriedigung[354].
Das Ziel meiner innigsten Sehnsucht, deren Qual mein ganzes Inneres erfüllte, war Italien, dessen Bild und Gleichnis mir viele Jahre vergebens vorschwebte, bis ich endlich durch kühnen Entschluß die wirkliche Gegenwart zu fassen mich erdreistete. In jenes herrliche Land sind mir meine Freunde gern auch in Gedanken gefolgt[355], sie haben mich auf Hin- und Herwegen begleitet, möchten sie nun auch nächstens den längern Aufenthalt daselbst mit Neigung teilen und von dort mich wieder zurückbegleiten, da sich alsdann manches Problem faßlicher auflösen wird[356].
In Italien fühlt' ich mich nach und nach kleinlichen Vorstellungen entrissen, falschen Wünschen enthoben, und an die Stelle der Sehnsucht nach dem Lande der Künste setzte sich die Sehnsucht nach der Kunst selbst; ich war sie gewahr geworden, nun wünscht' ich sie zu durchdringen.
Das Studium der Kunst wie das der alten Schriftsteller gibt

uns einen gewissen Halt, eine Befriedigung in uns selbst; indem sie unser Inneres mit großen Gegenständen und Gesinnungen füllt, bemächtigt sie sich aller Wünsche, die nach außen strebten, hegt aber jedes würdige Verlangen im stillen Busen; das Bedürfnis der Mitteilung wird immer geringer, und wie Malern, Bildhauern, Baumeistern, so geht es auch dem Liebhaber: er arbeitet einsam, für Genüsse, die er mit andern zu teilen kaum in den Fall kommt.

Aber zu gleicher Zeit sollte mich noch eine Ableitung der Welt entfremden, und zwar die entschiedenste Wendung gegen die Natur, zu der ich aus eigenstem Trieb auf die individuellste Weise hingelenkt worden. Hier fand ich weder Meister noch Gesellen und mußte selbst für alles stehen. In der Einsamkeit der Wälder und Gärten, in den Finsternissen der dunklen Kammer[357] wär' ich ganz einzeln geblieben, hätte mich nicht ein glückliches häusliches Verhältnis in dieser wunderlichen Epoche lieblich zu erquicken gewußt[358]. Die »Römischen Elegien«, die »Venezianischen Epigramme« fallen in diese Zeit.

Nun aber sollte mir auch ein Vorgeschmack kriegerischer Unternehmungen werden: denn der schlesischen, durch den Reichenbacher Kongreß geschlichteten Campagne beizuwohnen beordert[359], hatte ich mich, in einem bedeutenden Lande, durch manche Erfahrung aufgeklärt und erhoben gesehen und zugleich durch anmutige Zerstreuung hin und her gaukeln lassen, indessen das Unheil der französischen Staatsumwälzung, sich immer weiter verbreitend, jeden Geist, er mochte hin denken und sinnen, wohin er wollte, auf die Oberfläche der europäischen Welt zurückforderte und ihm die grausamsten Wirklichkeiten aufdrang. Rief mich nun gar die Pflicht, meinen Fürsten und Herrn erst in die bedenklichen, bald aber traurigen Ereignisse des Tags abermals hineinzubegleiten und das Unerfreuliche, das ich nur gemäßigt meinen Lesern mitzuteilen gewagt, männlich zu erdulden, so hätte alles, was noch Zartes und Herzliches sich ins Innerste zurückgezogen hatte, auslöschen und verschwinden mögen.

Fasse man dies alles zusammen, so wird der Zustand, wie er nachstehend skizzenhaft verzeichnet ist, nicht ganz rätselhaft erscheinen, welches ich um so mehr wünschen muß, da ich ungern dem Trieb widerstehe, diese vor vielen Jahren flüchtig verfaßten Blätter nach gegenwärtiger Einsicht und Überzeugung umzuschreiben.

Pempelfort, November 1792[360]

Es war schon finster, als ich in Düsseldorf landete und mich daher mit Laternen nach Pempelfort bringen ließ, wo ich nach augenblicklicher Überraschung die freundlichste Aufnahme fand; vielfaches Hin- und Hersprechen, wie ein solches Wiedersehen aufregt, nahm einen Teil der Nacht hinweg.

Den nächsten Tag war ich durch Fragen, Antworten und Erzählen bald eingewohnt; der unglückliche Feldzug gab leider genugsame Unterhaltung, niemand hatte sich den Ausgang so traurig gedacht. Aber auch aussprechen konnte niemand die tiefe Wirkung eines beinahe vierwöchentlichen furchtbaren Schweigens, die sich immer steigernde Ungewißheit bei dem Mangel aller Nachrichten. Eben als wäre das alliierte Heer[361] von der Erde verschlungen worden, so wenig verlautete von demselben; jedermann, in eine gräßliche Leere hineinblickend, war von Furcht und Ängsten gepeinigt, und nun erwartete man mit Entsetzen die Kriegsläufte schon wieder in den Niederlanden, man sah das linke Rheinufer und zugleich das rechte bedroht.

Von solchen Betrachtungen zerstreuten uns moralische und literarische Verhandlungen, wobei mein Realismus, zum Vorschein kommend, die Freunde nicht sonderlich erbaute.

Ich hatte seit der Revolution, mich von dem wilden Wesen einigermaßen zu zerstreuen, ein wunderbares Werk begonnen, eine Reise von sieben Brüdern verschiedener Art, jeder nach seiner Weise dem Bunde dienend, durchaus abenteuerlich und märchenhaft, verworren, Aussicht und Absicht verbergend, ein Gleichnis unseres eignen Zustandes[362]. Man verlangte eine Vorlesung, ich ließ mich nicht viel bitten und rückte mit meinen Heften hervor; aber ich bedurfte auch nur wenig Zeit, um zu bemerken, daß niemand davon erbaut sei. Ich ließ daher meine wandernde Familie in irgendeinem Hafen und mein weiteres Manuskript auf sich selbst beruhen[363].

Meine Freunde jedoch, die sich in so veränderte Gesinnung nicht gleich ergeben wollten, versuchten mancherlei, um frühere Gefühle durch ältere Arbeiten wieder hervorzurufen, und gaben mir »Iphigenien« zur abendlichen Vorlesung in die Hand; das wollte mir aber gar nicht munden, dem zarten Sinne fühlt' ich mich entfremdet, auch von andern vorgetragen war mir ein solcher Anklang lästig. Indem aber das Stück gar bald zurückgelegt ward, schien es, als wenn man mich durch einen höhern Grad von Folter zu prüfen gedenke. Man brachte »Ödipus auf Kolonos«[364], dessen erhabene Heiligkeit meinem gegen Kunst, Natur und Welt gewendeten, durch eine schreckliche Campagne verhärteten Sinn ganz unerträglich schien; nicht hundert Zeilen hielt ich aus. Da ergab man sich denn wohl in die Gesinnung des veränderten Freundes, fehlte es doch nicht an so mancherlei Anhaltepunkten des Gesprächs.

Aus den frühern Zeiten deutscher Literatur ward manches einzelne erfreulich hervorgerufen, niemals aber drang die Unterhaltung in einen tieferen Zusammenhang, weil man Merkmale ungleicher Gesinnung vermeiden wollte.

Soll ich irgend etwas Allgemeines hier einschalten, so war es schon seit zwanzig Jahren wirklich eine merkwürdige Zeit, wo bedeutende Existenzen zusammentrafen und Menschen von einer Seite sich aneinander schlossen, obgleich von der andern höchst verschieden: jeder brachte einen hohen Begriff von sich selbst zur Gesellschaft, und man ließ sich eine wechselseitige Verehrung und Schonung gern gefallen.

Das Talent befestigte seinen erworbenen Besitz einer allgemeinen Achtung, durch gesellige Verbindungen wußte man sich zu hegen und zu fördern, die errungenen Vorteile wurden nicht mehr durch einzelne, sondern durch eine übereinstimmende Mehrheit erhalten. Daß hiebei eine Art Absichtlichkeit durchwalten mußte, lag in der Sache; so gut wie andere Weltkinder verstanden sie, eine gewisse Kunst in ihre Verhältnisse zu legen, man verzieh sich die Eigenheiten, eine Empfindlichkeit hielt der andern die Waage, und die wechselseitigen Mißverständnisse blieben lange verborgen.

Zwischen diesem allen hatte ich einen wunderlichen Stand, mein Talent gab mir einen ehrenvollen Platz in der Gesellschaft, aber meine heftige Leidenschaft für das, was ich als wahr und naturgemäß erkannte, erlaubte sich manche gehässige Ungezogenheit gegen irgendein scheinbar falsches Streben; weswegen ich mich auch mit den Gliedern jenes Kreises zu Zeiten überwarf[365], ganz oder halb versöhnte, immer aber im Dünkel des Rechthabens auf meinem Wege fortging. Dabei behielt ich etwas von der Ingenuität des Voltairischen Huronen noch im späteren Alter, so daß ich zugleich unerträglich und liebenswürdig sein konnte[366].

Ein Feld jedoch, in welchem man sich mit mehr Freiheit und Übereinstimmung erging, war die westliche, um nicht zu sagen französische Literatur. Jacobi[367], indem er seinen eigenen Weg wandelte, nahm doch Kenntnis von allem Bedeutenden, und die Nachbarschaft der Niederlande trug viel dazu bei, ihn nicht allein literarisch, sondern auch persönlich in jenen Kreis zu ziehen. Er war ein sehr wohlgestalteter Mann, von den vorteilhaftesten Gesichtszügen, von einem zwar gemessenen, aber doch höchst gefälligen Betragen, bestimmt, in jedem gebildeten Kreise zu glänzen.

Wundersam war jene Zeit, die man sich kaum wieder vergegenwärtigen könnte; Voltaire hatte wirklich die alten Bande der Menschheit aufgelöst, daher entstand in guten Köpfen eine Zweifelsucht an dem, was man sonst für würdig gehalten hatte. Wenn der Philosoph von Ferney[368] seine ganze Bemühung dahin richtete, den Einfluß der Geistlichkeit zu mindern und zu schwächen, und hauptsächlich Europa im Auge behielt, so erstreckte de Pauw[369] seinen Eroberungsgeist über fernere Weltteile; er wollte weder Chinesen noch Ägyptern die Ehre gönnen, die ein vieljähriges Vorurteil auf sie gehäuft hatte. Als Kanonikus von Xanten Nachbar von Düsseldorf, unterhielt er ein freundschaftliches Verhältnis mit Jacobi; und wie mancher andere wäre nicht hier zu nennen?

Und so wollen wir doch noch Hemsterhuis[370] einführen, welcher, der Fürstin Gallitzin ergeben, in dem benachbarten Münster viel verweilte. Dieser ging nun von seiner Seite mit Geistesverwandten auf zartere Beruhigung, auf ideelle Befriedigung aus und neigte sich mit platonischen Gesinnungen der Religion zu.

Bei diesen fragmentarischen Erinnerungen muß ich auch noch Diderots[371] gedenken, des heftigen Dialektikers, der sich auch eine Zeitlang in Pempelfort als Gast sehr wohl gefiel und mit großer Freimütigkeit seine Paradoxen behauptete.

Auch waren Rousseaus[372] auf Naturzustände gerichtete Aussichten diesem Kreise nicht fremd, welcher nichts ausschloß, also auch mich nicht, ob er mich gleich eigentlich nur duldete.

Denn wie die äußere Literatur auf mich in jüngeren Jahren gewirkt, ist an mehreren Orten schon angedeutet. Fremdes konnt' ich wohl in meinen Nutzen verwenden, aber nicht aufnehmen, deshalb ich mich denn über das Fremde mit andern ebensowenig zu verständigen vermochte. Ebenso wunderlich sah es mit der Produktion aus; diese hielt immer gleichen Schritt mit meinem Lebensgange, und da dieser selbst für meine nächsten Freunde meist ein Geheimnis blieb, so wußte man selten mit einem meiner neuen Produkte sich zu befreunden, weil man denn doch etwas Ähnliches zu dem schon Bekannten erwartete.

War ich nun schon mit meinen sieben Brüdern übel angekommen, weil sie Schwester Iphigenien nicht im mindesten glichen, so merkt' ich wohl, daß ich die Freunde durch meinen »Großkophta«, der längst gedruckt war[373], sogar verletzt hatte; es war die Rede nicht davon, und ich hütete mich, sie darauf zu bringen. Indessen wird man mir gestehen, daß ein Autor, der in der Lage ist, seine neusten Werke nicht vortragen oder darüber reden zu dürfen, sich so peinlich fühlen muß wie ein Komponist, der seine neusten Melodien zu wiederholen sich gehindert fühlte.

Mit meinen Naturbetrachtungen wollte es mir kaum besser glücken; die ernstliche Leidenschaft, womit ich diesem Geschäft nachhing, konnte niemand begreifen, niemand sah, wie sie aus meinem Innersten entsprang; sie hielten dieses löbliche Bestreben für einen grillenhaften Irrtum; ihrer Meinung nach konnt' ich was Besseres tun und meinem Talent die alte Richtung lassen und geben. Sie glaubten sich hiezu um desto mehr berechtigt, als meine Denkweise sich an die ihrige nicht anschloß, vielmehr in den meisten Punkten gerade das Gegenteil aussprach. Man kann sich keinen isoliertern Menschen denken, als ich damals war und lange Zeit blieb. Der Hylozoismus[374] oder wie man es nennen will, dem ich anhing, und dessen tiefen Grund ich in seiner Würde und Heiligkeit unberührt ließ, machte mich unempfänglich, ja unleidsam gegen jene Denkweise, die eine tote, auf welche Art es auch sei, auf- und angeregte Materie als Glaubensbekenntnis aufstellte. Ich hatte mir aus Kants Naturwissenschaft nicht entgehen lassen[375], daß Anziehungs- und Zurückstoßungskraft zum Wesen der Materie gehören und keine von der andern im Begriff der Materie getrennt werden könne; daraus ging mir die Urpolarität aller Wesen hervor, welche die unendliche Mannigfaltigkeit der Erscheinungen durchdringt und belebt.

Schon bei dem früheren Besuche der Fürstin Gallitzin mit Fürstenberg und Hemsterhuis in Weimar hatte ich dergleichen vorgebracht, ward aber, als wie mit gotteslästerlichen Reden, bei Seite und zur Ruhe gewiesen[376].

Man kann es keinem Kreise verdenken, wenn er sich in sich selbst abschließt; und das taten meine Freunde zu Pempelfort redlich. Von der schon ein Jahr gedruckten »Metamorphose der Pflanzen«[377] hatten sie wenig Kenntnis genommen, und wenn ich meine morphologischen Gedanken, so geläufig sie mir auch waren, in bester Ordnung und, wie es mir schien, bis zur kräftigsten Überzeugung vortrug, so mußte ich doch leider bemerken, daß die starre Vorstellungsart: nichts könne werden, als was schon sei, sich aller Geister bemächtigt habe. In Gefolg dessen mußt' ich denn auch wieder hören: daß alles Lebendige aus dem Ei komme, worauf ich denn mit bitterm Scherze die alte Frage hervorhob: ob denn die Henne oder das Ei zuerst gewesen? Die Einschachtelungslehre[378] schien so plausibel und die Natur mit Bonnet[379] zu kontemplieren höchst erbaulich.

Von meinen »Beiträgen zur Optik« hatte auch etwas verlautet, und ich ließ mich nicht lange bitten, die Gesellschaft mit einigen Phänomenen und Versuchen zu unterhalten, wo mir denn ganz Neues vorzubringen nicht schwer fiel: denn alle Personen, so gebildet sie auch waren, hatten das gespaltene Licht eingelernt und wollten leider das lebendige, woran sie sich erfreuten, auf jene tote Hypothese zurückgeführt wissen[380].

Doch ließ ich mir dergleichen eine Zeitlang gern gefallen, denn ich hielt niemals einen Vortrag, ohne daß ich dabei gewonnen hätte; gewöhnlich gingen mir unterm Sprechen neue Lichter auf, und ich erfand im Fluß der Rede am gewissesten.

Freilich konnte ich auf diese Weise nur didaktisch und dogmatisch verfahren, eine eigentlich dialektische und konversierende[381] Gabe war mir nicht verliehen. Oft aber trat auch eine böse Gewohnheit hervor, deren ich mich anklagen muß: da mir das Gespräch, wie es gewöhnlich geführt wird, höchst langweilig war, indem nichts als beschränkte, individuelle Vorstellungsarten zur Sprache kamen, so pflegte ich den unter Menschen gewöhnlich entspringenden bornierten Streit durch gewaltsame Paradoxe aufzuregen und ans Äußerste zu führen. Dadurch war die Gesellschaft meist verletzt und in mehr als einem Sinne verdrießlich. Denn oft, um meinen Zweck zu erreichen, mußt' ich das böse Prinzip spielen, und da die Menschen gut sein und auch mich gut haben wollten, so ließen sie es nicht durchgehen; als Ernst konnte man es nicht gelten lassen, weil es nicht gründlich, als Scherz nicht, weil es zu herb war; zuletzt nannten sie mich einen umgekehrten Heuchler und versöhnten sich bald wieder mit mir. Doch kann ich nicht leugnen, daß ich durch diese böse Manier mir manche Person entfremdet, andere zu Feinden gemacht habe.

Wie mit dem Zauberstäbchen jedoch konnte ich sogleich alle bösen Geister vertreiben, wenn ich von Italien zu erzählen anfing. Auch dahin war ich unvorbereitet, unvorsichtig gegangen; Abenteuer fehlten keineswegs, das Land selbst, seine Anmut und Herrlichkeit hatte ich mir völlig eingeprägt; mir war Gestalt, Farbe, Haltung jener vom günstigsten Himmel umschienenen Landschaft noch unmittelbar gegenwärtig. Die schwachen Versuche eigenen Nachbildens hatten das Gedächtnis geschärft, ich konnte beschreiben, als wenn ich's vor mir sähe; von belebender Staffage wimmelte es durch und durch, und so war jedermann von den lebhaft vorbeigeführten Bilderzügen zufrieden, manchmal entzückt.

Wünschenswert wäre nunmehr, daß man, um die Anmut des Pempelforter Aufenthalts vollkommen darzustellen, auch die Örtlichkeit, worin dies alles vorging, klar vergegenwärtigen könnte. Ein freistehendes geräumiges Haus, in der Nachbarschaft von weitläufigen wohl gehaltenen Gärten, im Sommer ein Paradies, auch im Winter höchst erfreulich. Jeder Sonnenblick ward in reinlicher freier Umgebung genossen; abends oder bei ungünstigem Wetter zog man sich gern in die schönen, großen Zimmer zurück, die, behaglich, ohne Prunk ausgestattet, eine würdige Szene jeder geistreichen Unterhaltung darboten. Ein großes Speisezimmer, zahlreicher Familie und nie fehlenden Gästen geräumig, heiter und bequem, lud an eine lange Tafel, wo es nicht an wünschenswerten Speisen fehlte. Hier fand man sich zusammen, der Hauswirt immer munter und aufregend, die Schwestern[382] wohlwollend und einsichtig, der Sohn ernst und hoffnungsvoll, die Tochter wohlgebildet, tüchtig, treuherzig und liebenswürdig, an die leider schon vorübergegangene Mutter und an die früheren Tage erinnernd, die man vor zwanzig Jahren in Frankfurt mit ihr zugebracht hatte. Heinse[383], mit zur Familie gehörig, verstand Scherze jeder Art zu erwidern; es gab Abende, wo man nicht aus dem Lachen kam.

Die wenigen einsamen Stunden, die mir in diesem gastfreisten aller Häuser übrig blieben, wendete ich im stillen an eine wunderliche Arbeit. Ich hatte während der Campagne, neben dem Tagebuch, poetische Tagesbefehle, satirische Ordres du jour aufgezeichnet, nun wollte ich sie durchsehen und redigieren; allein ich bemerkte bald, daß ich mit kurzsichtigem Dünkel manches falsch gesehen und unrichtig beurteilt habe, und da man gegen nichts strenger ist als gegen erst abgelegte Irrtümer, es auch bedenklich schien, dergleichen Papiere irgendeinem Zufall auszusetzen, so vernichtete ich das ganze Heft in einem lebhaften Steinkohlenfeuer; worüber ich mich nun insofern betrübe, als es mir jetzt viel wert zur Einsicht in den Gang der Vorfälle und die Folge meiner Gedanken darüber sein würde.

In dem nicht weit entfernten Düsseldorf wurden fleißige Besuche gemacht bei Freunden, die zu dem Pempelforter Zirkel gehörten; auf der Galerie[384] war die gewöhnliche Zusammenkunft. Dort ließ sich eine entschiedene Neigung für die italienische Schule spüren, man zeigte sich höchst ungerecht gegen die niederländische; freilich war der hohe Sinn der ersten anziehend, edle Gemüter hinreißend. Einst hatten wir uns lange in dem Saale des Rubens und der vorzüglichsten Niederländer aufgehalten; als wir heraustraten, hing die »Himmelfahrt« von Guido[385] gerade gegenüber, da rief einer begeistert aus: »Ist es einem nicht zu Mute, als wenn man aus einer Schenke in gute Gesellschaft käme!« An meinem Teil konnt' ich mir gefallen lassen, daß die Meister, die mich noch vor kurzem über den Alpen entzückt, sich so herrlich zeigten und leidenschaftliche Bewunderung erweckten; doch sucht' ich mich auch mit den Niederländern bekannt zu machen, deren Tugenden und Vorzüge im höchsten Grade sich hier den Augen darstellten; ich fand mir Gewinn fürs ganze Leben.

Was mir aber noch mehr auffiel, war, daß ein gewisser Freiheitssinn, ein Streben nach Demokratie sich in die hohen

Stände verbreitet hatte; man schien nicht zu fühlen, was alles erst zu verlieren sei, um zu irgendeiner Art zweideutigen Gewinnes zu gelangen. Lafayettes und Mirabeaus Büste, von Houdon[386] sehr natürlich und ähnlich gebildet, sah ich hier göttlich verehrt, jenen wegen seiner ritterlichen und bürgerlichen Tugenden, diesen wegen Geisteskraft und Rednergewalt. So seltsam schwankte schon die Gesinnung der Deutschen; einige waren selbst in Paris gewesen, hatten die bedeutenden Männer reden hören, handeln sehen und waren, leider nach deutscher Art und Weise, zur Nachahmung aufgeregt worden, und das gerade zu einer Zeit, wo die Sorge für das linke Rheinufer sich in Furcht verwandelte.
Die Not schien dringend; Emigrierte füllten Düsseldorf, selbst die Brüder des Königs kamen an[387]; man eilte, sie zu sehen, ich traf sie auf der Galerie und erinnerte mich dabei, wie sie durchnäßt bei dem Auszuge aus Glorieux gesehen worden. Herr von Grimm[388] und Frau von Bueil[389] erschienen gleichfalls. Bei Überfüllung der Stadt hatte sie ein Apotheker aufgenommen; das Naturalienkabinett diente zum Schlafzimmer; Affen, Papageien und andres Getier belauschten den Morgenschlaf der liebenswürdigsten Dame; Muscheln und Korallen hinderten die Toilette, sich gehörig auszubreiten, und so war das Einquartierungsübel, das wir kaum erst nach Frankreich gebracht hatten, wieder zu uns herübergeführt.
Frau von Coudenhoven[390], eine schöne geistreiche Dame, sonst die Zierde des Mainzer Hofes, hatte sich auch hieher geflüchtet. Herr und Frau von Dohm[391] kamen von deutscher Seite heran, um von den Zuständen nähere Kenntnis zu nehmen.
Frankfurt war noch von den Franzosen besetzt[392], die Kriegsbewegungen hatten sich zwischen die Lahn und das Taunusgebirge gezogen; bei täglich abwechselnden, bald sichern, bald unsichern Nachrichten war das Gespräch lebhaft und geistreich, aber wegen streitenden Interesses und Meinungen gewährte es nicht immer eine erfreuliche Unterhaltung[393]. Ich konnte einer so problematischen, durchaus ungewissen, dem

Zufall unterworfenen Sache keinen Ernst abgewinnen und war mit meinen paradoxen Späßen mitunter aufheiternd, mitunter lästig.
So erinnere ich mich, daß an dem Abendtische der Frankfurter Bürger mit Ehren gedacht ward, sie sollten sich gegen Custine männlich und gut betragen haben; ihre Aufführung und Gesinnung, hieß es, steche gar sehr ab gegen die unerlaubte Weise, wie sich die Mainzer betragen und noch betrügen[394]. Frau von Coudenhoven, in dem Enthusiasmus, der sie sehr gut kleidete, rief aus: sie gäbe viel darum, eine Frankfurter Bürgerin zu sein. Ich erwiderte: das sei etwas Leichtes; ich wisse ein Mittel, werde es aber als Geheimnis für mich behalten. Da man nun heftig und heftiger in mich drang, erklärte ich zuletzt, die treffliche Dame dürfe mich nur heiraten, wodurch sie augenblicklich zur Frankfurter Bürgerin umgeschaffen werde. Allgemeines Gelächter!
Und was kam nicht alles zur Sprache! Als einst von der unglücklichen Campagne, besonders von der Kanonade bei Valmy die Rede war, versicherte Herr von Grimm: es sei von meinem wunderlichen Ritt ins Kanonenfeuer an des Königs Tafel die Rede gewesen; wahrscheinlich hatten die Offiziere, denen ich damals begegnete, davon gesprochen; das Resultat ging darauf hinaus: daß man sich darüber nicht wundern müsse, weil gar nicht zu berechnen sei, was man von einem seltsamen Menschen zu erwarten habe.
Auch ein sehr geschickter, geistreicher Arzt[395] nahm teil an unsern Halbsaturnalien[396], und ich dachte nicht in meinem Übermut, daß ich seiner so bald bedürfen würde. Er lachte daher, zu meinem Ärger, laut auf, als er mich im Bette fand, wo ein gewaltiges rheumatisches Übel, das ich mir durch Verkältung zugezogen, mich beinahe unbeweglich festhielt. Er, ein Schüler des Geheimerat Hoffmann, dessen tüchtige Wunderlichkeiten von Mainz und dem kurfürstlichen Hofe aus bis weit hinunter den Rhein gewirkt, verfuhr sogleich mit Kampfer, welcher fast als Universalmedizin galt. Löschpapier, Kreide daraufgerieben, sodann mit Kampfer bestreut, ward äußerlich, Kampfer gleichfalls, in kleinen Do-

sen, innerlich angewandt. Dem sei nun, wie ihm wolle, ich war in einigen Tagen hergestellt.

Die Langeweile jedoch des Leidens ließ mich manche Betrachtung anstellen, die Schwäche, die aus einem bettlägrigen Zustande gar leicht erfolgt, ließ mich meine Lage bedenklich finden; das Fortschreiten der Franzosen in den Niederlanden war bedeutend und durch den Ruf vergrößert, man sprach täglich und stündlich von neuangekommenen Ausgewanderten[397].

Mein Aufenthalt in Pempelfort war schon lang genug, und ohne die herzlichste Gastfreiheit der Familie hätte jeder glauben müssen, dort lästig zu sein; auch hatte sich mein Bleiben nur zufällig verlängert; ich erwartete täglich und stündlich meine böhmische Chaise, die ich nicht gern zurücklassen wollte; sie war von Trier schon in Koblenz angekommen und sollte von dort bald weiter herab spediert werden; da sie jedoch ausblieb, vermehrte sich die Ungeduld, die mich in den letzten Tagen ergriffen hatte. Jacobi überließ mir einen bequemen, obgleich an Eisen ziemlich schweren Reisewagen[398]. Alles zog, wie man hörte, nach Westfalen hinein, und die Brüder des Königs wollten dort ihren Sitz aufschlagen.

Und so schied ich denn mit dem wunderlichsten Zwiespalt[399]: die Neigung hielt mich in dem freundlichsten Kreise, der sich soeben auch höchst beunruhigt fühlte, und ich sollte die edelsten Menschen in Sorgen und Verwirrung hinter mir lassen, bei schrecklichem Weg und Wetter mich nun wieder in die wilde, wüste Welt hinauswagen, von dem Strome mit fortgezogen der unaufhaltsam eilenden Flüchtlinge, selbst mit Flüchtlingsgefühl.

Und doch hatte ich Aussicht unterwegs auf die angenehmste Einkehr, indem ich so nahe bei Münster die Fürstin Gallitzin nicht umgehen durfte.

Duisburg, Dezember[400]

Und so fand ich mich denn abermals, nach Verlauf von vier Wochen, zwar viele Meilen weit entfernt von dem Schauplatz unseres ersten Unheils, doch wieder in derselben Gesellschaft, in demselben Gedränge der Emigrierten, die nun, jenseits entschieden vertrieben, diesseits nach Deutschland strömten, ohne Hülfe und ohne Rat.

Zu Mittag in dem Gasthof etwas spät angekommen, saß ich am Ende der langen Tafel; Wirt und Wirtin, die mir als einem Deutschen den Widerwillen gegen die Franzosen schon ausgesprochen hatten, entschuldigten, daß alle guten Plätze von diesen unwillkommenen Gästen besetzt seien. Hiebei wurde bemerkt, daß unter ihnen, trotz aller Erniedrigung, Elend und zu befürchtender Armut, noch immer dieselbe Rangsucht und Unbescheidenheit gefunden werde.

Indem ich nun die Tafel hinaufsah, erblickt' ich ganz oben, quer vor, an der ersten Stelle einen alten, kleinen, wohlgestalteten Mann, von ruhigem, beinahe nichtigem Betragen. Er mußte vornehm sein, denn zwei Nebensitzende erwiesen ihm die größte Aufmerksamkeit, wählten die ersten und besten Bissen, ihm vorzulegen, und man hätte beinahe sagen können, daß sie ihm solche zum Munde führten. Mir blieb nicht lange verborgen, daß er, vor Alter seiner Sinne kaum mächtig, als ein bedauernswürdiges Automat, den Schatten eines früheren wohlhabenden und ehrenvollen Lebens kümmerlich durch die Welt schleppe, indessen zwei Ergebene ihm den Traum des vorigen Zustandes wieder herbeizuspiegeln trachteten.

Ich beschaute mir die übrigen; das bedenklichste Schicksal war auf allen Stirnen zu lesen, Soldaten, Kommissäre, Abenteurer vielleicht zu unterscheiden; alle waren still, denn jeder hatte seine eigene Not zu übertragen, sie sahen ein grenzenloses Elend vor sich.

Etwa in der Hälfte des Mittagsmahles kam noch ein hübscher junger Mann herein, ohne ausgezeichnete Gestalt oder irgendein Abzeichen; man konnte an ihm den Fußwanderer nicht verkennen. Er setzte sich still gegen mir über, nachdem er den Wirt um ein Couvert begrüßt hatte, und speiste, was man ihm nachholte und vorsetzte, mit ruhigem Betragen. Nach aufgehobener Tafel trat ich zum Wirt, der mir ins Ohr sagte: »Ihr Nachbar soll seine Zeche nicht teuer bezahlen!« Ich begriff nichts von diesen Worten; aber als der junge Mann sich näherte und fragte, was er schuldig sei, erwiderte der Wirt, nachdem er sich flüchtig über die Tafel umgeschaut, die Zeche sei ein Kopfstück[401]. Der Fremde schien betreten und sagte: das sei wohl ein Irrtum, denn er habe nicht allein ein gutes Mittagsessen gehabt, sondern auch einen Schoppen Wein; das müsse mehr betragen. Der Wirt antwortete darauf ganz ernsthaft: er pflege seine Rechnung selbst zu machen und die Gäste erlegten gerne, was er forderte. Nun zahlte der junge Mann, entfernte sich bescheiden und verwundert; sogleich aber löste mir der Wirt das Rätsel. »Dies ist der erste von diesem vermaledeiten Volke«, rief er aus, »der schwarz Brot gegessen hat; das mußte ihm zugute kommen.«

In Duisburg wußt' ich einen einzigen alten Bekannten, den ich aufzusuchen nicht versäumte; Professor Plessing[402] war es, mit dem sich vor vielen Jahren ein sentimental-romanhaftes Verhältnis anknüpfte, wovon ich hier das Nähere mitteilen will, da unsere Abendunterhaltung dadurch aus den unruhigsten Zeiten in die friedlichsten Tage versetzt wurde.

»Werther«, bei seinem Erscheinen in Deutschland[403], hatte keineswegs, wie man ihm vorwarf, eine Krankheit, ein Fieber erregt, sondern nur das Übel aufgedeckt, das in jungen Gemütern verborgen lag. Während eines langen und glücklichen Friedens hatte sich eine literarisch-ästhetische Ausbildung auf deutschem Grund und Boden, innerhalb der Nationalsprache, auf das schönste entwickelt; doch gesellte sich bald, weil der Bezug nur aufs Innere ging, eine gewisse Sentimentalität hinzu, bei deren Ursprung und Fortgang man den Einfluß von Yorik-Sterne[404] nicht verkennen darf: wenn auch sein Geist nicht über den Deutschen schwebte, so teilte sich sein Gefühl um desto lebhafter mit. Es entstand eine Art zärtlich-leidenschaftlicher Asketik, welche, da uns die humoristische Ironie des Briten nicht gegeben war, in eine leidige Selbstquälerei gewöhnlich ausarten mußte. Ich hatte mich persönlich von diesem Übel zu befreien gesucht und trachtete, nach meiner Überzeugung andern hülfreich zu sein; das aber war schwerer, als man denken konnte, denn eigentlich kam es drauf an, einem jeden gegen sich selbst beizustehen, wo denn von aller Hülfe, wie sie uns die äußere Welt anbietet, es sei Erkenntnis, Belehrung, Beschäftigung, Begünstigung, die Rede gar nicht sein konnte.

Hier müssen wir nun gar manche damals mit einwirkende Tätigkeiten stillschweigend übergehen, aber zu unseren Zwecken macht sich nötig, eines andern großen, für sich waltenden Bestrebens umständlicher zu gedenken.

Lavaters »Physiognomik«[405] hatte dem sittlich-geselligen Interesse eine ganz andere Wendung verliehen. Er fühlte sich im Besitz der geistigsten Kraft, jene sämtlichen Eindrücke zu deuten, welche des Menschen Gesicht und Gestalt auf einen jeden ausübt, ohne daß er sich davon Rechenschaft zu geben wüßte; da er aber nicht geschaffen war, irgendeine Abstraktion methodisch zu suchen, so hielt er sich am einzelnen Falle und also am Individuum.

Heinrich Lips[406], ein talentvoller junger Künstler, besonders geeignet zum Porträt, schloß sich fest an ihn, und sowohl zu Hause als auf der unternommenen Rheinreise kam er seinem Gönner nicht von der Seite. Nun ließ Lavater, teils aus Heißhunger nach grenzenloser Erfahrung, teils um soviel bedeutende Menschen als möglich an sein künftiges Werk zu gewöhnen und zu knüpfen, alle Personen abbilden, die nur einigermaßen durch Stand und Talent, durch Charakter und Tat ausgezeichnet ihm begegneten.

Dadurch kam denn freilich gar manches Individuum zur Evidenz, es ward etwas mehr wert, aufgenommen in einen so edlen Kreis, seine Eigenschaften wurden durch den deutsamen Meister hervorgehoben, man glaubte, sich einander näher zu kennen; und so ergab sich's aufs sonderbarste, daß

mancher einzelne in seinem persönlichen Wert entschieden hervortrat, der sich bisher im bürgerlichen Lebens- und Staatsgange ohne Bedeutung eingeordnet und eingeflochten gesehen.
Diese Wirkung war stärker und größer, als man sie denken mag; ein jeder fühlte sich berechtigt, von sich selbst als von einem abgeschlossenen, abgerundeten Wesen das Beste zu denken, und in seiner Einzelnheit vollständig gekräftigt, hielt er sich auch wohl für befugt, Eigenheiten, Torheiten und Fehler in den Komplex seines werten Daseins mit aufzunehmen. Dergleichen Erfolg konnte sich um so leichter entwickeln, als bei dem ganzen Verfahren die besondere individuelle Natur allein, ohne Rücksicht auf die allgemeine Vernunft, die doch alle Natur beherrschen soll, zur Sprache kam; dagegen war das religiose Element, worin Lavater schwebte, nicht hinreichend, eine sich immer mehr entscheidende Selbstgefälligkeit zu mildern, ja es entstand bei Frommgesinnten daraus eher ein geistlicher Stolz, der es dem natürlichen an Erhebung auch wohl zuvortat.
Was aber zugleich nach jener Epoche folgerecht auffallend hervorging, war die Achtung der Individuen untereinander. Namhafte ältere Männer wurden, wo nicht persönlich, doch im Bilde verehrt; und es durfte auch wohl ein junger Mann sich nur einigermaßen bedeutend hervortun, so war alsbald der Wunsch nach persönlicher Bekanntschaft rege, in deren Ermangelung man sich mit seinem Porträt begnügte; wobei denn die mit Sorgfalt und gutem Geschick aufs genauste gezogenen Schattenrisse willkommene Dienste leisteten. Jedermann war darin geübt, und kein Fremder zog vorüber, den man nicht abends an die Wand geschrieben hätte; die Storchschnäbel[407] durften nicht rasten.
»Menschenkenntnis« und »Menschenliebe« waren uns bei diesem Verfahren versprochen[408]; wechselseitige Teilnahme hatte sich entwickelt, wechselseitiges Kennen und Erkennen aber wollte sich so schnell nicht entfalten; zu beiden Zwekken jedoch war die Tätigkeit sehr groß, und was in diesem Sinne von einem herrlich begabten jungen Fürsten, von sei-

ner wohlgesinnten, geistreich-lebhaften Umgebung für Aufmunterung und Fördernis nah und fern gewirkt ward, wäre schön zu erzählen, wenn es nicht löblich schiene, die Anfänge bedeutender Zustände einem ehrwürdigen Dunkel anheimzugeben. Vielleicht sahen die Kotyledonen[409] jener Saat etwas wunderlich aus; der Ernte jedoch, woran das Vaterland und die Außenwelt ihren Anteil freudig dahinnahm, wird in den spätesten Zeiten noch immer ein dankbares Andenken nicht ermangeln.

Wer Vorgesagtes in Gedanken festhält und sich davon durchdringt, wird nachstehendes Abenteuer, welches beide Teilnehmende unter dem Abendessen vergnüglich in der Erinnerung belebten, weder unwahrscheinlich noch ungereimt finden.

Zu manchem andern, brieflichen und persönlichen Zudrang erhielt ich in der Hälfte des Jahres 1776 von Wernigerode datiert, Plessing unterzeichnet, ein Schreiben, vielmehr ein Heft, fast das Wunderbarste, was mir in jener selbstquälerischen Art vor Augen gekommen; man erkannte daran einen jungen, durch Schulen und Universität gebildeten Mann, dem nun aber sein sämtlich Gelerntes zu eigener, innerer, sittlicher Beruhigung nicht gedeihen wollte[410]. Eine geübte Handschrift war gut zu lesen, der Stil gewandt und fließend, und ob man gleich eine Bestimmung zum Kanzelredner darin entdeckte, so war doch alles frisch und brav aus dem Herzen geschrieben, daß man ihm einen gegenseitigen Anteil nicht versagen konnte. Wollte nun aber dieser Anteil lebhaft werden, suchte man sich die Zustände des Leidenden näher zu entwickeln, so glaubte man statt des Duldens Eigensinn, statt des Ertragens Hartnäckigkeit und statt eines sehnsüchtigen Verlangens abstoßendes Wegweisen zu bemerken. Da ward mir denn nach jenem Zeitsinn der Wunsch lebhaft rege, diesen jungen Mann von Angesicht zu sehen; ihn aber zu mir zu bescheiden, hielt ich nicht für rätlich. Ich hatte mir, unter bekannten Umständen, schon eine Zahl von jungen Männern aufgebürdet[411], die, anstatt mit mir auf meinem Wege einer reineren, höheren Bildung entgegenzugehen, auf dem ihrigen verharrend sich nicht besser befanden und mich in meinen Fortschritten hinderten. Ich ließ die Sache indessen hängen, von der Zeit irgendeine Vermittelung erwartend. Da erhielt ich einen zweiten kürzern, aber auch lebhafteren, heftigern Brief, worin der Schreiber auf Antwort und Erklärung drang und sie ihm nicht zu versagen mich feierlichst beschwor.

Aber auch dieser wiederholte Sturm brachte mich nicht aus der Fassung; die zweiten Blätter gingen mir so wenig als die ersten zu Herzen, aber die herrische Gewohnheit, jungen Männern meines Alters in Herzens- und Geistesnöten beizustehen, ließ mich sein doch nicht ganz vergessen.

Die um einen trefflichen jungen Fürsten versammelte weimarische Gesellschaft trennte sich nicht leicht, ihre Beschäftigungen und Unternehmungen, Scherze, Freuden und Leiden waren gemeinsam. Da ward nun zu Ende Novembers eine Jagdpartie auf wilde Schweine, notgedrungen auf das häufige Klagen des Landvolks, im Eisenachischen unternommen, der ich, als damaliger Gast, auch beizuwohnen hatte; ich erbat mir jedoch die Erlaubnis, nach einem kleinen Umweg mich anschließen zu dürfen.

Nun hatte ich einen wundersamen geheimen Reiseplan. Ich mußte nämlich, nicht nur etwa von Geschäftsleuten, sondern auch von vielen am Ganzen teilnehmenden Weimarern, öfter den lebhaften Wunsch hören, es möge doch das Ilmenauer Bergwerk wieder aufgenommen werden[412]. Nun ward von mir, der ich nur die allgemeinsten Begriffe von Bergbau allenfalls besaß, zwar weder Gutachten noch Meinung, doch Anteil verlangt, aber diesen konnt' ich an irgendeinem Gegenstand nur durch unmittelbares Anschauen gewinnen. Ich dachte mir unerläßlich, vor allen Dingen das Bergwesen in seinem ganzen Komplex, und wär' es auch nur flüchtig, mit Augen zu sehen und mit dem Geiste zu fassen, denn alsdann nur konnt' ich hoffen, in das Positive weiter einzudringen und mich mit dem Historischen zu befreunden. Deshalb hatt' ich mir längst eine Reise auf den Harz gedacht, und gerade jetzt, da ohnehin diese Jahrszeit in Jagdlust unter freiem Himmel zugebracht werden sollte, fühlte ich mich dahin getrieben. Alles Winterwesen hatte überdies in jener Zeit für mich große Reize, und was die Bergwerke betraf, so war ja in ihren Tiefen weder Winter noch Sommer merkbar; wobei ich zugleich gern bekenne, daß die Absicht, meinen wunderlichen Korrespondenten persönlich zu sehen und zu prüfen, wohl die Hälfte des Gewichtes meinem Entschluß hinzufügte.

Indem sich nun die Jagdlustigen nach einer andern Seite hin begaben, ritt ich ganz allein dem Ettersberge zu und begann jene Ode, die unter dem Titel »Harzreise im Winter« so lange als Rätsel unter meinen kleineren Gedichten Platz gefunden. Im düstern und von Norden her sich heranwälzenden Schneegewölk schwebte hoch ein Geier über mir. Die Nacht verblieb ich in Sondershausen und gelangte des andern Tags so bald nach Nordhausen, daß ich gleich nach Tische weiter zu gehen beschloß, aber mit Boten und Laterne nach mancherlei Gefährlichkeiten erst sehr spät in Ilfeld ankam.

Ein ansehnlicher Gasthof war glänzend erleuchtet[413], es schien ein besonderes Fest darin gefeiert zu werden. Erst wollte der Wirt mich gar nicht aufnehmen: die Kommissarien der höchsten Höfe, hieß es, seien schon lange hier beschäftigt, wichtige Einrichtungen zu treffen und verschiedene Interessen zu vereinbaren, und da dies nun glücklich vollendet sei, gäben sie heute abend einen allgemeinen Schmaus. Auf dringende Vorstellung jedoch und einige Winke des Boten, daß man mit mir nicht übel fahre, erbot sich der Mann, mir den Bretterverschlag in der Wirtsstube, seinen eigentlichen Wohnsitz, und zugleich sein weiß zu überziehendes Ehebett einzuräumen. Er führte mich durch das weite, hell erleuchtete Wirtszimmer, da ich mir denn im Vorbeigehen die sämtlichen munteren Gäste flüchtig beschaute.

Doch sie sämtlich zu meiner Unterhaltung näher zu betrachten, gab mir in den Brettern des Verschlags eine Astlücke die beste Gelegenheit, die, seine Gäste zu belauschen, dem Wirte selbst oft dienen mochte. Ich sah die lange und wohlerleuchtete Tafel von unten hinauf, ich überschaute sie, wie man oft die Hochzeit von Kana gemalt sieht; nun musterte ich bequem von oben bis herab also: Vorsitzende, Räte, andere Teilnehmende, und dann immer so weiter, Sekretarien, Schreiber und Gehülfen. Ein glücklich geendigtes, beschwerliches Geschäft schien eine Gleichheit aller tätig Teilnehmenden zu bewirken, man schwatzte mit Freiheit, trank Gesundheiten, wechselte Scherz um Scherz, wobei einige Gäste bezeichnet schienen, Witz und Spaß an ihnen zu üben; genug, es war ein fröhliches, bedeutendes Mahl, das ich bei dem hellsten Kerzenscheine in seinen Eigentümlichkeiten ruhig beobachten konnte, eben als wenn der hinkende Teufel[414] mir zur Seite stehe und einen ganz fremden Zustand unmittelbar zu beschauen und zu erkennen mich begünstigte. Und wie dies mir nach der düstersten Nachtreise in den Harz hinein ergötzlich gewesen, werden die Freunde solcher Abenteuer beurteilen. Manchmal schien es mir ganz gespensterhaft, als säh' ich in einer Berghöhle wohlgemute Geister sich erlustigen.

Nach einer wohldurchschlafenen Nacht eilte ich frühe, von einem Boten abermals geleitet, der Baumannshöhle zu, ich durchkroch sie und betrachtete mir das fortwirkende Naturereignis ganz genau[415]. Schwarze Marmormassen aufgelöst, zu weißen krystallinischen Säulen und Flächen wieder hergestellt, deuteten mir auf das fortwebende Leben der Natur. Freilich verschwanden vor dem ruhigen Blick alle die Wunderbilder, die sich eine düster wirkende Einbildungskraft so gern aus formlosen Gestalten erschaffen mag; dafür blieb aber auch das eigne, wahre desto reiner zurück, und ich fühlte mich dadurch gar schön bereichert.

Wieder ans Tageslicht gelangt, schrieb ich die notwendigsten Bemerkungen, zugleich aber auch mit ganz frischem Sinn die ersten Strophen des Gedichts, das unter dem Titel »Harzreise im Winter« die Aufmerksamkeit mancher Freunde bis auf die letzten Zeiten erregt hat; davon mögen denn die Strophen, welche sich auf den nun bald zu erblickenden wunderlichen Mann beziehen, hier Platz finden, weil sie mehr als viele Worte den damaligen liebevollen Zustand meines Innern auszusprechen geeignet sind.

Aber abseits wer ist's?
Ins Gebüsch verliert sich sein Pfad,
Hinter ihm schlagen
Die Sträuche zusammen,
Das Gras steht wieder auf,
Die Öde verschlingt ihn.

Ach! wer heilet die Schmerzen
Des, dem Balsam zu Gift ward?
Der sich Menschenhaß
Aus der Fülle der Liebe trank?
Erst verachtet, nun ein Verächter,
Zehrt er heimlich auf
Seinen eigenen Wert
In ungnügender Selbstsucht.

Ist auf deinem Psalter,
Vater der Liebe, ein Ton
Seinem Ohr vernehmlich,
So erquicke sein Herz!
Öffne den umwölkten Blick
Über die tausend Quellen
Neben dem Durstenden
In der Wüste.

Im Gasthof zu Wernigerode angekommen[416], ließ ich mich mit dem Kellner in ein Gespräch ein, ich fand ihn als einen sinnigen Menschen, der seine städtischen Mitgenossen ziemlich zu kennen schien. Ich sagt' ihm darauf, es sei meine Art, wenn ich an einem fremden Ort ohne besondere Empfehlung anlangte, mich nach jüngern Personen zu erkundigen, die sich durch Wissenschaft und Gelehrsamkeit auszeichneten; er möge mir daher jemanden der Art nennen, damit ich einen angenehmen Abend zubrächte. Darauf erwiderte ohne

weiteres Bedenken der Kellner: es werde mir gewiß mit der Gesellschaft des Herrn Plessing[417] gedient sein, dem Sohne des Superintendenten; als Knabe sei er schon in Schulen ausgezeichnet worden und habe noch immer den Ruf eines fleißigen guten Kopfs, nur wolle man seine finstere Laune tadeln und nicht gut finden, daß er mit unfreundlichem Betragen sich aus der Gesellschaft ausschließe. Gegen Fremde sei er zuvorkommend, wie Beispiele bekannt wären; wollte ich angemeldet sein, so könne es sogleich geschehen.
Der Kellner brachte mir bald eine bejahende Antwort und führte mich hin. Es war schon Abend geworden, als ich in ein großes Zimmer des Erdgeschosses, wie man es in geistlichen Häusern antrifft, hineintrat und den jungen Mann in der Dämmerung noch ziemlich deutlich erblickte. Allein an einigen Symptomen konnt' ich bemerken, daß die Eltern eilig das Zimmer verlassen hatten, um dem unvermuteten Gaste Platz zu machen.
Das hereingebrachte Licht ließ mich den jungen Mann nunmehr ganz deutlich erkennen, er glich seinem Briefe völlig, und so wie jenes Schreiben erregte er Interesse, ohne Anziehungskraft auszuüben.
Um ein näheres Gespräch einzuleiten, erklärt' ich mich für einen Zeichenkünstler von Gotha, der wegen Familienangelegenheiten in dieser unfreundlichen Jahrszeit Schwester und Schwager in Braunschweig zu besuchen habe[418].
Mit Lebhaftigkeit fiel er mir beinahe ins Wort und rief aus: »Da Sie so nahe an Weimar wohnen, so werden Sie doch auch diesen Ort, der sich so berühmt macht, öfters besucht haben.« Dieses bejaht' ich ganz einfach und fing an, von Rat Kraus[419], von der Zeichenschule, von Legationsrat Bertuch[420] und dessen unermüdeter Tätigkeit zu sprechen; ich vergaß weder Musäus noch Jagemann[421], Kapellmeister Wolf[422] und einige Frauen und bezeichnete den Kreis, den diese wackern Personen abschlossen und jeden Fremden willig und freundlich unter sich aufnahmen.
Endlich fuhr er etwas ungeduldig heraus: »Warum nennen Sie denn Goethe nicht?« Ich erwiderte, daß ich diesen auch

wohl in gedachtem Kreise als willkommenen Gast gesehen und von ihm selbst persönlich als fremder Künstler wohl aufgenommen und gefördert worden, ohne daß ich weiter viel von ihm zu sagen wisse, da er teils allein, teils in andern Verhältnissen lebe.

Der junge Mann, der mit unruhiger Aufmerksamkeit zugehört hatte, verlangte nunmehr mit einigem Ungestüm, ich solle ihm das seltsame Individuum schildern, das soviel von sich reden mache. Ich trug ihm darauf mit großer Ingenuität[423] eine Schilderung vor, die für mich nicht schwer wurde, da die seltsame Person in der seltsamsten Lage mir gegenwärtig stand, und wäre ihm von der Natur nur etwas mehr Herzenssagazität[424] gegönnt gewesen, so konnte ihm nicht verborgen bleiben, daß der vor ihm stehende Gast sich selbst schildere.

Er war einigemal im Zimmer auf und ab gegangen, indes die Magd hereintrat, eine Flasche Wein und sehr reinlich bereitetes kaltes Abendbrot auf den Tisch setzte; er schenkte beiden ein, stieß an und schluckte das Glas sehr lebhaft hinunter. Und kaum hatte ich mit etwas gemäßigtern Zügen das meinige geleert, ergriff er heftig meinen Arm und rief: »Oh, verzeihen Sie meinem wunderlichen Betragen! Sie haben mir aber soviel Vertrauen eingeflößt, daß ich Ihnen alles entdecken muß. Dieser Mann, wie Sie mir ihn beschreiben, hätte mir doch antworten sollen; ich habe ihm einen ausführlichen, herzlichen Brief geschickt, ihm meine Zustände, meine Leiden geschildert, ihn gebeten, sich meiner anzunehmen, mir zu raten, mir zu helfen, und nun sind schon Monate verstrichen, ich vernehme nichts von ihm; wenigstens hätte ich ein ablehnendes Wort auf ein so unbegrenztes Vertrauen wohl verdient.«

Ich erwiderte darauf, daß ich ein solches Benehmen weder erklären noch entschuldigen könne, soviel wisse ich aber, aus eigener Erfahrung, daß ein gewaltiger, sowohl ideeller als reeller Zudrang diesen sonst wohlgesinnten, wohlwollenden und hülfsfertigen jungen Mann oft außer Stande setze, sich zu bewegen, geschweige zu wirken.

»Sind wir zufällig soweit gekommen«, sprach er darauf mit einiger Fassung, »den Brief muß ich Ihnen vorlesen, und Sie sollen urteilen, ob er nicht irgendeine Antwort, irgendeine Erwiderung verdiente.«

Ich ging im Zimmer auf und ab, die Vorlesung zu erwarten, ihrer Wirkung schon beinahe ganz gewiß, deshalb nicht weiter nachdenkend, um mir selbst in einem so zarten Falle nicht vorzugreifen. Nun saß er gegen mir über und fing an, die Blätter zu lesen, die ich in- und auswendig kannte, und vielleicht war ich niemals mehr von der Behauptung der Physiognomisten überzeugt, ein lebendiges Wesen sei in allem seinem Handeln und Betragen vollkommen übereinstimmend mit sich selbst und jede in die Wirklichkeit hervorgetretene Monas[425] erzeige sich in vollkommener Einheit ihrer Eigentümlichkeiten. Der Lesende paßte völlig zu dem Gelesenen, und wie dieses früher in der Abwesenheit mich nicht ansprach, so war es nun auch mit der Gegenwart; man konnte zwar dem jungen Mann eine Achtung nicht versagen, eine Teilnahme, die mich denn auch auf einen so wunderlichen Weg geführt hatte: denn ein ernstliches Wollen sprach sich aus, ein edler Sinn und Zweck; aber obschon von den zärtlichsten Gefühlen die Rede war, blieb der Vortrag ohne Anmut, und eine ganz eigens beschränkte Selbstigkeit tat sich kräftig hervor. Als er nun geendet hatte, fragte er mit Hast, was ich dazu sage? und ob ein solches Schreiben nicht eine Antwort verdient, ja gefordert hätte?

Indessen war mir der bedauernswürdige Zustand dieses jungen Mannes immer deutlicher geworden; er hatte nämlich von der Außenwelt niemals Kenntnis genommen, dagegen sich durch Lektüre mannigfaltig ausgebildet, alle seine Kraft und Neigung aber nach innen gewendet und sich auf diese Weise, da er in der Tiefe seines Lebens kein produktives Talent fand, so gut als zugrunde gerichtet; wie ihm denn sogar Unterhaltung und Trost, dergleichen uns aus der Beschäftigung mit alten Sprachen so herrlich zu gewinnen offen steht, völlig abzugehen schien.

Da ich an mir und andern schon glücklich erprobt hatte, daß

in solchem Fall eine rasche, gläubige Wendung gegen die Natur und ihre grenzenlose Mannigfaltigkeit das beste Heilmittel sei, so wagt' ich alsobald den Versuch, es auch in diesem Falle anzuwenden und ihm daher nach einigem Bedenken folgendermaßen zu antworten:

»Ich glaube zu begreifen, warum der junge Mann, auf den Sie so viel Vertrauen gesetzt, gegen Sie stumm geblieben, denn seine jetzige Denkweise weicht zu sehr von der Ihrigen ab, als daß er hoffen dürfte, sich mit Ihnen verständigen zu können. Ich habe selbst einigen Unterhaltungen in jenem Kreise beigewohnt und behaupten hören: man werde sich aus einem schmerzlichen, selbstquälerischen, düstern Seelenzustande nur durch Naturbeschauung und herzliche Teilnahme an der äußern Welt retten und befreien. Schon die allgemeinste Bekanntschaft mit der Natur, gleichviel von welcher Seite, ein tätiges Eingreifen, sei es als Gärtner oder Landbebauer, als Jäger oder Bergmann, ziehe uns von uns selbst ab; die Richtung geistiger Kräfte auf wirkliche, wahrhafte Erscheinungen gebe nach und nach das größte Behagen, Klarheit und Belehrung: wie denn der Künstler, der sich treu an der Natur halte und zugleich sein Inneres auszubilden suche, gewiß am besten fahren werde.«

Der junge Freund schien darüber sehr unruhig und ungeduldig, wie man über eine fremde oder verworrene Sprache, deren Sinn wir nicht vernehmen, ärgerlich zu werden anfängt. Ich darauf, ohne sonderliche Hoffnung eines glücklichen Erfolgs, eigentlich aber um nicht zu verstummen, fuhr zu reden fort. »Mir, als Landschaftsmaler«, sagte ich, »mußte dies zu allererst einleuchten, da ja meine Kunst unmittelbar auf die Natur gewiesen ist; doch habe ich seit jener Zeit emsiger und eifriger als bisher nicht etwa nur ausgezeichnete und auffallende Naturbilder und Erscheinungen betrachtet, sondern mich zu allem und jedem liebevoll hingewendet.« Damit ich mich nun aber nicht ins Allgemeine verlöre, erzählte ich, wie mir sogar diese notgedrungene Winterreise, anstatt beschwerlich zu sein, dauernden Genuß gewährt; ich schilderte ihm, mit malerischer Poesie und doch so unmittelbar und natürlich, als ich nur konnte, den Vorschritt meiner Reise, jenen morgendlichen Schneehimmel über den Bergen, die mannigfaltigsten Tageserscheinungen, dann bot ich seiner Einbildungskraft die wunderlichen Turm- und Mauerbefestigungen von Nordhausen, gesehen bei hereinbrechender Abenddämmerung, ferner die nächtlich rauschenden, von des Boten Laterne zwischen Bergschluchten flüchtig erleuchtet blinkenden Gewässer und gelangte sodann zur Baumannshöhle. Hier aber unterbrach er mich lebhaft und versicherte: der kurze Weg, den er daran gewendet, gereue ihn ganz eigentlich; sie habe keineswegs dem Bilde sich gleichgestellt, das er in seiner Phantasie entworfen. Nach dem Vorhergegangnen konnten mich solche krankhafte Symptome nicht verdrießen: denn wie oft hatte ich erfahren müssen, daß der Mensch den Wert einer klaren Wirklichkeit gegen ein trübes Phantom seiner düstern Einbildungskraft von sich ablehnt. Ebensowenig war ich verwundert, als er auf meine Frage, wie er sich denn die Höhle vorgestellt habe, eine Beschreibung machte, wie kaum der kühnste Theatermaler den Vorhof des Plutonischen Reiches darzustellen gewagt hätte.

Ich versuchte hierauf noch einige propädeutische[426] Wendungen als Versuchsmittel einer zu unternehmenden Kur; ich ward aber mit der Versicherung, es könne und solle ihm nichts in dieser Welt genügen, so entschieden abgewiesen, daß mein Innerstes sich zuschloß und ich mein Gewissen durch den beschwerlichen Weg, im Bewußtsein des besten Willens, völlig befreit und mich gegen ihn von jeder weiteren Pflicht entbunden glaubte.

Es war schon spät geworden, als er mir den zweiten, noch heftigern, mir gleichfalls nicht unbekannten brieflichen Erlaß vorlesen wollte, doch aber meine Entschuldigung wegen allzugroßer Müdigkeit gelten ließ, indem er zugleich eine Einladung auf morgen zu Tische im Namen der Seinigen dringend hinzufügte; wogegen ich mir die Erklärung auf morgen ganz in der Frühe vorbehielt. Und so schieden wir friedlich und schicklich; seine Persönlichkeit ließ einen ganz

individuellen Eindruck zurück. Er war von mittlerer Größe, seine Gesichtszüge hatten nichts Anlockendes, aber auch nichts eigentlich Abstoßendes, sein düsteres Wesen erschien nicht unhöflich, er konnte vielmehr für einen wohlerzogenen jungen Mann gelten, der sich in der Stille auf Schulen und Akademien zu Kanzel und Lehrstuhl vorbereitet hatte.
Heraustretend, fand ich den völlig aufgehellten Himmel von Sternen blinken, Straßen und Plätze mit Schnee überdeckt, blieb auf einem schmalen Steg ruhig stehn und beschaute mir die winternächtliche Welt. Zugleich überdacht' ich das Abenteuer und fühlte mich fest entschlossen, den jungen Mann nicht wieder zu sehen; in Gefolg dessen bestellt' ich mein Pferd auf Tagesanbruch, übergab ein anonymes entschuldigendes Bleistiftblättchen dem Kellner, dem ich zugleich soviel Gutes und Wahres von dem jungen Manne, den er mir bekannt gemacht, zu sagen wußte, welches denn der gewandte Bursche mit eigner Zufriedenheit gewiß wohl benutzt haben mag.
Nun ritt ich an dem Nordosthange des Harzes im grimmigen, mich zur Seite bestürmenden Stöberwetter, nachdem ich vorher den Rammelsberg, Messinghütten und die sonstigen Anstalten der Art beschaut und ihre Weise mir eingeprägt hatte, nach Goslar[427], wovon ich diesmal nicht weiter erzähle, da ich mich künftig mit meinen Lesern darüber umständlich zu unterhalten hoffe[428].
Ich wüßte nicht, wieviel Zeit vorübergegangen, ohne daß ich etwas weiter von dem jungen Manne gehört hätte, als unerwartet an einem Morgen mir ein Billet ins Gartenhaus bei Weimar[429] zukam, wodurch er sich anmeldete[430]; ich schrieb ihm einige Worte dagegen, er werde mir willkommen sein. Ich erwartete nun einen seltsamen Erkennungsauftritt, allein er blieb hereintretend ganz ruhig und sprach: »Ich bin nicht überrascht, Sie hier zu finden, die Handschrift Ihres Billets rief mir so deutlich jene Züge wieder ins Gedächtnis, die Sie, aus Wernigerode scheidend, mir hinterließen, daß ich keinen Augenblick zweifelte, jenen geheimnisvollen Reisenden abermals hier zu finden.«

Schon dieser Eingang war erfreulich, und es eröffnete sich ein trauliches Gespräch, worin er mir seine Lage zu entwickeln trachtete und ich ihm dagegen meine Meinung nicht vorenthielt. Inwiefern sich seine innern Zustände wirklich gebessert hatten, wüßt' ich nicht mehr anzugeben, es mußte aber damit nicht so gar schlimm aussehen, denn wir schieden nach mehreren Gesprächen friedlich und freundlich, nur daß ich sein heftiges Begehren nach leidenschaftlicher Freundschaft und innigster Verbindung nicht erwidern konnte.
Noch eine Zeitlang unterhielten wir ein briefliches Verhältnis; ich kam in den Fall, ihm einige reelle Dienste zu leisten, deren er sich denn auch bei gegenwärtiger Zusammenkunft dankbar erinnerte, so wie denn überhaupt das Zurückschauen in jene früheren Tage beiden Teilen einige angenehme Stunden gewährte. Er, nach wie vor immer nur mit sich selbst beschäftigt, hatte viel zu erzählen und mitzuteilen. Ihm war geglückt, im Laufe der Jahre sich den Rang eines geachteten Schriftstellers zu erwerben, indem er die Geschichte älterer Philosophie ernstlich behandelte[431], besonders derjenigen, die sich zum Geheimnis neigt, woraus er denn die Anfänge und Urzustände der Menschen abzuleiten trachtete. Seine Bücher, die er mir, wie sie herauskamen, zusendete, hatte ich freilich nicht gelesen; jene Bemühungen lagen zu weit von demjenigen ab, was mich interessierte.
Seine gegenwärtigen Zustände fand ich auch keineswegs behaglich; er hatte Sprach- und Geschichtskenntnisse, die er, so lange versäumt und abgelehnt, endlich mit wütender Anstrengung erstürmt und durch dieses geistige Unmaß sein physisches zerrüttet; zudem schienen seine ökonomischen Umstände nicht die besten, wenigstens erlaubte sein mäßiges Einkommen ihm nicht, sich sonderlich zu pflegen und zu schonen; auch hatte sich das düstere jugendliche Treiben nicht ganz ausgleichen können; noch immer schien er einem Unerreichbaren nachzustreben, und als die Erinnerung früherer Verhältnisse endlich erschöpft war, so wollte keine eigentlich frohe Mitteilung stattfinden. Meine gegenwärtige Art zu sein konnte fast noch entfernter von der seinigen als

jemals angesehen werden. Wir schieden jedoch in dem besten Vernehmen, aber auch ihn verließ ich in Furcht und Sorge wegen der drangvollen Zeit.
Den verdienten Merrem[432] besuchte ich gleichfalls, dessen schöne naturhistorische Kenntnisse alsbald eine frohere Unterhaltung gewährten. Er zeigte mir manches Bedeutende vor, schenkte mir sein Werk über die Schlangen[433], und so ward ich aufmerksam auf seinen weitern Lebensgang, woraus mir mancher Nutzen erwuchs; denn das ist der höchst erfreuliche Vorteil von Reisen, daß einmal erkannte Persönlichkeiten und Lokalitäten unsern Anteil zeitlebens nicht loslassen.

Münster, Dezember 1792[434]

Der Fürstin[435] angemeldet, hoffte ich gleich den behaglichsten Zustand; allein ich sollte noch vorher eine zeitgemäße Prüfung erdulden: denn auf der Fahrt von mancherlei Hindernissen aufgehalten, gelangte ich erst tief in der Nacht zur Stadt. Ich hielt nicht für schicklich, durch einen solchen Überfall gleich beim Eintritt die Gastfreundschaft in diesem Grade zu prüfen; ich fuhr daher an einen Gasthof, wo mir aber Zimmer und Bette durchaus versagt wurde; die Emigrierten hatten sich in Masse auch hierher geworfen und jeden Winkel gefüllt. Unter diesen Umständen bedachte ich mich nicht lange und brachte die Stunden auf einem Stuhle in der Wirtsstube hin, immer noch bequemer als vor kurzem, da beim dichtesten Regenwetter von Dach und Fach nichts zu finden war.
Auf diese geringe Entbehrung erfuhr ich den andern Morgen das Allerbeste. Die Fürstin ging mir entgegen, ich fand in ihrem Hause zu meiner Aufnahme alles vorbereitet. Das Verhältnis von meiner Seite war rein, ich kannte die Glieder des Zirkels[436] früher genugsam, ich wußte, daß ich in einen frommen, sittlichen Kreis hereintrat, und betrug mich darnach. Von jener Seite benahm man sich gesellig, klug und nicht beschränkend.
Die Fürstin hatte uns vor Jahren in Weimar besucht, mit

von Fürstenberg und Hemsterhuis[437]; auch ihre Kinder waren von der Gesellschaft; damals verglich man sich schon über gewisse Punkte und schied, einiges zugebend, anderes duldend, im besten Vernehmen. Sie war eines der Individuen, von denen man sich gar keinen Begriff machen kann, wenn man sie nicht gesehen hat, die man nicht richtig beurteilt, wenn man eben diese Individualität nicht in Verbindung, so wie im Konflikt mit ihrer Zeitumgebung betrachtet. Von Fürstenberg und Hemsterhuis, zwei vorzügliche Männer, begleiteten sie treulich, und in einer solchen Gesellschaft war das Gute sowie das Schöne immerfort wirksam und unterhaltend. Letzterer war indessen gestorben, jener nunmehr um so viel Jahre älter, immer derselbe verständige, edle, ruhige Mann; und welche sonderbare Stellung in der Mitwelt! Geistlicher, Staatsmann, so nahe, den Fürstenthron zu besteigen.

Die ersten Unterhaltungen, nachdem das persönliche Andenken früherer Zeit sich ausgesprochen hatte, wandten sich auf Hamann[438], dessen Grab, in der Ecke des entlaubten Gartens, mir bald in die Augen schien.

Seine großen, unvergleichlichen Eigenschaften gaben zu herrlichen Betrachtungen Anlaß; seine letzten Tage jedoch blieben unbesprochen; der Mann, der diesem endlich erwählten Kreise so bedeutend und erfreulich gewesen, ward im Tode den Freunden einigermaßen unbequem; man mochte sich über sein Begräbnis entscheiden wie man wollte, so war es außer der Regel.

Den Zustand der Fürstin, nahe gesehen, konnte man nicht anders als liebevoll betrachten; sie kam früh zum Gefühl, daß die Welt uns nichts gebe, daß man sich in sich selbst zurückziehen, daß man in einem innern, beschränkten Kreise um Zeit und Ewigkeit besorgt sein müsse. Beides hatte sie erfaßt; das höchste Zeitliche fand sie im Natürlichen, und hier erinnere man sich Rousseauischer Maximen über bürgerliches Leben und Kinderzucht[439]. Zum einfältigen Wahren wollte man in allem zurückkehren, Schnürbrust und Absatz verschwanden, der Puder zerstob, die Haare fielen in natürlichen Locken. Ihre Kinder lernten schwimmen und rennen, vielleicht auch balgen und ringen. Diesmal hätte ich die Tochter kaum wiedergekannt[440]; sie war gewachsen und stämmiger geworden, ich fand sie verständig, liebenswert, haushälterisch, dem halb klösterlichen Leben sich fügend und widmend. So war es mit dem zeitlich Gegenwärtigen; das ewige Künftige hatten sie in einer Religion gefunden[441], die das, was andere lehrend hoffen lassen, heilig beteuernd zusagt und verspricht.

Aber als die schönste Vermittelung zwischen beiden Welten entsproßte Wohltätigkeit, die mildeste Wirkung einer ernsten Asketik; das Leben füllte sich aus mit Religionsübung und Wohltun; Mäßigkeit und Genügsamkeit sprach sich aus in der ganzen häuslichen Umgebung, jedes tägliche Bedürfnis ward reichlich und einfach befriedigt, die Wohnung selbst aber, Hausrat und alles, dessen man sonst benötigt ist, erschien weder elegant noch kostbar; es sah eben aus, als wenn man anständig zur Miete wohne. Eben dies galt von Fürstenbergs häuslicher Umgebung; er bewohnte einen Palast, aber einen fremden, den er seinen Kindern nicht hinterlassen sollte[442]. Und so bewies er sich in allem sehr einfach, mäßig, genügsam, auf innerer Würde beruhend, alles Äußere verschmähend, so wie die Fürstin auch.

Innerhalb dieses Elementes bewegte sich die geistreichste, herzlichste Unterhaltung, ernsthaft, durch Philosophie vermittelt, heiter durch Kunst, und wenn man bei jener selten von gleichen Prinzipien ausgeht, so freut man sich, bei dieser meist Übereinstimmung zu finden.

Hemsterhuis, Niederländer, fein gesinnt, zu den Alten von Jugend auf gebildet, hatte sein Leben der Fürstin gewidmet sowie seine Schriften, die durchaus von wechselseitigem Vertrauen und gleichem Bildungsgange das unverwüstlichste Zeugnis ablegen.

Mit eigener scharfsinniger Zartheit wurde dieser schätzenswerte Mann dem Geistig-Sittlichen sowie dem Sinnlich-Ästhetischen unermüdet nachzustreben geleitet. Muß man von jenem sich durchdringen, so soll man von diesem immer umgeben sein; daher ist für einen Privatmann, der sich nicht in großen Räumen ergehen und selbst auf Reisen einen gewohnten Kunstgenuß nicht entbehren kann, eine Sammlung geschnittener Steine höchst wünschenswert; ihn begleitet überall das Erfreulichste, ein belehrendes Kostbares ohne Belästigung, und er genießt ununterbrochen des edelsten Besitzes.

Um aber dergleichen zu erlangen, ist nicht genug, daß man wolle; zum Vollbringen gehört, außer dem Vermögen, vor allen Dingen Gelegenheit. Unser Freund entbehrte dieser nicht; auf der Scheide von Holland und England wohnend, die fortdauernde Handelsbewegung, die darin auch hin- und herwogenden Kunstschätze beobachtend, gelangte er nach und nach durch Kauf- und Tauschversuche zu einer schönen Sammlung von etwa siebenzig Stücken, wobei ihm Rat und Belehrung des trefflichen Steinschneiders Natter[443] für die sicherste Beihülfe galt.

Diese Sammlung hatte die Fürstin zum größten Teile entstehen sehen, Einsicht, Geschmack und Liebe daran gewonnen, und besaß sie nun als Nachlaß eines abgeschiedenen Freundes, der in diesen Schätzen immer als gegenwärtig erschien.

Hemsterhuis' Philosophie[444], die Fundamente derselben, seinen Ideengang konnt' ich mir nicht anders zu eigen machen, als wenn ich sie in meine Sprache übersetzte. Das Schöne und das an demselben Erfreuliche sei, so sprach er sich aus, wenn wir die größte Menge von Vorstellungen in *einem* Moment bequem erblicken und fassen; ich aber mußte sagen: das Schöne sei, wenn wir das gesetzmäßig Lebendige in seiner größten Tätigkeit und Vollkommenheit schauen, wodurch wir, zur Reproduktion gereizt, uns gleichfalls lebendig und in höchste Tätigkeit versetzt fühlen. Genau betrachtet, ist eins und eben dasselbe gesagt, nur von verschiedenen Menschen ausgesprochen, und ich enthalte mich, mehr zu sagen; denn das Schöne ist nicht sowohl leistend als versprechend, dagegen das Häßliche, aus einer Stockung entstehend, selbst

stocken macht und nichts hoffen, begehren und erwarten läßt.
Ich glaubte mir auch den »Brief über die Skulptur«[445] hiernach meinem Sinne gemäß zu deuten; ferner schien mir das Büchlein »Über das Begehren«[446] auf diesem Wege klar: denn wenn das heftig verlangte Schöne in unsern Besitz kommt, so hält es nicht immer im einzelnen, was es im ganzen versprach, und so ist es offenbar, daß dasjenige, was uns als Ganzes aufregte, im einzelnen nicht durchaus befriedigen wird.
Diese Betrachtungen waren um so bedeutender, als die Fürstin ihren Freund heftig nach Kunstwerken verlangen, aber im Besitz erkalten gesehen, was er so scharfsinnig und liebenswürdig in obgemeldetem Büchlein ausgeführt hatte. Dabei hat man freilich den Unterschied zu bedenken, ob der Gegenstand des für ihn empfundenen Enthusiasmus würdig sei; ist er es, so muß Freude und Bewunderung immer daran wachsen, sich stets erneuen; ist er es nicht ganz, so geht das Thermometer um einige Grade zurück, und man gewinnt an Einsicht, was man an Vorurteil verlor. Deshalb es wohl ganz richtig ist, daß man Kunstwerke kaufen müsse, um sie kennenzulernen, damit das Verlangen aufgehoben und der wahre Wert festgestellt werde. Indessen muß auch hier Sehnsucht und Befriedigung in einem pulsierenden Leben miteinander abwechseln, sich gegenseitig ergreifen und loslassen, damit der einmal Betrogene nicht aufhöre zu begehren.
Wie empfänglich die Sozietät, in der ich mich befand, für solche Gespräche sein mochte, wird derjenige am besten beurteilen, der von Hemsterhuis' Werken Kenntnis genommen hat, welche, in diesem Kreise entsprungen, ihm auch Leben und Nahrung verdankten.
Zu den geschnittenen Steinen aber wieder zurückzukehren, war mehrmals höchst erfreulich; und man mußte dies gewiß als einen der sonderbarsten Fälle ansehen, daß gerade die Blüte des Heidentums in einem christlichen Hause verwahrt und hoch geschätzt werden sollte. Ich versäumte nicht, die

allerliebsten Motive hervorzuheben, die aus diesen würdigen kleinen Gebilden dem Auge entgegensprangen. Auch hier durfte man sich nicht verleugnen, daß Nachahmung großer, würdiger älterer Werke, die für uns ewig verloren wären, in diesen engen Räumen juwelenhaft aufgehoben worden, und es fehlte fast an keiner Art. Der tüchtigste Herkules, mit Epheu bekränzt, durfte seinen kolossalen Ursprung nicht verleugnen; ein ernstes Medusenhaupt, ein Bacchus, der ehemals im Mediceischen Kabinett verwahrt worden, allerliebste Opfer und Bacchanalien und zu allem diesem die schätzbarsten Porträte von bekannten und unbekannten Personen mußten bei wiederholter Betrachtung bewundert werden.

Aus solchen Gesprächen, die ungeachtet ihrer Höhe und Tiefe nicht Gefahr liefen, sich ins Abstruse zu verlieren, schien eine Vereinigung hervorzugehen, indem jede Verehrung eines würdigen Gegenstandes immer von einem religiosen Gefühl begleitet ist. Doch konnte man sich nicht verbergen, daß die reinste christliche Religion mit der wahren bildenden Kunst immer sich zwiespältig befinde, weil jene sich von der Sinnlichkeit zu entfernen strebt, diese nun aber das sinnliche Element als ihren eigentlichsten Wirkungskreis anerkennt und darin beharren muß. In diesem Geiste schrieb ich nachstehendes Gedicht augenblicklich nieder[447]:

Amor, nicht aber das Kind, der Jüngling, der Psychen verführte,
  Sah im Olympus sich um, frech und der Siege gewohnt;
Eine Göttin erblickt' er, vor allen die herrlichste Schöne,
  Venus Urania war's, und er entbrannte für sie.
Ach! und die Heilige selbst, sie widerstand nicht dem Werben,
  Und der Verwegene hielt fest sie im Arme bestrickt.
Da entstand aus ihnen ein neuer lieblicher Amor,
  Der dem Vater den Sinn, Sitte der Mutter verdankt;
Immer findest du ihn in holder Musen Gesellschaft,
  Und sein reizender Pfeil stiftet die Liebe der Kunst.

Mit diesem allegorischen Glaubensbekenntnis schien man nicht ganz unzufrieden; indessen blieb es auf sich selbst beruhen, und beide Teile machten sich's zur Pflicht, von ihren Gefühlen und Überzeugungen nur dasjenige hervorzukehren, was gemeinsam wäre und zu wechselseitiger Belehrung und Ergötzung, ohne Widerstreit, gereichen könnte.
Immer aber konnten die geschnittenen Steine als ein herrliches Mittelglied eingeschoben werden, wenn die Unterhaltung irgend lückenhaft zu werden drohte. Ich von meiner Seite konnte freilich nur das Poetische schätzen, das Motiv selbst, Komposition, Darstellung überhaupt beurteilen und rühmen, dagegen die Freunde dabei noch ganz andere Betrachtungen anzustellen gewohnt waren. Denn es ist für den Liebhaber, der solche Kleinodien anschaffen, den Besitz zu einer würdigen Sammlung erheben will, nicht genug zur Sicherheit seines Erwerbs, daß er Geist und Sinn der köstlichen Kunstarbeit einsehe und sich daran ergötze, sondern er muß auch äußerliche Kennzeichen zu Hülfe rufen, die für den, der nicht selbst technischer Künstler im gleichen Fache ist, höchst schwierig sein möchten. Hemsterhuis hatte mit seinem Freunde Natter viele Jahre darüber korrespondiert, wovon sich noch bedeutende Briefe vorfanden. Hier kam nun erst die Steinart selbst zur Sprache, in welcher gearbeitet worden, indem man sich der einen in frühern, der andern in folgenden Zeiten bedient; sodann war vor allen Dingen eine größere Ausführlichkeit im Auge zu halten, wo man auf bedeutende Zeiten schließen konnte, so wie flüchtige Arbeit bald auf Geist, teils auf Unfähigkeit, teils auf Leichtsinn hindeutete, frühere oder spätere Epochen zu erkennen gab. Besonders legte man großen Wert auf die Politur vertiefter Stellen und glaubte darin ein unverwerfliches Zeugnis der besten Zeiten zu sehen. Ob aber ein geschnittener Stein entschieden antik oder neu sei, darüber wagte man keine festen Kriterien anzugeben; Freund Hemsterhuis habe selbst nur mit Beistimmung jenes trefflichen Künstlers sich über diesen Punkt zu beruhigen gewußt[448].
Ich konnte nicht verbergen, daß ich hier in ein ganz frisches

Feld gerate, wo ich mich höchst bedeutend angesprochen fühle und nur die Kürze der Zeit bedauere, wodurch ich die Gelegenheit mir abgeschnitten sehe, meine Augen sowohl als den innern Sinn auch auf diese Bedingungen kräftiger zu richten. Bei einem solchen Anlasse äußerte sich die Fürstin heiter und einfach: sie sei geneigt, mir die Sammlung mitzugeben, damit ich solche zu Hause mit Freunden und Kennern studieren und mich in diesem bedeutenden Zweige der bildenden Kunst, mit Zuziehung von Schwefel- und Glaspasten, umsehen und bestärken möchte. Dieses Anerbieten, das ich für kein leeres Kompliment halten durfte und für mich höchst reizend war, lehnt' ich jedoch dankbarlichst ab; und ich gestehe, daß mir im Innern die Art, wie dieser Schatz aufbewahrt wurde, eigentlich das größte Bedenken gab. Die Ringe waren in einzelnen Kästchen, einer allein, zwei, drei, wie es der Zufall gegeben hatte, nebeneinander gesteckt; es war unmöglich, beim Vorzeigen am Ende zu bemerken, ob wohl einer fehle; wie denn die Fürstin selbst gestand, daß einst in der besten Gesellschaft ein Herkules abhanden gekommen, den man erst späterhin vermißt habe. Sodann schien es bedenklich genug, in gegenwärtiger Zeit sich mit einem solchen Wert zu beschweren und eine höchst bedeutende, ängstliche Verantwortung zu übernehmen. Ich suchte daher mit der freundlichsten Dankbarkeit die schicklichsten ablehnenden Gründe vorzubringen, welche Einrede die Freundin wohlwollend in Betracht zu ziehen schien, indem ich nun um desto eifriger die Aufmerksamkeit auf diese Gegenstände, insofern es sich nur einigermaßen schicken wollte, zu lenken suchte.

Von meinen Naturbetrachtungen aber, die ich, weil auch wenig Glück für sie hier am Orte zu hoffen war, eher verheimlichte, war ich doch genötigt einige Rechenschaft zu geben. Von Fürstenberg brachte zur Sprache, daß er mit Verwunderung, welche beinahe wie Befremden aussah, hie und da gehört habe, wie ich der Physiognomik wegen die allgemeine Knochenlehre studiere, wovon sich doch schwerlich irgendeine Beihülfe zu Beurteilung der Gesichtszüge des

Menschen hoffen lasse. Nun mocht' ich wohl bei einigen Freunden, das für einen Dichter ganz unschicklich gehaltene Studium der Osteologie[449] zu entschuldigen und einigermaßen einzuleiten, geäußert haben, ich sei, wie es denn wirklich auch an dem war, durch Lavaters »Physiognomik« in dieses Fach wieder eingeführt worden, da ich in meinen akademischen Jahren darin die erste Bekanntschaft gesucht hatte[450]. Lavater selbst, der glücklichste Beschauer organisierter Oberflächen, sah sich, in Anerkennung, daß Muskel- und Hautgestalt und ihre Wirkung von dem entschiedenen inneren Knochengebilde durchaus abhängen müsse, getrieben, mehrere Tierschädel in sein Werk abbilden zu lassen[451] und selbige mir zu einem flüchtigen Kommentar darüber zu empfehlen. Was ich aber gegenwärtig hievon wiederholen oder in demselben Sinne zugunsten meines Verfahrens aufbringen wollte, konnte mir wenig helfen, indem zu jener Zeit ein solcher wissenschaftlicher Grund allzuweit ablag und man, im augenblicklichen geselligen Leben befangen, nur den beweglichen Gesichtszügen, und vielleicht gar nur in leidenschaftlichen Momenten, eine gewisse Bedeutung zugestand, ohne zu bedenken, daß hier nicht etwa bloß ein regelloser Schein wirken könne, sondern daß das Äußere, Bewegliche, Veränderliche als ein wichtiges, bedeutendes Resultat eines innern entschiedenen Lebens betrachtet werden müsse.

Glücklicher als in diesen Vorträgen war ich in Unterhaltung größerer Gesellschaft; geistliche Männer von Sinn und Verstand, heranstrebende Jünglinge, wohlgestaltet und wohlerzogen, an Geist und Gesinnung vielversprechend, waren gegenwärtig. Hier wählte ich unaufgefordert die römischen Kirchenfeste, Karwoche und Ostern, Fronleichnam und Peter Paul; sodann zur Erheiterung die Pferdeweihe, woran auch andere Haus- und Hoftiere teilnehmen. Diese Feste waren mir damals nach allen charakteristischen Einzelnheiten vollkommen gegenwärtig, denn ich ging darauf aus, ein »Römisches Jahr« zu schreiben[452], den Verlauf geistlicher und weltlicher Öffentlichkeiten; daher ich denn auch sogleich, jene

Feste nach einem reinen, direkten Eindruck darzustellen imstande, meinen katholischen frommen Zirkel mit meinen vorgeführten Bildern ebenso zufrieden sah als die Weltkinder mit dem Karneval. Ja einer von den Gegenwärtigen, mit den Gesamtverhältnissen nicht genau bekannt, hatte im stillen gefragt: ob ich denn wirklich katholisch sei?

Als die Fürstin mir dieses erzählte, eröffnete sie mir noch ein anderes; man hatte ihr nämlich vor meiner Ankunft geschrieben, sie solle sich vor mir in acht nehmen, ich wisse mich so fromm zu stellen, daß man mich für religios, ja für katholisch halten könne.

»Geben Sie mir zu, verehrte Freundin«, rief ich aus, »ich stelle mich nicht fromm, ich bin es am rechten Orte, mir fällt nicht schwer, mit einem klaren, unschuldigen Blick alle Zustände zu beachten und sie wieder auch ebenso rein darzustellen. Jede Art fratzenhafter Verzerrung, wodurch sich dünkelhafte Menschen nach eigener Sinnesweise an dem Gegenstand versündigen, war mir von jeher zuwider. Was mir widersteht, davon wend' ich den Blick weg, aber manches, was ich nicht gerade billige, mag ich gern in seiner Eigentümlichkeit erkennen; da zeigt sich denn meist, daß die andern ebenso recht haben, nach ihrer eigentümlichen Art und Weise zu existieren, als ich nach der meinigen.« Hiedurch war man denn auch wegen dieses Punkts aufgeklärt, und eine, freilich keineswegs zu lobende, heimliche Einmischung in unsere Verhältnisse hatte gerade im Gegenteil, wie sie Mißtrauen erregen wollte, Vertrauen erregt.

In einer solchen zarten Umgebung wär' es nicht möglich gewesen, herb oder unfreundlich zu sein, im Gegenteil fühlt' ich mich milder als seit langer Zeit, und es hätte mir wohl kein größeres Glück begegnen können, als daß ich nach dem schrecklichen Kriegs- und Fluchtwesen endlich wieder fromme menschliche Sitte auf mich einwirken fühlte.

Einer so edlen, guten, sittlich-frohen Gesellschaft war ich jedoch in einem Punkte ungefällig, ohne daß ich selbst weiß, wie es zugegangen ist. Ich war wegen eines glücklichen, freien, bedeutenden Vorlesens berühmt, man wünschte mich

zu hören, und da man wußte, daß ich die »Luise« von Voß[453], wie sie im Novemberheft des »Merkur« 1784 erschienen war, leidenschaftlich verehrte und sie gerne vortrug, spielte man darauf an, ohne zudringlich zu sein; man legte das »Merkur«-Stück unter den Spiegel und ließ mich gewähren. Und nun wüßt' ich nicht zu sagen, was mich abhielt; mir war wie Sinn und Lippe versiegelt, ich konnte das Heft nicht aufnehmen, mich nicht entschließen, eine Pause des Gesprächs zu meiner und der andern Freude zu nutzen; die Zeit ging hin, und ich wundere mich noch über diese unerklärliche Verstocktheit.
Der Tag des Abschieds nahete heran[454], man mußte doch sich einmal trennen. »Nun«, sagte die Fürstin, »hier gilt keine Widerrede, Sie müssen die geschnittenen Steine mitnehmen, ich verlange es.« Als ich aber meine Weigerung auf das höflichste und freundlichste fortbehauptete, sagte sie zuletzt: »So muß ich Ihnen denn eröffnen, warum ich es fordere. Man hat mir abgeraten, Ihnen diesen Schatz anzuvertrauen, und eben deswegen will ich, muß ich es tun; man hat mir vorgestellt, daß ich Sie doch auf diesen Grad nicht kenne, um auch in einem solchen Falle von Ihnen ganz gewiß zu sein. Darauf habe ich«, fuhr sie fort, »erwidert: ›Glaubt ihr denn nicht, daß der Begriff, den ich von ihm habe, mir lieber sei als diese Steine? Sollt' ich die Meinung von ihm verlieren, so mag dieser Schatz auch hinterdrein gehen.‹« Ich konnte nun weiter nichts erwidern, indem sie durch eine solche Äußerung in eben dem Grad mich zu ehren und zu verpflichten wußte. Jedes übrige Hindernis räumte sie weg; vorhandene Schwefelabgüsse, katalogiert, waren zur Kontrolle, sollte sie nötig befunden werden, in einem sauberen Kästchen mit den Originalen eingepackt, und ein sehr kleiner Raum faßte die leicht transportablen Schätze.
So nahmen wir treulichen Abschied, ohne jedoch sogleich zu scheiden; die Fürstin kündigte mir an, sie wolle mich auf die nächste Station begleiten, setzte sich zu mir im Wagen, der ihrige folgte. Die bedeutenden Punkte des Lebens und der Lehre kamen abermals zur Sprache, ich wiederholte mild

und ruhig mein gewöhnliches Kredo, auch sie verharrte bei dem ihrigen. Jedes zog nun seines Weges nach Hause; sie mit dem nachgelassenen Wunsche: mich, wo nicht hier, doch dort wiederzusehen.
Diese Abschiedsformel wohldenkender, freundlicher Katholiken war mir nicht fremd, noch zuwider, ich hatte sie oft bei vorübergehenden Bekanntschaften in Bädern und sonst meist von wohlwollenden, mir freundlichst zugetanen Geistlichen vernommen, und ich sehe nicht ein, warum ich irgend jemand verargen sollte, der wünscht, mich in seinen Kreis zu ziehen, wo sich nach seiner Überzeugung ganz allein ruhig leben und, einer ewigen Seligkeit versichert, ruhig sterben läßt.

Durch Vorsorge, auf Anregung der edlen Freundin, ward ich von dem Postmeister nicht allein rasch gefördert, sondern auch durch Laufzettel weiter angemeldet und empfohlen, welches angenehm und höchst notwendig war[455]. Denn ich hatte, bei schöner, freundschaftlicher, friedlicher Unterhaltung, vergessen, daß Kriegesflucht mir nachstürme; und leider fand ich unterwegs die Schar der Emigrierten, die sich immer weiter nach Deutschland hineindrängte, und gegen welche die Postillione ebensowenig als am Rhein günstig gesinnt waren. Gar oft kein gebahnter Weg, man fuhr bald hüben, bald drüben, begegnete und kreuzte sich. Heidegebüsch und Gesträuche, Wurzelstumpfen, Sand, Moor und Binsen, eins so unbequem und unerfreulich wie das andere. Auch ohne Leidenschaftlichkeit ging es nicht ab.
Ein Wagen blieb stecken, Paul[456] sprang geschwind herab und zu Hülfe; er glaubte, die schönen Französinnen, die er in Düsseldorf in den traurigsten Umständen wieder angetroffen, seien abermals im Falle, seines Beistandes zu bedürfen. Die Dame hatte ihren Gemahl nicht wiedergefunden und war, in dem Strudel des Unheils mit fortgerissen und geängstigt, endlich über den Rhein geworfen worden.
Hier aber in dieser Wüste erschien sie nicht; einige alte, ehrwürdige Damen forderten unsere Teilnahme. Als aber unser

Postillion halten und mit seinen Pferden dem dortigen Wagen zu Hülfe kommen sollte, weigerte er sich trotzig und sagte: wir sollten nur zu unserm eignen, mit Silber und Gold genugsam beschwerten Wagen ernstlich sehen, damit wir nicht etwa stecken blieben oder umgeworfen würden; denn ob er es gleich mit uns redlich meine, so ständ' er doch in dieser Wüstenei für nichts.
Glücklicherweise, unser Gewissen zu beschwichtigen, hatte sich eine Anzahl westfälischer Bauern um jenen Wagen versammelt und gegen ein bedungenes gutes Trinkgeld ihn wieder auf den fahrbaren Weg gebracht.
An unserm Fuhrwerk war freilich das Eisen das Schwerste, und der kostbare Schatz, den wir mit uns führten, so leicht, um in einer leichten Chaise nicht bemerkt zu werden. Wie lebhaft wünscht' ich mir mein böhmisches Wägelchen herbei! Gleichwohl gab mir jenes Vorurteil, welches wichtige Schätze bei uns voraussetzte, doch immer eine Art von Unruhe. Wir hatten bemerkt, daß ein Postillion dem andern die Notiz von Überschwere des Wagens und die Vermutung von Geld und Kostbarkeiten jederzeit überlieferte. Nun aber wurden wir wegen vorausgeschickter Postzettel, deren richtige Stunde wir ohnehin des schlechten Wetters wegen nicht einhielten, auf jeder Station eilig vorwärts gedrängt und ganz eigentlich in die Nacht hinausgestoßen, da uns denn wirklich der bängliche Fall begegnete, daß der Postillion in düsterer Nacht schwur, er könne das Ding nicht weiter fortbringen, und an einer einsamen Waldwohnung stille hielt, deren Lage, Bauart und Bewohner schon beim hellsten Sonnenschein hätten Schaudern erregen können. Der Tag, selbst der grauste, war dagegen erquicklich; man rief das Andenken der Freunde hervor, bei denen man vor kurzem so trauliche Stunden zugebracht; man musterte sie mit Achtung und Liebe, belehrte sich an ihren Eigenheiten und erbaute sich an ihren Vorzügen. Wie aber die Nacht wieder hereinbrach, da fühlte man sich schon wieder von allen Sorgen umstrickt in einem kummervollen Zustand.
Wie düster aber auch in der letzten und schwärzesten aller

Nächte meine Gedanken mochten gewesen sein, so wurden sie auf einmal wieder aufgehellt, als ich in das mit hundert und aber hundert Lampen erleuchtete Kassel hineinfuhr[457]. Bei diesem Anblick entwickelten sich vor meiner Seele alle Vorteile eines bürgerlich-städtischen Zusammenseins, die Wohlhäbigkeit eines jeden einzelnen in seiner von innen erleuchteten Wohnung und die behaglichen Anstalten zu Aufnahme der Fremden. Diese Heiterkeit jedoch ward mir für einige Zeit gestört, als ich auf dem prächtigen, tageshellen Königsplatze an dem wohl bekannten Gasthofe anfuhr[458]; der anmeldende Diener kehrte zurück mit der Erklärung: es sei kein Platz zu finden. Als ich aber nicht weichen wollte, trat ein Kellner sehr höflich an den Schlag und bat in schönen französischen Phrasen um Entschuldigung, da es nicht möglich sei, mich aufzunehmen. Ich erwiderte darauf in gutem Deutsch: wie ich mich wundern müsse, daß in einem so großen Gebäude, dessen Raum ich gar wohl kenne, einem Fremden in der Nacht die Aufnahme verweigert werden wolle. »Sie sind ein Deutscher«, rief er aus, »das ist ein anderes!« und sogleich ließ er den Postillion in das Hoftor hereinfahren. Als er mir ein schickliches Zimmer angewiesen, versetzte er: er sei fest entschlossen, keinen Emigrierten mehr aufzunehmen. Ihr Betragen sei höchst anmaßend, die Bezahlung knauserig; denn mitten in ihrem Elend, da sie nicht wüßten, wo sie sich hinwenden sollten, betrügen sie sich noch immer, als hätten sie von einem eroberten Lande Besitz genommen. So schied ich nun in gutem Frieden und fand auf dem Wege nach Eisenach weniger Zudrang der so häufig und unversehens herangetriebenen Gäste.

Meine Ankunft in Weimar[459] sollte auch nicht ohne Abenteuer bleiben; sie ereignete sich nach Mitternacht und gab Anlaß zu einer Familienszene, welche wohl in irgendeinem Roman die tiefste Finsternis erhellen und erheitern würde[460]. Nun fand ich das von meinem Fürsten mir bestimmte, erneuerte, wohleingerichtete Haus schon meistens wohnbar, ohne daß mir die Freude ganz versagt gewesen wäre, bei dem Ausbau mit- und einzuwirken[461]. Die Meinigen entgegneten mir munter und gesund, und als es an ein Erzählen ging, kontrastierte freilich der heitere, ruhige Zustand, in welchem sie die aus Verdun gesendeten Süßigkeiten genossen, mit demjenigen, worin wir, die sie in paradiesischen Zuständen glaubten, mit aller denkbaren Not zu kämpfen hatten. Unser stiller häuslicher Kreis war nun um so reicher und froher abgeschlossen, indem Heinrich Meyer[462] zugleich als Hausgenosse, Künstler, Kunstfreund und Mitarbeiter zu den Unsrigen gehörte und an allem Belehrenden so wie an allem Wirksamen kräftigen Anteil nahm.

Das weimarische Theater bestand seit dem Mai 1791; es hatte sowohl den Sommer genannten Jahres als auch den des laufenden in Lauchstädt zugebracht und sich durch Wiederholung damals gangbarer, meist bedeutender Stücke schon ziemlich gut zusammengespielt. Ein Rest der Bellomoschen Gesellschaft[463], also schon aneinander gewöhnter Personen, gab den Grund, andere teils schon brauchbare, teils vielversprechende Glieder füllten schicklich und gemächlich die entstandene Lücke.

Man kann sagen, daß es damals noch ein Schauspielerhandwerk gab, wodurch befähigt sich Glieder entfernter Theater gar bald in Einklang setzten, besonders wenn man so glücklich war, für die Rezitation Niederdeutsche, für den Gesang Oberdeutsche herbeizuziehen; und so konnte das Publikum für den Anfang gar wohl zufrieden sein[464]. Da ich teil an der Direktion genommen[465], so war es mir eine unterhaltende Beschäftigung, gelind zu versuchen, auf welchem Wege das Unternehmen weitergeführt werden könnte. Ich sah gar bald, daß eine gewisse Technik aus Nachahmung, Gleichstellung mit andern und Routine hervorgehen konnte, allein es fehlte durchaus an dem, was ich Grammatik nennen dürfte, die doch erst zum Grunde liegen muß, ehe man zu Rhetorik und Poesie gelangen kann. Da ich auf diesen Gegenstand zurückzukehren gedenke und ihn vorläufig nicht gern zerstückeln möchte, so sage ich nur soviel: daß ich eben jene Technik, welche sich alles aus Überlieferung aneignet, zu studieren und auf ihre Elemente zurückzuführen suchte und das, was mir klar geworden, in einzelnen Fällen, ohne auf ein Allgemeines hinzuweisen, beobachten ließ.

Was mir bei diesem Unternehmen aber besonders zustatten kam, war der damals überhandnehmende Natur- und Konversationston, der zwar höchst lobenswert und erfreulich ist, wenn er als vollendete Kunst, als eine zweite Natur hervortritt, nicht aber, wenn ein jeder glaubt, nur sein eigenes nacktes Wesen bringen zu dürfen, um etwas Beifallswürdiges darzubieten[466]. Ich aber benutzte diesen Trieb zu meinen Zwecken, indem ich gar wohl zufrieden sein konnte, wenn das angeborne Naturell sich mit Freiheit hervortat, um sich nach und nach, durch gewisse Regeln und Anordnungen, einer höhern Bildung entgegenführen zu lassen. Doch darf ich hievon nicht weiter sprechen, weil, was getan und geleistet worden, sich erst nach und nach aus sich selbst entwickelte und also historisch dargestellt werden müßte.

Umstände jedoch, die für das neue Theater sich höchst günstig hervortaten, muß ich kürzlich anführen. Iffland[467] und Kotzebue[468] blühten in ihrer besten Zeit, ihre Stücke, natürlich und faßlich, die einen gegen ein bürgerlich-rechtliches Behagen, die andern gegen eine lockere Sittenfreiheit hingewendet; beide Gesinnungen waren dem Tage gemäß und erhielten freudige Teilnahme; mehrere noch als Manuskript ergötzten durch den lebendigen Duft des Augenblicks, den sie mit sich brachten. Schröder, Babo, Ziegler[469], glücklich energische Talente, lieferten bedeutenden Beitrag; Bretzner und Jünger[470], ebenfalls gleichzeitig, gaben anspruchslos einer bequemen Fröhlichkeit Raum. Hagemann und Hagemeister[471], Talente, die sich auf die Länge nicht halten konnten, arbeiteten gleichfalls für den Tag und waren, wo nicht bewundert, doch als neu geschaut und willkommen. Diese lebendige, sich im Zirkel herumtreibende Masse suchte man mit Shakespeare, Gozzi[472] und Schiller geistiger zu erheben; man verließ die bisherige Art, nur Neues zum nächsten Verlust einzustudieren, man war sorgfältig in der Wahl und bereitete schon ein Repertorium vor, welches viele Jahre gehalten hat. Aber auch dem Manne, der uns diese Anstalt gründen half, müssen wir eine dankbare Erinnerung nicht schuldig bleiben. Es war F. J. Fischer[473], ein Schauspieler in Jahren, der sein Handwerk verstand, mäßig, ohne Leidenschaft, mit seinem Zustande zufrieden, sich mit einem beschränkten Rollenfache begnügend. Er brachte mehrere Schauspieler von Prag mit, die in seinem Sinne wirkten, und wußte die einheimischen gut zu behandeln, wodurch ein innerer Friede sich über das Ganze verbreitete.

Was die Oper anlangt, so kamen uns die Dittersdorfischen Arbeiten auf das beste zustatten[474]. Er hatte mit glücklichem Naturell und Humor für ein fürstliches Privattheater gearbeitet[475], wodurch seinen Produktionen eine gewisse leichte Behaglichkeit zuteil ward, die auch uns zugute kam, weil wir unser neues Theater als eine Liebhaberbühne zu betrachten die Klugheit hatten. Auf den Text, im rhythmischen und prosaischen Sinne, wendete man viel Mühe, um ihn dem obersächsischen Geschmack mehr anzueignen; und so gewann diese leichte Ware Beifall und Abgang.

Die aus Italien wiedergekehrten Freunde[476] bemühten sich, die leichteren italienischen Opern jener Zeit, von Païsiello, Cimarosa, Guglielmi[477] und andern, herüberzuführen, wo denn zuletzt auch Mozarts Geist einzuwirken anfing. Denke man sich, daß von diesem allem wenig bekannt, gar nichts abgebraucht war, so wird man gestehen, daß die Anfänge des weimarischen Theaters mit den jugendlichen Zeiten des deutschen Theaters überhaupt oder zugleich eintraten und Vorteile genossen, die offenbar zu einer natürlichen Entwickelung aus sich selbst den reinsten Anlaß geben mußten.

Um nun aber auch Genuß und Studium der anvertrauten Gemmensammlung vorzubereiten und zu sichern, ließ ich gleich zwei zierliche Ringkästchen verfertigen, worin die Steine mit einem Blick übersehbar nebeneinander standen, so daß irgendeine Lücke sogleich zu bemerken gewesen wäre; worauf alsdann Schwefel- und Gipsabgüsse in Mehrzahl verfertigt und der Prüfung durch stark vergrößernde Linsen unterworfen wurden, auch vorhandene Abdrücke älterer

Sammlungen vorgesucht und zu Rate gezogen. Wir bemerkten wohl, daß hier für uns das Studium der geschnittenen Steine zu gründen sei; wie groß aber die Vergünstigung der Freundin gewesen, wurde erst nach und nach eingesehen.
Das Resultat mehrjähriger Betrachtung sei deshalb hier eingeschaltet, weil wir wohl schwerlich unsere Aufmerksamkeit so bald wieder auf diesen Punkt wenden dürften.
Aus innern Gründen der Kunst sahen sich die weimarischen Freunde berechtigt, wo nicht alle, doch bei weitem die größte Anzahl dieser geschnittenen Steine für echt antike Kunstdenkmale zu halten, und zwar fanden sich mehrere darunter, welche zu den vorzüglichsten Arbeiten dieser Art gerechnet werden durften. Einige zeichneten sich dadurch aus, daß sie als wirklich identisch mit ältern Schwefelpasten angesehen werden mußten; mehrere bemerkte man, deren Darstellung mit andern antiken Gemmen zusammentraf, die aber deswegen immer noch für echt gelten konnten. In den größten Sammlungen kommen wiederholte Vorstellungen vor, und man würde sehr irren, die einen als Original, die andern als moderne Kopien anzusprechen.
Immer müssen wir dabei die edle Kunsttreue der Alten im Sinne tragen, welche die einmal glücklich gelungene Behandlung eines Gegenstands nicht oft genug wiederholen konnte. Jene Künstler hielten sich für Original genug, wenn sie einen originellen Gedanken aufzufassen und ihn auf ihre Weise wieder darzustellen Fähigkeit und Fertigkeit empfanden. Mehrere Steine zeigten sich auch mit eingeschnittenen Künstlernamen, worauf man seit Jahren großen Wert gelegt hatte. Eine solche Zutat ist wohl immer merkwürdig genug, doch bleibt sie meist problematisch: denn es ist möglich, daß der Stein alt und der Name neu eingeschnitten sei, um dem Vortrefflichen noch einen Beiwert zu verleihen.
Ob wir uns nun gleich hier, wie billig, alles Katalogierens enthalten, da Beschreibung solcher Kunstwerke ohne Nachbildung wenig Begriff gibt, so unterlassen wir doch nicht, von den vorzüglichsten einige allgemeine Andeutungen zu geben[478].

Kopf des Herkules. Bewundernswürdig in Betracht des edeln, freien Geschmacks der Arbeit und noch mehr zu bewundern in Hinsicht auf die herrlichen Idealformen, welche mit keinem der bekannten Herkulesköpfe ganz genau übereinkommen und eben dadurch die Merkwürdigkeit dieses köstlichen Denkmals noch vermehren helfen.
Brustbild des Bacchus. Arbeit, wie auf den Stein gehaucht, und in Hinsicht auf die idealen Formen eines der edelsten antiken Werke. Es finden sich in verschiedenen Sammlungen mehrere diesem ähnliche Stücke, und zwar, wenn wir uns recht erinnern, sowohl hoch als tief geschnitten; doch ist uns noch keines bekannt geworden, welches vor dem gegenwärtigen den Vorzug verdiente.
Faun, welcher einer Bacchantin das Gewand rauben will. Vortreffliche und auf alten Monumenten mehrmals vorkommende Komposition, ebenfalls gut gearbeitet.
Eine umgestürzte Leier, deren Hörner zwei Delphine darstellen, der Körper oder, wenn man will, der Fuß Amors Haupt, mit Rosen bekränzt; zu derselben ist Bacchus' Panther, in der Vorderpfote den Thyrsusstab haltend, zierlich gruppiert. Die Ausführung dieses Steins befriedigt den Kenner, und wer zarte Bedeutung liebt, wird gleichfalls seine Rechnung finden.
Maske mit großem Bart und weit geöffnetem Mund; eine Epheuranke umschlingt die kahle Stirn. In seiner Art mag dieser Stein einer der allervorzüglichsten sein, und ebenso schätzbar ist auch
Eine andere Maske mit langem Bart und zierlich aufgebundenen Haaren; ungewöhnlich tief gearbeitet.
Venus tränket den Amor. Eine der lieblichsten Gruppen, die man sehen kann, geistreich behandelt, doch ohne großen Aufwand von Fleiß.
Cybele[479], auf dem Löwen reitend, tief geschnitten; ein Werk, welches als vortrefflich den Liebhabern durch Abdrücke, die fast in allen Pastensammlungen zu finden sind, genugsam bekannt ist.
Gigant, der einen Greif aus seiner Felsenhöhle hervorzieht.

Ein Werk von sehr vielem Kunstverdienst und als Darstellung vielleicht ganz einzig. Die vergrößerte Nachbildung desselben finden unsere Leser vor dem Vossischen Programm zu der »Jenaischen Allgemeinen Literaturzeitung« 1804, IV. Band[480].

Behelmter Kopf im Profil, mit großem Bart. Vielleicht ist's eine Maske; indessen hat sie im geringsten nichts Karikaturartiges, sondern ein gedrungenes, heldenmäßiges Angesicht und ist vortrefflich gearbeitet.

Homer, als Herme, fast ganz von vorne dargestellt und sehr tief geschnitten. Der Dichter erscheint hier jünger als gewöhnlich, kaum im Anfange des Greisenalters; daher dieses Werk nicht allein von Seiten der Kunst, sondern auch des Gegenstandes wegen schätzbar ist.

In Sammlungen von Abdrücken geschnittener Steine wird oftmals der Kopf eines ehrwürdigen bejahrten Mannes mit langem Bart und Haaren angetroffen, der (jedoch ohne daß Gründe dafür angegeben werden) das Bildnis des Aristophanes sein soll. Ein ähnlicher, nur durch unbedeutende Abweichungen von jenem sich unterscheidender Kopf ist in unserer Sammlung anzutreffen und in der Tat eins der besten Stücke.

Das Profil eines Unbekannten ist vermutlich über den Augenbraunen abgebrochen gefunden und in neuerer Zeit wieder zum Ringstein zugeschliffen worden. Großartiger und lebenvoller haben wir nie menschliche Gestalt auf dem kleinen Raum einer Gemme dargestellt gesehen, selten den Fall, wo der Künstler ein so unbeschränktes Vermögen zeigte. Von ähnlichem Gehalt ist auch

Der ebenfalls unbekannte Porträtkopf mit übergezogener Löwenhaut; derselbe war auch so wie der vorige über dem Auge abgebrochen, allein das Fehlende ist mit Gold ergänzt.

Kopf eines bejahrten Mannes von gedrungenem, kräftigem Charakter mit kurzgeschornen Haaren. Außerordentlich geistreich und meisterhaft gearbeitet; besonders ist die kühne

Behandlung des Barts zu bewundern und vielleicht einzig in ihrer Art.
Männlicher Kopf oder Brustbild ohne Bart, um das Haar eine Binde gelegt, das reich gefaltete Gewand auf der rechten Schulter geheftet. Es ist ein geistreicher, kräftiger Ausdruck in diesem Werk, und Züge, wie man gewohnt ist, dem Julius Cäsar zuzuschreiben.
Männlicher Kopf, ebenfalls ohne Bart, die Toga, wie bei Opfern gebräuchlich war, über das Haupt gezogen. Außerordentlich viel Wahrheit und Charakter ist in diesem Gesicht, und kein Zweifel, daß die Arbeit echt alt und aus den Zeiten der ersten römischen Kaiser sei.
Brustbild einer römischen Dame; um das Haupt doppelte Flechten von Haaren gewunden, das Ganze bewunderungswürdig fleißig ausgeführt und in Hinsicht des Charakters voll Wahrheit, Behaglichkeit, Naivetät, Leben.
Kleiner behelmter Kopf, mit starkem Bart und kräftigem Charakter, ganz von vorne dargestellt und schätzbare Arbeit.
Eines neuern vortrefflichen Steines gedenken wir zum Schlusse: das Haupt der Meduse in dem herrlichsten Karneol[481]. Es ist solches der bekannten Meduse des Sosikles[482] vollkommen ähnlich, und geringe Abweichungen kaum zu bemerken. Allerdings eine der vortrefflichsten Nachahmungen antiker Werke: denn für eine solche möchte er unerachtet seiner großen Verdienste doch zu halten sein, da die Behandlung etwas weniger Freiheit hat und überdies ein unter dem Abschnitt des Halses angebrachtes N doch wohl auf eine Arbeit von Natter selbst schließen läßt.
An diesem Wenigen werden wahre Kunstkenner den hohen Wert der gepriesenen Sammlung zu ahnen vermögen. Wo sie sich gegenwärtig befindet, ist uns unbekannt; vielleicht erhielte man hierüber einige Nachricht, die einen reichen Kunstfreund wohl anreizen könnte, diesen Schatz, wenn er verkäuflich ist, sich zuzueignen[483].
Die Weimarischen Kunstfreunde zogen, solange diese Sammlung in ihren Händen war, allen möglichen Vorteil daraus.

Schon in dem laufenden Winter gab sie der geistreichen Gesellschaft, welche sich um die Herzogin Amalie zu vereinigen pflegte, ausgezeichnete Unterhaltung. Man suchte sich in dem Studium geschnittener Steine zu begründen, wobei uns das Wohlwollen der trefflichen Besitzerin sehr zustatten kam, indem sie uns mehrere Jahre diesen Genuß gönnte. Doch ergötzte sie sich kurz vor ihrem Ende noch an der schönen anschaulichen Ordnung, worin sie die Ringe in zwei Kästchen auf einmal, wie sie solche nie gesehen, vollständig gereiht wieder erblickte und also des geschenkten großen Vertrauens sich edelmütig zu erfreuen hatte.

Auch nach einer andern Seite wendeten sich unsere Kunstbetrachtungen. Ich hatte die Farben genugsam in unterschiedenen Lebensverhältnissen beobachtet und sah die Hoffnung, auch endlich ihre Kunstharmonie, welche zu suchen ich eigentlich ausgegangen war, zu finden[484]. Freund Meyer entwarf verschiedene Kompositionen, wo man sie teils in einer Reihe, teils im Gegensatz zu Prüfung und Beurteilung aufgestellt sah.

Am klarsten ward sie bei einfachen landschaftlichen Gegenständen, wo der Lichtseite immer das Gelbe und Gelbrote, der Schattenseite das Blau und Blaurote zugeteilt werden mußte, aber wegen Mannigfaltigkeit der natürlichen Gegenstände gar leicht durchs Braungrüne und Blaugrüne zu vermitteln. Auch hatten hier schon große Meister durch Beispiel gewirkt, mehr als im Historischen, wo der Künstler bei Wahl der Farben zu den Gewändern sich selbst überlassen bleibt und in solcher Verlegenheit nach Herkommen und Überlieferung greift, sich auch wohl durch irgendeine Bedeutung verführen läßt und dadurch von wahrer harmonischer Darstellung öfters abgeleitet wird.

Von solchen Studien bildender Kunst fühle ich mich denn doch gedrungen, wieder zum Theater zurückzukehren und über mein eigenes Verhältnis an demselben einige Betrachtungen anzustellen, welches ich erst zu vermeiden wünschte. Man sollte denken, es sei die beste Gelegenheit gewesen, für das neue Theater und zugleich für das deutsche überhaupt

als Schriftsteller auch etwas von meiner Seite zu leisten: denn genau besehen, lag zwischen oben genannten Autoren und ihren Produktionen noch mancher Raum, der gar wohl hätte ausgefüllt werden können; es gab zu natürlich einfacher Behandlung noch vielfältigen Stoff, den man nur hätte aufgreifen dürfen.
Um aber ganz deutlich zu werden, gedenk' ich meiner ersten dramatischen Arbeiten, welche, der Weltgeschichte angehörig, zu sehr ins Breite gingen, um bühnenhaft zu sein[485]; meine letzten, dem tiefsten innern Sinn gewidmet, fanden bei ihrer Erscheinung wegen allzugroßer Gebundenheit wenig Eingang[486]. Indessen hatte ich mir eine gewisse mittlere Technik eingeübt, die etwas mäßig Erfreuliches dem Theater hätte verschaffen können; allein ich vergriff mich im Stoff, oder vielmehr ein Stoff überwältigte meine innere sittliche Natur, der allerwiderspenstigste, um dramatisch behandelt zu werden.
Schon im Jahre 1785 erschreckte mich die Halsbandsgeschichte wie das Haupt der Gorgone[487]. Durch dieses unerhört frevelhafte Beginnen sah ich die Würde der Majestät untergraben, schon im voraus vernichtet, und alle Folgeschritte von dieser Zeit an bestätigten leider allzusehr die furchtbaren Ahnungen. Ich trug sie mit mir nach Italien und brachte sie noch geschärfter wieder zurück. Glücklicherweise ward mein »Tasso« noch abgeschlossen[488], aber alsdann nahm die weltgeschichtliche Gegenwart meinen Geist völlig ein.
Mit Verdruß hatte ich viele Jahre die Betrügereien kühner Phantasten und absichtlicher Schwärmer zu verwünschen Gelegenheit gehabt und mich über die unbegreifliche Verblendung vorzüglicher Menschen bei solchen frechen Zudringlichkeiten mit Widerwillen verwundert[489]. Nun lagen die direkten und indirekten Folgen solcher Narrheiten als Verbrechen und Halbverbrechen gegen die Majestät vor mir, alle zusammen wirksam genug, um den schönsten Thron der Welt zu erschüttern.
Mir aber einigen Trost und Unterhaltung zu verschaffen, suchte ich diesem Ungeheuern eine heitere Seite abzugewin-

nen, und die Form der komischen Oper, die sich mir schon seit längerer Zeit als eine der vorzüglichsten dramatischen Darstellungsweisen empfohlen hatte, schien auch ernstern Gegenständen nicht fremd, wie an »König Theodor«[490] zu sehen gewesen. Und so wurde denn jener Gegenstand rhythmisch bearbeitet, die Komposition mit Reichardt verabredet, wovon denn die Anlagen einiger tüchtigen Baßarien bekannt geworden[491]; andere Musikstücke, die außer dem Kontext keine Bedeutung hatten, blieben zurück, und die Stelle, von der man sich die meiste Wirkung versprach, kam auch nicht zustande: das Geistersehen in der Krystallkugel vor dem schlafend weissagenden Kophta sollte als blendendes Final vor allen glänzen[492].

Aber da waltete kein froher Geist über dem Ganzen, es geriet in Stocken, und um nicht alle Mühe zu verlieren, schrieb ich ein prosaisches Stück[493], zu dessen Hauptfiguren sich wirklich analoge Gestalten in der neuen Schauspielergesellschaft vorfanden, die denn auch in der sorgfältigsten Aufführung das Ihrige leisteten[494].

Aber eben deswegen, weil das Stück ganz trefflich gespielt wurde, machte es einen um desto widerwärtigern Effekt. Ein furchtbarer und zugleich abgeschmackter Stoff, kühn und schonungslos behandelt, schreckte jedermann, kein Herz klang an; die fast gleichzeitige Nähe des Vorbildes ließ den Eindruck noch greller empfinden[495]; und weil geheime Verbindungen sich ungünstig behandelt glaubten, so fühlte sich ein großer respektabler Teil des Publikums entfremdet, so wie das weibliche Zartgefühl sich vor einem verwegnen Liebesabenteuer entsetzte.

Ich war immer gegen die unmittelbare Wirkung meiner Arbeiten gleichgültig gewesen und sah auch diesmal ganz ruhig zu, daß diese letzte, an die ich soviel Jahre gewendet, keine Teilnahme fand; ja ich ergötzte mich an einer heimlichen Schadenfreude, wenn gewisse Menschen, die ich dem Betrug oft genug ausgesetzt gesehen, kühnlich versicherten: so grob könne man nicht betrogen werden.

Aus diesem Ereignis zog ich mir jedoch keine Lehre; das, was mich innerlich beschäftigte, erschien mir immerfort in dramatischer Gestalt, und wie die Halsbandsgeschichte als düstre Vorbedeutung, so ergriff mich nunmehr die Revolution selbst als die gräßlichste Erfüllung; den Thron sah ich gestürzt und zersplittert, eine große Nation aus ihren Fugen gerückt und nach unserm unglücklichen Feldzug offenbar auch die Welt schon aus ihren Fugen.

Indem mich nun dies alles in Gedanken bedrängte, beängstigte, hatte ich leider zu bemerken, daß man im Vaterlande sich spielend mit Gesinnungen unterhielt, welche eben auch uns ähnliche Schicksale vorbereiteten. Ich kannte genug edle Gemüter, die sich gewissen Aussichten und Hoffnungen, ohne weder sich noch die Sache zu begreifen, phantastisch hingaben; indessen ganz schlechte Subjekte bittern Unmut zu erregen, zu mehren und zu benutzen strebten.

Als ein Zeugnis meines ärgerlich-guten Humors ließ ich den »Bürgergeneral« auftreten, wozu mich ein Schauspieler verführte, namens Beck, welcher den Schnaps in den »Beiden Billets«, nach Florian, mit ganz individueller Vortrefflichkeit spielte, indem selbst seine Fehler ihm dabei zustatten kamen[496]. Da ihm nun diese Maske so gar wohl anstand, brachte man des gedachten kleinen, durchaus beliebten Nachspiels erste Fortsetzung, den »Stammbaum« von Anton Wall, hervor[497], und als ich nun auf Proben, Ausstattung und Vorstellung dieser Kleinigkeit ebenfalls die größte Aufmerksamkeit wendete, so konnte nicht fehlen, daß ich mich von diesem närrischen Schnaps so durchdrungen fand, daß mich die Lust anwandelte, ihn nochmals zu produzieren[498]. Dies geschah auch mit Neigung und Ausführlichkeit; wie denn das gehaltreiche Mantelsäckchen ein wirklich französisches war, das Paul auf jener Flucht eilig aufgerafft hatte[499]. In der Hauptszene erwies sich Malcolmi[500] als alter wohlhabender, wohlwollender Bauersmann, der sich eine gesteigerte Unverschämtheit als Spaß auch einmal gefallen läßt, unübertrefflich und wetteiferte mit Beck in wahrer, natürlicher Zweckmäßigkeit. Aber vergebens! das Stück brachte die widerwärtigste Wirkung hervor, selbst bei Freunden und Gönnern, die, um sich und mich zu retten, hartnäckig behaupteten: ich sei der Verfasser nicht, habe nur aus Grille meinen Namen und einige Federstriche einer sehr subalternen Produktion zugewendet[501].

Wie mich aber niemals irgendein Äußeres mir selbst entfremden konnte, mich vielmehr nur strenger ins Innere zurückwies, so blieben jene Nachbildungen des Zeitsinnes für mich eine Art von gemütlich-tröstlichem Geschäft. Die »Unterhaltungen der Ausgewanderten«, fragmentarischer Versuch, das unvollendete Stück »Die Aufgeregten« sind ebensoviel Bekenntnisse dessen, was damals in meinem Busen vorging; wie auch späterhin »Hermann und Dorothea«[502] noch aus derselbigen Quelle flossen, welche denn freilich zuletzt erstarrte. Der Dichter konnte der rollenden Weltgeschichte nicht nacheilen und mußte den Abschluß sich und andern schuldig bleiben, da er das Rätsel auf eine so entschiedene als unerwartete Weise gelöst sah[503].

Unter solchen Konstellationen war nicht leicht jemand, in so weiter Entfernung vom eigentlichen Schauplatze des Unheils, gedrückter als ich; die Welt erschien mir blutiger und blutdürstiger als jemals, und wenn das Leben eines Königs in der Schlacht für Tausende zu rechnen ist, so wird es noch viel bedeutender im gesetzlichen Kampfe. Ein König wird auf Tod und Leben angeklagt, da kommen Gedanken in Umlauf, Verhältnisse zur Sprache, welche für ewig zu beschwichtigen sich das Königtum vor Jahrhunderten kräftig eingesetzt hatte.

Aber auch aus diesem gräßlichen Unheil suchte ich mich zu retten, indem ich die ganze Welt für nichtswürdig erklärte, wobei mir denn durch eine besondere Fügung »Reineke Fuchs« in die Hände kam[504]. Hatte ich mich bisher an Straßen-, Markt- und Pöbelauftritten bis zum Abscheu übersättigen müssen, so war es nun wirklich erheiternd, in den Hof- und Regentenspiegel zu blicken: denn wenn auch hier das Menschengeschlecht sich in seiner ungeheuchelten Tierheit ganz natürlich vorträgt, so geht doch alles, wo nicht muster-

haft, doch heiter zu, und nirgends fühlt sich der gute Humor gestört.
Um nun das köstliche Werk recht innig zu genießen, begann ich alsobald eine treue Nachbildung[505]; solche jedoch in Hexametern zu unternehmen, war ich folgenderweise veranlaßt.
Schon seit vielen Jahren schrieb man in Deutschland nach Klopstocks Einleitung sehr läßliche Hexamter[506]; Voß[507], indem er sich wohl auch dergleichen bediente, ließ doch hie und da merken, daß man sie besser machen könne, ja er schonte sogar seine eigenen vom Publikum gut aufgenommenen Arbeiten und Übersetzungen nicht. Ich hätte das gar gern auch gelernt, allein es wollte mir nicht glücken. Herder und Wieland waren in diesem Punkte Latitudinarier[508], und man durfte der Vossischen Bemühungen, wie sie nach und nach strenger und für den Augenblick ungelenk erschienen, kaum Erwähnung tun. Das Publikum selbst schätzte längere Zeit die Vossischen früheren Arbeiten, als geläufiger, über die späteren; ich aber hatte zu Voß, dessen Ernst man nicht verkennen konnte, immer ein stilles Vertrauen und wäre, in jüngeren Tagen oder andern Verhältnissen, wohl einmal nach Eutin gereist, um das Geheimnis zu erfahren; denn er, aus einer zu ehrenden Pietät für Klopstock, wollte, solange der würdige, allgefeierte Dichter lebte, ihm nicht geradezu ins Gesicht sagen: daß man in der deutschen Rhythmik eine striktere Observanz[509] einführen müsse, wenn sie irgend gegründet werden solle. Was er inzwischen äußerte, waren für mich sibyllinische Blätter[510]. Wie ich mich an der Vorrede zu den »Georgiken«[511] abgequält habe, erinnere ich mich noch immer gerne, der redlichen Absicht wegen, aber nicht des daraus gewonnenen Vorteils.
Da mir recht gut bewußt war, daß alle meine Bildung nur praktisch sein könne, so ergriff ich die Gelegenheit, ein paar tausend Hexameter hinzuschreiben, die bei dem köstlichsten Gehalt selbst einer mangelhaften Technik gute Aufnahme und nicht vergänglichen Wert verleihen durften. Was an ihnen zu tadeln sei, werde sich, dacht' ich, am Ende schon

finden; und so wendete ich jede Stunde, die mir sonst übrig blieb, an eine solche schon innerhalb der Arbeit vorläufig dankbare Arbeit, baute inzwischen und möblierte fort, ohne zu denken, was weiter mit mir sich ereignen würde, ob ich es gleich gar wohl voraussehen konnte.

Soweit wir auch ostwärts von der großen Weltbegebenheit gelegen waren, erschienen doch schon diesen Winter flüchtige Vorläufer unserer ausgetriebenen westlichen Nachbarn; es war, als wenn sie sich umsähen nach irgendeiner gesitteten Stätte, wo sie Schutz und Aufnahme fänden. Obgleich nur vorübergehend, wußten sie durch anständiges Betragen, duldsam-zufriedenes Wesen, durch Bereitwilligkeit, sich ihrem Schicksal zu fügen und durch irgendeine Tätigkeit ihr Leben zu fristen, dergestalt für sich einzunehmen, daß durch diese einzelnen die Mängel der ganzen Masse ausgelöscht und jeder Widerwille in entschiedene Gunst verwandelt wurde. Dies kam denn freilich ihren Nachfahrern zugute, die sich späterhin in Thüringen festsetzten, unter denen ich nur Mounier und Camille Jordan zu nennen brauche[512], um ein Vorurteil zu rechtfertigen, welches man für die ganze Kolonie gefaßt hatte, die sich, wo nicht den Genannten gleich, doch derselben keineswegs unwürdig erzeigte.

Übrigens läßt sich hiebei bemerken, daß in allen wichtigen politischen Fällen immer diejenigen Zuschauer am besten dran sind, welche Partei nehmen; was ihnen wahrhaft günstig ist, ergreifen sie mit Freuden, das Ungünstige ignorieren sie, lehnen's ab, oder legen's wohl gar zu ihrem Vorteil aus. Der Dichter aber, der seiner Natur nach unparteiisch sein und bleiben muß, sucht sich von den Zuständen beider kämpfender Teile zu durchdringen, wo er denn, wenn Vermittlung unmöglich wird, sich entschließen muß, tragisch zu endigen. Und mit welchem Zyklus von Tragödien sahen wir uns von der tosenden Weltbewegung bedroht!

Wer hatte seit seiner Jugend sich nicht vor der Geschichte des Jahrs 1649 entsetzt, wer nicht vor der Hinrichtung Karl I. geschaudert und zu einigem Troste gehofft, daß dergleichen Szenen der Parteiwut sich nicht abermals ereignen könnten[513].

Nun aber wiederholte sich das alles, greulicher und grimmiger, bei dem gebildetsten Nachbarvolke wie vor unsern Augen; Tag für Tag, Schritt vor Schritt. Man denke sich, welchen Dezember und Januar diejenigen verlebten, die den König zu retten ausgezogen waren und nun in seinen Prozeß nicht eingreifen, die Vollstreckung des Todesurteils nicht hindern konnten.

Frankfurt war wieder in deutschen Händen[514], die möglichsten Vorbereitungen, Mainz wieder zu erobern, wurden eifrigst besorgt. Man hatte sich Mainz genähert und Hochheim besetzt; Königstein mußte sich ergeben[515]. Nun aber war vor allen Dingen nötig, durch einen vorläufigen Feldzug auf dem linken Rheinufer sich den Rücken frei zu machen. Man zog daher am Taunusgebirge hin auf Idstein über das Benediktinerkloster Schönau nach Kaub, sodann über eine wohl errichtete Schiffbrücke nach Bacharach[516]; von da an gab es fast ununterbrochene Vorpostengefechte, welche den Feind zum Rückzug nötigten. Man ließ den eigentlichen Hunsrück rechts, zog nach Stromberg, wo General Neuwinger gefangen wurde[517]. Man gewann Kreuznach und reinigte den Winkel zwischen der Nahe und dem Rhein; und so bewegte man sich mit Sicherheit gegen diesen Fluß. Die Kaiserlichen waren bei Speyer über den Rhein gegangen, und man konnte die Umzingelung von Mainz den 14. April abschließen, wenigstens vorerst die Einwohner mit Mangel, als dem Vorläufer größerer Not, in Angst setzen.

Diese Nachricht vernahm ich zugleich mit der Aufforderung, mich an Ort und Stelle zu zeigen, um, wie früher an einem beweglichen Übel, so nun an einem stationären teilzunehmen[518]. Die Umzingelung war vollbracht, die Belagerung konnte nicht ausbleiben; wie ungern ich mich dem Kriegstheater abermals näherte, überzeuge sich, wer etwa die zweite nach meinen Skizzen radierte Tafel in die Hand nimmt[519]. Sie ist einem sehr genauen Federumriß nachgebildet, den ich wenige Tage vor meiner Abreise sorgfältig auf Papier gebracht hatte. Mit welchem Gefühl, sagen die wenigen dazu gedichteten Reimzeilen:

Hier sind wir denn vorerst ganz still zu Haus,
Von Tür zu Türe sieht es lieblich aus;
Der Künstler froh die stillen Blicke hegt,
Wo Leben sich zum Leben freundlich regt.
Und wie wir auch durch ferne Lande ziehn,
Da kommt es her, da kehrt es wieder hin;
Wir wenden uns, wie auch die Welt entzücke,
Der Enge zu, die uns allein beglücke.

Belagerung von Mainz

Montag den 26. Mai 1793 von Frankfurt nach Höchst und Flörsheim; hier stand viel Belagerungsgeschütz. Der alte freie Weg nach Mainz war gesperrt, ich mußte über die Schiffbrücke bei Rüsselsheim[1]; in Ginsheim ward gefüttert; der Ort ist sehr zerschossen; dann über die Schiffbrücke auf die Nonnenaue[2], wo viele Bäume niedergehauen lagen, sofort auf dem zweiten Teil der Schiffbrücke über den größern Arm des Rheins. Ferner auf Bodenheim und Oberolm, wo ich mich kantonierungsmäßig einrichtete[3] und sogleich mit Hauptmann Vent[4] nach dem rechten Flügel über Hechtsheim ritt, mir die Lage besah von Mainz, Kastel, Kostheim, Hochheim, Weisenau, der Mainspitze und den Rheininseln[5]. Die Franzosen hatten sich der einen bemächtigt und sich dort eingegraben; ich schlief nachts in Oberolm.

Dienstag den 27. Mai eilte ich, meinen Fürsten im Lager bei Marienborn zu verehren, wobei mir das Glück ward, dem Prinzen Maximilian von Zweibrücken[6], meinem immer gnädigen Herrn, aufzuwarten; vertauschte dann sogleich gegen ein geräumiges Zelt in der Fronte des Regiments mein leidiges Kantonierungsquartier. Nun wollt' ich auch die Mitte des Blockadehalbkreises kennenlernen, ritt auf die Schanze vor dem Chausseehaus, übersah die Lage der Stadt, die neue französische Schanze bei Zahlbach und das merkwürdig-gefährliche Verhältnis des Dorfes Bretzenheim. Dann zog ich mich gegen das Regiment zurück und war bemüht, einige genaue Umrisse aufs Papier zu bringen, um mir die Bezüge und die Distanzen der landschaftlichen Gegenstände desto besser zu imprimieren[7].

Ich wartete dem General Grafen Kalckreuth[8] in Marienborn auf und war abends bei demselben; da denn viel über eine Märe gesprochen wurde, daß in dem Lager der anderen Seite vergangene Nacht der Lärm entstanden, als sei ein deutscher General zu den Franzosen übergegangen, worüber sogar das Feldgeschrei verändert worden und einige Bataillons ins Gewehr getreten[9].

Ferner unterhielt man sich über das Detail der Lage überhaupt, über Blockade und künftige Belagerung[10]. Viel ward gesprochen über Persönlichkeiten und deren Verhältnisse, die gar mancherlei wirken, ohne daß sie zur Sprache kommen. Man zeigte daraus, wie unzuverlässig die Geschichte sei, weil kein Mensch eigentlich wisse, warum oder woher dieses und jenes geschehe.

Mittwoch den 28. Mai bei Obrist von Stein[11] auf dem Forsthause, das äußerst schön liegt; ein höchst angenehmer Aufenthalt. Man fühlte, welch eine behagliche Stelle es gewesen, Landjägermeister eines Kurfürsten von Mainz zu sein. Von da übersieht man den großen landschaftlichen Kessel, der sich bis Hochheim hinüber erstreckt, wo in der Urzeit Rhein und Main sich wirbelnd drehten und restagnierend[12] die besten Äcker vorbereiteten, ehe sie bei Biebrich westwärts zu fließen völlige Freiheit fanden.

Ich speiste im Hauptquartier; der Rückzug aus der Champagne ward besprochen; Graf Kalckreuth ließ seiner Laune gegen die Theoristen freien Lauf[13].

Nach der Tafel ward ein Geistlicher hereingebracht, als revolutionärer Gesinnungen verdächtig. Eigentlich war er toll oder wollte so scheinen; er glaubte, Turenne und Condé gewesen und nie von einem Weibe geboren zu sein. Durch das Wort werde alles gemacht[14]! Er war guter Dinge und zeigte in seiner Tollheit viel Konsequenz und Gegenwart des Geistes.

Ich suchte mir die Erlaubnis, Leutnant von Itzenplitz zu besuchen, welcher am 9. Mai in einer Affäre vor Mainz mit Schuß und Hieb verwundet und endlich gefangengenommen worden[15]. Feindlicherseits betrug man sich auf das schonendste gegen ihn und gab ihn bald wieder heraus. Reden durft' er noch nicht, doch erfreute ihn die Gegenwart eines alten Kriegskameraden, der manches zu erzählen wußte.

Gegen Abend fanden sich die Offiziere des Regiments beim Marketender, wo es etwas mutiger herging als vorm Jahr in der Champagne: denn wir tranken den dortigen schäumenden Wein, und zwar im Trocknen beim schönsten Wetter.

Meiner vormaligen Weissagung ward auch gedacht; sie wiederholten meine Worte: »Von hier und heute geht eine neue Epoche der Weltgeschichte aus, und ihr könnt sagen, ihr seid dabei gewesen.« Wunderbar genug sah man diese Prophezeiung nicht etwa nur dem allgemeinen Sinn, sondern dem besondern Buchstaben nach genau erfüllt, indem die Franzosen ihren Kalender von diesen Tagen an datierten[16].
Wie aber der Mensch überhaupt ist, besonders aber im Kriege, daß er sich das Unvermeidliche gefallen läßt und die Intervalle zwischen Gefahr, Not und Verdruß mit Vergnügen und Lustbarkeit auszufüllen sucht, so ging es auch hier: die Hautboisten von Thadden spielten »Ça ira«[17] und den Marseiller Marsch, wobei eine Flasche Champagner nach der andern geleert wurde.
Abends 8 Uhr kanonierte man stark von den Batterien des rechten Flügels.
Donnerstag den 29. Mai früh 9 Uhr Viktoria wegen des Siegs der Östreicher bei Famars. Dieses allgemeine Abfeuern nützte mir, die Lage der Batterien und die Stellung der Truppen kennenzulernen; zugleich war ein ernstlicher Handel bei Bretzenheim, denn freilich hatten die Franzosen alle Ursache, uns aus diesem so nahe gelegenen Dorfe zu vertreiben.
Inzwischen erfuhr man, woher das Märchen der gestrigen Desertion entstanden: durch seltsam zufällige Kombinationen, so abgeschmackt als möglich, aber doch einige Zeit umherlaufend[18].
Ich begleitete meinen gnädigsten Herrn nach dem linken Flügel, wartete dem Herrn Landgrafen von Darmstadt auf, dessen Lager besonders zierlich mit kiefernen Lauben ausgeputzt war, dessen Zelt jedoch alles, was ich je in dieser Art gesehen, übertraf, wohl ausgedacht, vortrefflich gearbeitet, bequem und prächtig.
Gegen Abend war uns, mir aber besonders, ein liebenswürdiges Schauspiel bereitet: die Prinzessinnen von Mecklenburg hatten im Hauptquartier zu Bodenheim bei Ihro Majestät dem Könige gespeist und besuchten nach Tafel das Lager[19].

Ich heftelte mich in mein Zelt ein und durfte so die hohen Herrschaften, welche unmittelbar davor ganz vertraulich auf und nieder gingen, auf das genauste beobachten. Und wirklich konnte man in diesem Kriegsgetümmel die beiden jungen Damen für himmlische Erscheinungen halten, deren Eindruck auch mir niemals verlöschen wird.

Freitag den 30. Mai. Früh hörte man hinter dem Lager Kleingewehrfeuer, welches einige Apprehension[20] gab; dies klärte sich dahin auf, daß die Bauern den Fronleichnam gefeiert. Ferner ward Viktoria geschossen aus Kanonen und kleinem Gewehr, jenes glücklichen Ereignisses in den Niederlanden wegen; dazwischen scharf aus der Stadt und hinein. Nachmittag ein Donnerwetter.

Holländische Artillerieflottille ist angekommen, liegt bei Erbach[21].

In der Nacht vom 30. zum 31. Mai schlief ich, wie gewöhnlich ganz angezogen, ruhig im Zelte, als ich vom Platzen eines kleinen Gewehrfeuers aufgeweckt wurde, das nicht allzu entfernt schien[22]. Ich sprang auf und heraus und fand schon alles in Bewegung; es war offenbar, daß Marienborn überfallen sei. Bald darauf feuerten unsere Kanonen von der Batterie vor dem Chausseehaus, dies mußte also einem herandringenden Feinde gelten. Das Regiment des Herzogs, von dem eine Schwadron hinter dem Chausseehaus gelagert war, ruckte aus; der Moment war kaum erklärbar. Das kleine Gewehrfeuer in Mairenborn, im Rücken unserer Batterien, dauerte fort, und unsere Batterien schossen auch. Ich setzte mich zu Pferde und ritt weiter vor, wo ich, nach früher genommener Kenntnis, ob es gleich Nacht war, die Gegend beurteilen konnte. Ich erwartete jeden Augenblick, Marienborn in Flammen zu sehen, und ritt zu unseren Zelten zurück, wo ich die Leute des Herzogs beschäftigt fand, ein- und aufzupacken, auf alle Fälle. Ich empfahl ihnen meinen Koffer und Portefeuille und besprach unsern Rückzug. Sie wollten auf Oppenheim zu; dorthin konnte ich leicht folgen, da mir der Fußpfad durch das Fruchtfeld bekannt war, doch wollt' ich den Erfolg erst abwarten und mich nicht eher ent-

fernen, bis das Dorf brennte und der Streit sich hinter demselben weiter heraufzöge.
In solcher Ungewißheit sah ich der Sache zu, aber bald legte sich das kleine Gewehrfeuer, die Kanonen schwiegen, der Tag fing an zu grauen, und das Dorf lag ganz ruhig vor mir. Ich ritt hinunter. Die Sonne ging auf mit trübem Schein, und die Opfer der Nacht lagen nebeneinander. Unsere riesenhaften, wohl gekleideten Kürassiere machten einen wunderlichen Kontrast mit den zwergenhaften, schneiderischen, zerlumpten Ohnehosen[23]; der Tod hatte sie ohne Unterschied hingemäht. Unser guter Rittmeister La Vière war unter den ersten geblieben, Rittmeister von Voß, Adjutant des Grafen Kalckreuth, durch die Brust geschossen, man erwartete seinen Tod. Ich war veranlaßt, eine kurze Relation[24] dieses wunderbaren und unangenehmen Vorfalls aufzusetzen, welche ich hier einschalte und sodann noch einige Partikularitäten hinzufüge.

Von dem Ausfall der Franzosen in der Nacht auf Marienborn vermelde ich folgendes:
Das Hauptquartier Marienborn liegt in der Mitte des Halbkreises von Lagern und Batterien, die am linken Ufer des Rheins oberhalb Mainz anfangen, die Stadt nicht gar in der Entfernung einer halben Stunde umgeben und unterhalb derselben sich wieder an den Fluß anschließen. Die Kapelle zum heiligen Kreuz, die Dörfer Weisenau, Hechtsheim, Marienborn, Drais, Gonsenheim, Mombach werden von diesem Kreise entweder berührt oder liegen nicht weit außerhalb desselben. Die beiden Flügel bei Weisenau und Mombach wurden vom Anfang der Blockade an von den Franzosen öfters angegriffen und ersteres Dorf abgebrannt, die Mitte hingegen blieb ohne Anfechtung. Niemand konnte vermuten, daß sie dahin einen Ausfall richten würden, weil sie in Gefahr kamen, von allen Seiten ins Gedränge zu geraten, abgeschnitten zu werden, ohne irgend etwas von Bedeutung auszurichten. Indessen waren die Vorposten um Bretzenheim und Zahlbach[25], Orte, die vor Marienborn in einem Grunde

liegen, der sich nach der Stadt zieht, immer aneinander, und man behauptete Bretzenheim diesseits um so eifriger, als die Franzosen bei Dalheim, einem Kloster nahe bei Zahlbach, eine Batterie errichtet hatten und damit das Feld und die Chaussee bestrichen.

Eine Absicht, die man dem Feinde nicht zutraute, bewog ihn endlich zu einem Ausfall gegen das Hauptquartier. Die Franzosen wollten, so ist man durch die Gefangenen überzeugt, den General Kalckreuth, der in Marienborn, den Prinzen Ludwig, Ferdinands Sohn[26], der auf dem Chausseehause einige hundert Schritte vom Dorfe in Quartier lag, entweder gefangen fortführen oder tot zurücklassen. Sie wählten die Nacht vom 30. zum 31., zogen sich, vielleicht 3000 Mann, aus dem Zahlbacher Grunde, schlängelnd über die Chaussee und durch einige Gründe bis wieder an die Chaussee, passierten sie wieder und eilten auf Marienborn los. Sie waren gut geführt und nahmen ihren Weg zwischen den östreichischen und preußischen Patrouillen durch, die leider, wegen geringen Wechsels von Höhen und Tiefen, nicht aneinanderstießen. Auch kam ihnen noch ein Umstand zu Hülfe.

Tags vorher hatte man Bauern beordert, das Getreide, das gegen die Stadt zu steht, in dieser Nacht abzumähen; als diese nach vollendeter Arbeit zurückgingen, folgten ihnen die Franzosen, und einige Patrouillen wurden dadurch irregemacht. Sie kamen unentdeckt ziemlich weit vorwärts, und als man sie bemerkte und auf sie schoß, drangen sie in der größten Eile nach Marienborn vor und erreichten das Dorf gegen 1 Uhr, wo man sorglos entweder schlief oder wachte. Sie schossen sogleich in die Häuser, wo sie Licht sahen, drängten sich durch die Straße und umringten den Ort und das Kloster, in welchem der General lag[27]. Die Verwirrung war groß, die Batterien schossen, das Infanterieregiment Wegner rückte gleich vor, eine Schwadron des Herzogs von Weimar, die hinter dem Orte lag, war bei der Hand, die sächsischen Husaren desgleichen. Es entstand ein verwirrtes Gefecht.

Indessen hörte man im ganzen Umkreis des blockierenden

Lagers das Feuern von falschen Attacken, jeder wurde auf sich aufmerksam gemacht, und niemand wagte, dem andern zu Hülfe zu eilen. Der abnehmende Mond stand am Himmel und gab ein mäßiges Licht.
Der Herzog von Weimar nahm den übrigen Teil seines Regiments, das eine Viertelstunde hinter Marienborn auf der Höhe lag, und eilte hinzu, Prinz Ludwig führte die Regimenter Wegner und Thadden; und nach einem anderthalbstündigen Gefechte trieb man die Franzosen gegen die Stadt. An Toten und Blessierten ließen sie 30 Mann zurück; was sie mit sich geschleppt, ist unbekannt.
Der Verlust der Preußen an Toten und Blessierten mag 90 Mann sein. Major La Vière von Weimar ist tot; Rittmeister und Adjutant von Voß tödlich verwundet. Ein unglücklicher Zufall vermehrte den diesseitigen Verlust: denn als sich die Feldwachen von Bretzenheim auf Marienborn zurückziehen wollten, kamen sie unter die Franzosen und wurden zugleich mit ihnen von unsern Batterien beschossen.
Als es Tag ward, fand man Pechkränze und mit Pech überzogene Birkenwellen[28] an allen Enden des Dorfes; sie hatten die Absicht, wenn der Coup gelänge, zuletzt das Dorf anzuzünden.
Man erfuhr, daß sie zu gleicher Zeit versucht hatten, eine Brücke von einer Rheininsel an der Mainspitze, in die sie sich seit einiger Zeit genistet, auf die nächste Insel zu schlagen, wahrscheinlich in der Absicht, gegen die Schiffbrücken bei Ginsheim etwas vorzunehmen.
Das zweite Treffen der Kette ward näher an das erste herangezogen, und des Herzogs Regiment steht nahe bei Marienborn.
Man weiß, daß beim Ausfall Nationaltruppen vorangingen, dann Linien-, dann wieder Nationaltruppen folgten; es mag daher das Gerücht entstanden sein, die Franzosen seien in drei Kolonnen ausgezogen.

Den 1. Juni rückte das Regiment näher nach Marienborn; der Tag ging hin mit Veränderung des Lagers; auch die In-

fanterie veränderte ihre Stellung, und man traf verschiedene Verteidigungsanstalten.
Ich besuchte Rittmeister von Voß, den ich ohne Hoffnung fand[29]; er saß aufrecht im Bette und schien seine Freunde zu kennen, zu sprechen vermocht' er nicht. Auf einen Wink des Chirurgen begaben wir uns weg; und ein Freund machte mich unterwegs aufmerksam, daß vor einigen Tagen in demselben Zimmer ein heftiger Streit entstanden, indem einer gegen viele hartnäckig behauptet: Marienborn, als Hauptquartier, liege viel zu nahe an der blockierten und zu belagernden Stadt, man habe sich gar wohl eines Überfalls zu versehen.
Weil aber überhaupt eine heftige Widerrede gegen alles, was von oben herein befohlen und veranstaltet war, zur Tagesordnung gehörte, so ging man drüber hinaus und ließ diese Warnung, so wie manche andere verhallen.
Den 2. Juni ward ein Bauer aus Oberolm gehenkt, der beim Überfall die Franzosen angeführt hatte: denn ohne die genauste Kenntnis des Terrains wäre das schlängelnde Heranziehen nicht denkbar gewesen; zum Unglück für ihn wußte er nicht ebenso gut mit den Rückkehrenden die Stadt zu erreichen und wurde von den ausgesandten Patrouillen, die alles auf das sorgfältigste durchsuchten, eingefangen.
Ward Major La Vière mit allen militärischen Ehren vor den Standarten begraben. Starb Rittmeister von Voß. Waren Prinz Ludwig, General Kalckreuth und mehrere bei dem Herzog zur Tafel. Abends Feuern an der Rheinspitze[30].
Den 3. Juni große Mittagstafel bei Herrn von Stein auf dem Jägerhause; herrliches Wetter[31], unschätzbare Aussicht, ländlicher Genuß, durch Szenen des Todes und Verderbens getrübt. Abends wurde Rittmeister von Voß neben La Vière niedergesenkt.
Den 5. Juni. Man fährt fort, an der Verschanzung des Lagers ernstlich zu arbeiten.
Große Attacke und Kanonade an der Mainspitze.
Den 6. Juni war die preußische und östreichische Generalität bei Serenissimo zu Tafel, in einem großen, von Zimmerwerk

zu solchen Festen auferbauten Saale. Ein Obristleutnant vom Regiment Wegner, schief gegen mir über sitzend, betrachtete mich gewissermaßen mehr als billig.

Den 7. Juni schrieb ich früh viel Briefe. Bei Tafel im Hauptquartier schwadronierte ein Major viel über künftige Belagerung und redete sehr frei über das Benehmen bisher.

Gegen Abend führte mich ein Freund zu jenem beobachtenden Obristleutnant, der vor einigen Tagen meine Bekanntschaft zu machen gewünscht hatte. Wir fanden keine sonderliche Aufnahme; es war Nacht geworden, es erschien keine Kerze. Selterswasser und Wein, das man jedem Besuchenden anbot, blieb aus, die Unterhaltung war null. Mein Freund, welcher diese Verstimmung dem Umstande zuschrieb, daß wir zu spät gekommen, blieb nach dem Abschiede einige Schritte zurück, um uns zu entschuldigen, jener aber versetzte zutraulich, es habe gar nichts zu sagen: denn gestern bei Tafel habe er schon an meinen Gesichtszügen gesehen, daß ich gar der Mann nicht sei, wie er sich ihn vorgestellt habe. Wir scherzten über diesen verunglückten Versuch neuer Bekanntschaft.

Den 8. Juni setzte ich meine Arbeit an »Reineke Fuchs« fleißig fort[32]; ritt mit durchlauchtigstem Herzog nach dem darmstädtischen Lager, wo ich den Herrn Landgrafen als meinen vieljährigen unabänderlich gnädigsten Herrn mit Freuden verehrte.

Abends kam Prinz Maximilian von Zweibrücken mit Obrist von Stein zu Serenissimo[33], da ward manches durchgesprochen; zuletzt kam das offenbare Geheimnis der nächstkünftigen Belagerung an die Reihe.

Den 9. Juni glückte den Franzosen ein Ausfall auf Heiligkreuz[34]; es gelang ihnen, Kirche und Dorf unmittelbar vor den östreichischen Batterien anzuzünden, einige Gefangene zu machen und sich nicht ohne Verlust hierauf zurückzuziehen.

Den 10. Juni wagten die Franzosen einen Tagesüberfall auf Gonsenheim[35], der zwar abgeschlagen ward, aber uns doch wegen des linken Flügels, und besonders wegen des Darmstädter Lagers, einige Zeit in Verlegenheit und Sorge setzte.

Den 11. Juni. Das Lager Ihro Majestät des Königs war nur etwa 1000 Schritte über Marienborn bestimmt und angelegt, gerade an dem Abhange, wo der große Kessel, in welchem Mainz liegt, sich endigt, in aufsteigenden Lehmwänden und Hügeln; dieses gab zu den anmutigsten Einrichtungen Gelegenheit. Das leicht zu behandelnde Erdreich bot sich den Händen geschickter Gärtner dar, welche die gefälligste Parkanlage mit wenig Bemühung bildeten: die abhängige Seite ward geböscht und mit Rasen belegt, Lauben gebaut, auf- und absteigende Kommunikationsgänge gegraben, Flächen planiert, wo das Militär in seiner ganzen Pracht und Zierlichkeit sich zeigen konnte, anstoßende Wäldchen und Büsche mit in den Plan gezogen, so daß man bei der köstlichsten Aussicht nichts mehr wünschen konnte, als diese sämtlichen Räume ebenso bearbeitet zu sehen, um des herrlichsten Parks von der Welt zu genießen. Unser Kraus[36] zeichnete sorgfältig die Aussicht mit allen ihren gegenwärtigen Eigentümlichkeiten.

Den 14. Juni. Eine kleine Schanze, welche die Franzosen unterhalb Weisenau errichtet hatten und besetzt hielten, stand der Eröffnung der Parallele im Weg[37]; sie sollte nachts eingenommen werden, und mehrere davon unterrichtete Personen begaben sich auf die diesseitigen Schanzen unseres rechten Flügels, von wo man die ganze Lage übersehen konnte. In der sehr finstern Nacht erwartete man nunmehr, da man die Stelle recht gut kannte, wohin unsere Truppen gesendet waren, Angriff und Widerstand sollten durch ein lebhaftes Feuer ein bedeutendes Schauspiel geben. Man harrte lang, man harrte vergebens; statt dessen gewahrte man aber eine weit lebhaftere Erscheinung. Alle Posten unserer Stellung mußten angegriffen sein, denn in dem ganzen Kreis derselben erblickte man ein lebhaftes Feuern, ohne daß man dessen Veranlassung irgend begreifen konnte; auf der Stelle aber, von der eigentlich die Rede sein sollte, blieb alles tot und stumm. Verdrießlich gingen wir nach Hause, besonders Herr Gore[38], als auf solche Feuer- und Nachtgefechte der Begierigste. Der folgende Tag gab uns die Auflösung dieses Rätsels. Die Franzosen hatten sich vorgenommen, in dieser Nacht alle unsere Posten anzugreifen, und deshalb ihre Truppen aus den Schanzen weg und zum Angriff zusammengezogen. Unsere Abgesendeten daher, die mit der größten Vorsicht an die Schanze herangingen, fanden weder Waffen noch Widerstand; sie erstiegen die Schanze und fanden sie leer, einen einzigen Kanonier ausgenommen, der sich über diesen Besuch höchlich verwunderte. Während des allgemeinen Feuerns, das nur sie nicht betraf, hatten sie gute Zeit, die Wälle zu zerstören und sich zurückzuziehen. Jener allgemeine Angriff hatte auch keine weitern Folgen; die alarmierten Linien beruhigten sich wieder mit dem Einbruch des Tags.

Den 16. Juni. Die immer besprochene und dem Feind verheimlichte Belagerung von Mainz nahte sich denn doch endlich; man sagte sich ins Ohr: heute nacht solle die Tranchee eröffnet werden[39]. Es war sehr finster, und man ritt den bekannten Weg nach der Weisenauer Schanze; man sah nichts, man hörte nichts, aber unsere Pferde stutzten auf einmal, und wir wurden unmittelbar vor uns einen kaum zu unterscheidenden Zug gewahr. Östreichische, grau gekleidete Soldaten, mit grauen Faschinen auf den Rücken[40], zogen stillschweigend dahin, kaum daß von Zeit zu Zeit der Klang aneinander schlagender Schaufeln und Hacken irgendeine nahe Bewegung andeutete. Wunderbarer und gespensterhafter läßt sich kaum eine Erscheinung denken, die sich halb gesehen immer wiederholte, ohne deutlicher gesehen zu werden. Wir blieben auf dem Flecke halten, bis daß sie vorüber waren, denn von da aus konnten wir wenigstens nach der Stelle hinsehen, wo sie im Finstern wirken und arbeiten sollten. Da dergleichen Unternehmungen immer in Gefahr sind, dem Feind verraten zu werden, so konnte man erwarten, daß von den Wällen aus auf diese Gegend, und wenn auch nur auf gut Glück, gefeuert werden würde. Allein in dieser Erwartung blieb man nicht lange, denn gerade an der Stelle, wo die Tranchee angefangen werden sollte, ging auf einmal Kleingewehrfeuer los, allen unbegreiflich. Sollten die Franzosen sich herausgeschlichen, bis an oder gar über unsere Vorposten herangewagt haben? Wir begriffen es nicht. Das Feuern hörte auf, und alles versank in die allertiefste Stille. Erst den andern Morgen wurden wir aufgeklärt, daß unsere Vorposten selbst auf die still heranziehende Kolonne wie auf eine feindliche gefeuert hatten; diese stutzte, verwirrte sich, jeder warf seine Faschine weg, Schaufeln und Hacken wurden allenfalls gerettet; die Franzosen auf den Wällen, aufmerksam gemacht, waren auf ihrer Hut, man kam unverrichteter Sache zurück, die sämtliche Belagerungsarmee war in Bestürzung.

Den 17. Juni. Die Franzosen errichten eine Batterie an der Chaussee[41]. Nachts entsetzlicher Regen und Sturm.

Den 18. Juni. Als man die neulich mißglückte Eröffnung der Tranchee unter den Sachverständigen besprach, wollte sich finden, daß man viel zu weit von der Festung mit der Anlage geblieben sei; man beschloß daher sogleich, die dritte Parallele[42] näherzurücken und dadurch aus jenem Unfall entschiedenen Vorteil zu ziehen. Man unternahm es, und es ging glücklich vonstatten.

Den 24. Juni. Franzosen und Klubbisten[43], wie man wohl bemerken konnte, daß es Ernst werde, veranstalteten, dem zunehmenden Mangel an Lebensmitteln Einhalt zu tun, eine unbarmherzige Exportation[44] gegen Kastel, von Greisen und Kranken, Frauen und Kindern, die ebenso grausam wieder zurückgewiesen wurden. Die Not wehr- und hülfloser, zwischen innere und äußere Feinde gequetschter Menschen ging über alle Begriffe.

Man versäumte nicht, den östreichischen Zapfenstreich zu hören, welcher alle andere der ganzen alliierten Armee übertraf.

Den 25. Juni. Nachmittag entstand ein heftiges, allen unbegreifliches Kanonieren am Ende unsers linken Flügels; zuletzt klärte sich's auf, das Feuern sei auf dem Rhein, wo die holländische Flotte vor Ihro Majestät dem Könige manö-

vriere; Höchstdieselben waren deshalb nach Elfeld gegangen.
Den 27. Juni. Anfang des Bombardements, wodurch die Dechanei[45] sogleich angezündet war.
Nachts glückte den Unsern der Sturm auf Weisenau und die Schanze oberhalb der Kartause, freilich unerläßliche Punkte, den rechten Flügel der zweiten Parallele zu sichern.
Den 28. Juni nachts. Fortgesetztes Bombardement gegen den Dom; Turm und Dach brennen ab und viele Häuser umher. Nach Mitternacht die Jesuitenkirche.
Wir sahen auf der Schanze vor Marienborn diesem schrecklichen Schauspiele zu; es war die sternenhellste Nacht, die Bomben schienen mit den Himmelslichtern zu wetteifern, und es waren wirklich Augenblicke, wo man beide nicht unterscheiden konnte. Neu war uns das Steigen und Fallen der Feuerkugeln; denn wenn sie erst mit einem flachen Zirkelbogen das Firmament zu erreichen drohten, so knickten sie in einer gewissen Höhe parabolisch zusammen, und die aufsteigende Lohe verkündigte bald, daß sie ihr Ziel zu erreichen gewußt.
Herr Gore und Rat Kraus behandelten den Vorfall künstlerisch und machten so viele Brandstudien, daß ihnen später gelang, ein durchscheinendes Nachtstück zu verfertigen, welches noch vorhanden ist und, wohlerleuchtet, mehr als irgendeine Wortbeschreibung die Vorstellung einer unselig glühenden Hauptstadt des Vaterlandes zu überliefern imstande sein möchte.
Und wie deutete nicht ein solcher Anblick auf die traurigste Lage, indem wir, uns zu retten, uns einigermaßen wiederherzustellen, zu solchen Mitteln greifen mußten.
Den 29. Juni. Schon längst war von einer schwimmenden Batterie die Rede gewesen, welche, bei Ginsheim gebaut, auf den Mainkopf und die zunächstliegenden Inseln und Auen wirken und sie besetzen sollte. Man sprach soviel davon, daß sie endlich vergessen ward. Auf meinem gewöhnlichen Nachmittagsritte nach unserer Schanze über Weisenau war ich kaum dorthin gelangt, als ich auf dem Fluß eine große

Bewegung bemerkte: französische Kähne ruderten emsig nach den Inseln, und die östreichische Batterie, angelegt, um den Fluß bis dorthin zu bestreichen, feuerte unausgesetzt in Prellschüssen auf dem Wasser; für mich ein ganz neues Schauspiel. Wie die Kugel zum erstenmal auf das bewegliche Element aufschlug, entsprang eine starke, sich viele Fuß in die Höhe bäumende Springwelle; diese war noch nicht zusammengestürzt, als schon eine zweite in die Höhe getrieben wurde, kräftig wie die erste, nur nicht von gleicher Höhe, und so folgte die dritte, vierte, immer ferner abnehmend, bis sie zuletzt gegen die Kähne gelangte, flächer fortwirkte und den Fahrzeugen zufällig gefährlich ward.

An diesem Schauspiel konnt' ich mich nicht satt sehen, denn es folgte Schuß auf Schuß, immer wieder neue mächtige Fontänen, indessen die alten noch nicht ganz verrauscht hatten.

Auf einmal löste sich drüben auf dem rechten Ufer, zwischen Büschen und Bäumen, eine seltsame Maschine los[46]; ein vierecktes, großes, von Balken gezimmertes Lokal schwamm daher, zu meiner großen Verwunderung, zu meiner Freude zugleich, daß ich bei dieser wichtigen, so viel besprochenen Expedition Augenzeuge sein sollte. Meine Segenswünsche schienen jedoch nicht zu wirken, meine Hoffnung dauerte nicht lange: denn gar bald drehte die Masse sich auf sich selbst, man sah, daß sie keinem Steuerruder gehorchte[47], der Strom zog sie immer im Drehen mit sich fort. Auf der Rheinschanze oberhalb Kastel und vor derselben war alles in Bewegung, Hunderte von Franzosen rannten am Ufer aufwärts und verführten ein gewaltiges Jubelgeschrei, als dieses trojanische Meerpferd, fern von dem beabsichtigten Ziel der Landspitze, durch den einströmenden Main ergriffen und nun zwischen Rhein und Main gelassen und unaufhaltsam dahinfuhr. Endlich zog die Strömung diese unbehülfliche Maschine gegen Kastel, dort strandete sie unfern der Schiffbrücke auf einem flachen, noch vom Fluß überströmten Boden. Hier versammelte sich nun das sämtliche französische Kriegsvolk, und wie ich bisher mit meinem trefflichen Fernrohr das ganze Ereignis aufs genauste beobachtet, so sah ich nun auch, leider, die Falltüre, die diesen Raum verschloß, niedersinken und die darin Versperrten heraus und in die Gefangenschaft wandern. Es war ein ärgerlicher Anblick; die Fallbrücke reichte nicht bis ans trockene Land, die kleine Garnison mußte daher erst durchs Wasser waten, bis sie den Kreis ihrer Gegner erreichten. Es waren vierundsechzig Mann, zwei Offiziere und zwei Kanonen, sie wurden gut empfangen, sodann nach Mainz und zuletzt ins preußische Lager zur Auswechselung gebracht.

Nach meiner Rückkehr verfehlte ich nicht, von diesem unerwarteten Ereignis Nachricht zu geben; niemand wollt' es glauben, wie ich ja selbst meinen Augen nicht getraut hatte. Zufällig befanden sich Ihro Königliche Hoheit der Kronprinz in des Herzogs von Weimar Gezelt, ich ward gerufen und mußte den Vorfall erzählen; ich tat es genau, aber ungern, wohl wissend, daß man dem Boten der Hiobspost immer etwas von der Schuld des Unglücks, das er erzählt, anzurechnen pflegt.

Unter den Täuschungen mancher Art, die uns bei unerwarteten Vorfällen in einem ungewohnten Zustande betreffen mögen, gibt es gar viele, gegen die man sich erst im Augenblick waffnen kann. Ich war gegen Abend ohne den mindesten Anstoß den gewöhnlichen Fußpfad nach der Weisenauer Schanze geritten; der Weg ging durch eine kleine Vertiefung, wo weder Wasser noch Sumpf, noch Graben, noch irgendein Hindernis sich bemerken ließ; bei meiner Rückkehr war die Nacht eingebrochen, und als ich eben in jene Vertiefung hereinreiten wollte, sah ich gegenüber eine schwarze Linie gezogen, die sich von dem verdüsterten braunen Erdreich scharf abschnitt. Ich mußt' es für einen Graben halten; wie aber ein Graben in der kurzen Zeit über meinen Weg her sollte gezogen sein, war nicht begreiflich. Mir blieb daher nichts übrig, als drauflos zureiten.

Als ich näher kam, blieb zwar der schwarze Streif unverrückt, aber es schien mir vor demselbigen sich einiges hin und wider zu bewegen, bald auch ward ich angerufen und befand mich sogleich mitten unter wohl bekannten Kaval lerieoffizieren. Es war des Herzogs von Weimar Regiment welches, ich weiß nicht zu welchem Zwecke ausgerückt, sich in dieser Vertiefung aufgestellt hatte, da denn die lange Linie schwarzer Pferde mir als Vertiefung erschien, die meinen Fußpfad zerschnitt. Nach wechselseitigem Begrüßen eilte ich sodann ungehindert zu den Zelten.

Und so war nach und nach das innere grenzenlose Unglück einer Stadt, außen und in der Umgegend, Anlaß zu einer Lustpartie geworden. Die Schanze über Weisenau, welche die herrlichste Übersicht gewährte, täglich von einzelnen besucht, die sich von der Lage einen Begriff machen und, was in dem weiten übersehbaren Kreis vorginge, bemerken wollten, war Sonn- und Feiertags der Sammelplatz einer unzählbaren Menge Landleute, die sich aus der Nachbarschaft herbeizogen. Dieser Schanze konnten die Franzosen wenig anhaben, Hochschüsse waren sehr ungewiß und gingen meist drüber weg. Wenn die Schildwache, auf der Brustwehr hin und wider gehend, bemerkte, daß die Franzosen das hieher gerichtete Geschütz abfeuerten, so rief sie: »Buck!« und sodann ward von allen innerhalb der Batterie befindlichen Personen erwartet, daß sie sich auf die Knie wie aufs Angesicht niederwürfen, um durch die Brustwehr gegen eine niedrig ankommende Kugel geschützt zu sein.

Nun war es Sonntags und Feiertags lustig anzusehen, wenn die große Menge geputzter Bauersleute, oft noch mit Gebetbuch und Rosenkranz, aus der Kirche kommend die Schanze füllten, sich umsahen, schwatzten und schäkerten, auf einmal aber die Schildwache »Buck!« rief und sie sämtlich flugs vor dieser gefährlich-hochwürdigen Erscheinung niederfielen und ein vorüberfliegendes göttlich-sausendes Wesen anzubeten schienen; bald aber nach geschwundener Gefahr sich wieder aufrafften, sich wechselsweise verspotteten und bald darauf, wenn es den Belagerten gerade beliebte, abermals niederstürzten. Man konnte sich dieses Schauspiel sehr bequem verschaffen, wenn man sich auf der nächsten Höhe etwas seitwärts außer der Richtung der Kugel stellte, unter sich dieses wunderliche Gewimmel sah und die Kugel an sich vorbeisausen hörte.

Aber eine solche über die Schanze weggehende Kugel verfehlte nicht Zweck noch Absicht. Auf dem Rücken dieser Höhen zog sich der Weg von Frankfurt her, so daß man die Prozession von Kutschen und Chaisen, Reitern und Fußgängern aus Mainz sehr gut beobachten und also zugleich die Schanze und die Wallfahrtenden in Schrecken setzen konnte. Auch wurde bei einiger Aufmerksamkeit des Militärs der Eintritt einer solchen Menge gar bald verboten, und die Frankfurter nahmen einigen Umweg, auf welchem sie unbemerkt und unerreicht in das Hauptquartier gelangten.

Ende Juni. – In einer unruhigen Nacht unterhielt ich mich, aufzuhorchen auf die mannigfaltigen fern und nah erregten Töne, und konnte folgende genau unterscheiden.

»Werda!« der Schildwache vorm Zelt.
»Werda!« der Infanterieposten.
»Werda!« wenn die Runde kam.
Hin- und Widergehen der Schildwache.
Geklappere des Säbels auf dem Sporn.
Bellen der Hunde fern.
Knurren der Hunde nahe.
Krähen der Hähne.
Scharren der Pferde.
Schnauben der Pferde.
Häckerlingschneiden.
Singen, Diskurieren und Zanken der Leute.
Kanonendonner.
Brüllen des Rindviehs.
Schreien der Maulesel.

Lücke[48]

Daß eine solche hier einfällt, möchte wohl kein Wunder sein. Jede Stunde war unglücksträchtig; man sorgte jeden Augenblick für seinen verehrten Fürsten, für die liebsten Freunde, man vergaß, an eigene Sicherheit zu denken. Von der wilden, wüsten Gefahr angezogen, wie von dem Blick einer Klapperschlange, stürzte man sich unberufen in die tödlichen Räume, ging, ritt durch die Trancheen, ließ die Haubitzgranaten über dem Kopfe dröhnend zerspringen, die Trümmer neben sich niederstürzen; manchem Schwerblessierten wünschte man baldige Erlösung von grimmigen Leiden, und die Toten hätte man nicht ins Leben zurückgerufen.
Wie Verteidiger und Angreifende nunmehr aber gegeneinander standen, davon wäre im allgemeinen hier soviel zu sagen. Die Franzosen hatten bei androhender Gefahr sich zeitig vorgesehen und vor die Hauptwerke hinaus kleinere Schanzen kunstgemäß angelegt, um die Blockierenden in gewisser Ferne zu halten, die Belagerung aber zu erschweren. Alle diese Hindernisse mußten nun weggeräumt werden, wenn die dritte Parallele eröffnet, fortgesetzt und geschlossen werden sollte, wie im nachfolgenden einzeln aufgezeichnet ist. Wir aber indessen, mit einigen Freunden[49], obgleich ohne Ordre und Beruf, begaben uns an die gefährlichsten Posten. Weisenau war in deutschen Händen, auch die flußabwärts liegende Schanze schon erobert; man besuchte den zerstörten Ort, hielt in dem Gebeinhause Nachlese von krankhaften Knochen, wovon das Beste schon in die Hände der Wundärzte mochte gelangt sein[50]. Indem nun aber die Kugeln der Karlsschanze[51] immer in die Überreste der Dächer und Gemäuer schlugen, ließen wir uns durch einen Mann des dortigen Wachtpostens, gegen ein Trinkgeld, an eine bekannte bedeutende Stelle führen, wo mit einiger Vorsicht gar vieles zu übersehen war. Man ging mit Behutsamkeit durch Trümmer und Trümmer und ward endlich, eine stehengebliebene steinerne Wendeltreppe hinauf, an das Balkonfenster eines freistehenden Giebels geführt, das freilich

in Friedenszeiten dem Besitzer die herrlichste Aussicht gewährt haben mußte. Hier sah man den Zusammenfluß des Main- und Rheinstroms und also die Main- und Rheinspitze, die Blei-Au, das befestigte Kastel, die Schiffbrücke und am linken Ufer sodann die herrliche Stadt; zusammengebrochene Turmspitzen, lückenhafte Dächer, rauchende Stellen untröstlichen Anblicks.

Unser Führer hieß bedächtig sein, nur einzeln um die Fensterpfosten herumschauen, weil von der Karlsschanze her gleich eine Kugel würde geflogen kommen, und er Verdruß hätte, solche veranlaßt zu haben.

Nicht zufrieden hiermit, schlich man weiter gegen das Nonnenkloster, wo es freilich auch wild genug aussah, wo unten in den Gewölben für billiges Geld Wein geschenkt wurde, indes die Kugeln von Zeit zu Zeit rasselnde Dächer durchlöcherten.

Aber noch weiter trieb der Vorwitz; man kroch in die letzte Schanze des rechten Flügels, die man unmittelbar über den Ruinen der Favorite und der Kartause tief ins Glacis[52] der Festung eingegraben hatte und nun hinter einem Bollwerk von Schanzkörben auf ein paar hundert Schritte Kanonenkugeln wechselte; wobei es denn freilich darauf ankam, wer dem andern zuerst Schweigen aufzulegen das Glück hatte.

Hier fand ich es nun, aufrichtig gestanden, heiß genug, und man nahm sich's nicht übel, wenn irgendeine Anwandlung jenes Kanonenfiebers sich wieder hervortun wollte[53]; man druckte sich nun zurück, wie man gekommen war, und kehrte doch, wenn es Gelegenheit und Anlaß gab, wieder in gleiche Gefahr.

Bedenkt man nun, daß ein solcher Zustand, wo man sich, die Angst zu übertäuben, jeder Vernichtung aussetzte, bei drei Wochen dauerte, so wird man uns verzeihen, wenn wir über diese schrecklichen Tage wie über einen glühenden Boden hinüberzueilen trachten.

Den 1. Juli war die dritte Parallele in Tätigkeit und sogleich die Bocksbatterie bombardiert[54].

Den 2. Juli. Bombardement der Zitadelle und Karlsschanze.
Den 3. Juli. Neuer Brand in der St. Sebastianskapelle; benachbarte Häuser und Paläste gehen in Flammen auf[55].
Den 6. Juli. Die so genannte Klubbistenschanze, welche den rechten Flügel der dritten Parallele nicht zustande kommen ließ, mußte weggenommen werden; allein man verfehlte sie und griff vorliegende Schanzen des Hauptwalles an, da man denn freilich zurückgeschlagen wurde.
Den 7. Juli. Endliche Behauptung dieses Terrains; Kostheim wird angegriffen, die Franzosen geben es auf[56].

Den 13. Juli nachts. Das Rathaus und mehrere öffentliche Gebäude brennen ab.
Den 14. Juli. Stillstand auf beiden Seiten, Freuden- und Feiertag; der Franzosen wegen der in Paris geschlossenen Nationalkonföderation, der Deutschen wegen der Eroberung von Condé[57]; bei den letzten Kanonen- und Kleingewehrfeuer, bei jenen ein theatralisches Freiheitsfest, wovon man viel zu hören hatte.
Nachts vom 14. zum 15. Juli. Die Franzosen werden aus einer Batterie vor der Karlsschanze getrieben; fürchterliches Bombardement. Von der Mainspitze über den Main brachte man das Benediktinerkloster auf der Zitadelle in Flammen. Auf der andern Seite entzündet sich das Laboratorium und fliegt in die Luft. Fenster, Läden und Schornsteine dieser Stadtseite brechen ein und stürzen zusammen.
Am 15. Juli besuchten wir Herrn Gore in Kleinwintersheim[58] und fanden Rat Kraus beschäftigt, ein Bildnis des werten Freundes zu malen, welches ihm gar wohl gelang. Herr Gore hatte sich stattlich angezogen, um bei fürstlicher Tafel zu erscheinen, wenn er vorher sich in der Gegend abermals würde umgeschaut haben. Nun saß er, umgeben von allerlei Haus- und Feldgerät, in der Bauernkammer eines deutschen Dörfchens, auf einer Kiste, den angeschlagenen Zuckerhut auf einem Papiere neben sich; er hielt die Kaffeetasse in der einen, die silberne Reißfeder, statt des Löffel-

chens, in der andern Hand; und so war der Engländer ganz anständig und behaglich auch in einem schlechten Kantonierungsquartier vorgestellt, wie er uns noch täglich zu angenehmer Erinnerung vor Augen steht[59].

Wenn wir nun dieses Freundes allhier gedenken, so verfehlen wir nicht, etwas mehreres über ihn zu sagen. Er zeichnete sehr glücklich in der Camera obscura[60] und hatte, Land und See bereisend, sich auf diese Weise die schönsten Erinnerungen gesammelt. Nun konnte er, in Weimar wohnhaft, angewohnter Beweglichkeit nicht entsagen, blieb immer geneigt, kleine Reisen vorzunehmen, wobei ihn denn gewöhnlich Rat Kraus zu begleiten pflegte, der mit leichter, glücklicher Fassungsgabe die vorstehenden Landschaften zu Papier brachte, schattierte, färbte, und so arbeiteten beide um die Wette.

Die Belagerung von Mainz, als ein seltener, wichtiger Fall, wo das Unglück selbst malerisch zu werden versprach, lockte die beiden Freunde gleichfalls nach dem Rhein, wo sie sich keinen Augenblick müßig verhielten.

Und so begleiteten sie uns denn auch auf einem Gefahrzug nach Weisenau, wo sich Herr Gore ganz besonders gefiel. Wir besuchten abermals den Kirchhof, in Jagd auf pathologische Knochen; ein Teil der nach Mainz gewendeten Mauer war eingeschossen, man sah über freies Feld nach der Stadt. Kaum aber merkten die auf den Wällen etwas Lebendiges in diesem Raume, so schossen sie mit Prellschüssen nach der Lücke; nun sah man die Kugel mehrmals aufspringen und Staub erregend herankommen, da man sich denn zuletzt hinter die stehengebliebene Mauer oder in das Gebeingewölbe zu retten wußte und der den Kirchhof durchrollenden Kugel heiter nachschaute.

Die Wiederholung eines solchen Vergnügens schien dem Kammerdiener bedenklich, der, um Leben und Glieder seines alten Herrn besorgt, uns allen ins Gewissen sprach und die kühne Gesellschaft zum Rückzug nötigte.

Der 16. Juli war mir ein bänglicher Tag, und zwar bedrängte mich die Aussicht auf die nächste, meinen Freunden gefährliche Nacht; damit verhielt es sich aber folgendermaßen Eine der vorgeschobenen kleinen feindlichen Schanzen, vor der sogenannten Welschen Schanze, leistete völlig ihre Pflicht; sie war das größte Hindernis unserer vordern Parallele und mußte, was es auch kosten möchte, weggenommen werden. Dagegen war nun nichts zu sagen, allein es zeigte sich ein bedenklicher Umstand. Auf Nachricht oder Vermutung: die Franzosen ließen hinter dieser Schanze und unter dem Schutz der Festung Kavallerie kampieren, wollte man zu diesem Aus- und Überfalle auch Kavallerie mitnehmen. Was das heiße: aus der Tranchee heraus, unmittelbar vor den Kanonen der Schanze und der Festung, Kavallerie zu entwickeln und sich, in düsterer Nacht, damit auf dem feindlich besetzten Glacis herumzutummeln, wird jedermann begreiflich finden; mir aber war es höchst bänglich, Herrn von Oppen, als den Freund, der mir vom Regiment zunächst anlag, dazu kommandiert zu wissen[61]. Gegen Einbruch der Nacht mußte jedoch geschieden sein, und ich eilte zur Schanze Nr. 4, wo man jene Gegend ziemlich im Auge hatte. Daß es losbrach und hitzig zuging, ließ sich wohl aus der Ferne bemerken, und daß mancher wackere Mann nicht zurückkehren würde, war vorauszusehen.

Indessen verkündigte der Morgen, die Sache sei gelungen, man habe die Schanze erobert, geschleift und sich ihr gegenüber gleich so festgesetzt, daß ihre Wiederherstellung dem Feinde wohl unmöglich bleiben sollte. Freund Oppen kehrte glücklich zurück; die Vermißten gingen mich so nah nicht an; nur bedauerten wir den Prinzen Ludwig, der als kühner Anführer eine, wo nicht gefährliche, doch beschwerliche Wunde davontrug und in einem solchen Augenblick den Kriegsschauplatz sehr ungern verließ.

Den 17. Juli ward nun derselbe zu Schiffe nach Mannheim gebracht; der Herzog von Weimar bezog dessen Quartier im Chausseehause; es war kein anmutigerer Aufenthalt zu denken.

Nach herkömmlicher Ordnungs- und Reinlichkeitsliebe ließ ich den schönen Platz davor kehren und reinigen, der bei

dem schnellen Quartierwechsel mit Stroh und Spänen und allerlei Abwürflingen eines eilig verlassenen Kantonnements übersäet war.
Den 18. Juli nachmittags auf große, fast unerträgliche Hitze Donnerwetter, Sturm und Regenguß, dem Allgemeinen erquicklich, den Eingegrabenen als solchen freilich sehr lästig.
Der Kommandant tut Vergleichsvorschläge, welche zurückgewiesen werden[62].
Den 19. Juli. Das Bombardement geht fort, die Rheinmühlen werden beschädigt und unbrauchbar gemacht.
Den 20. Juli. Der Kommandant, General d'Oyré, überschickt eine Punktation[63], worüber verhandelt wird.
Nachts vom 21. auf den 22. Juli. Heftiges Bombardement, die Dominikanerkirche geht in Flammen auf, dagegen fliegt ein preußisches Laboratorium in die Luft.
Den 22. Juli. Als man vernahm, der Stillstand sei wirklich geschlossen[64], eilte man nach dem Hauptquartier, um die Ankunft des französischen Kommandanten d'Oyré zu erwarten. Er kam; ein großer, wohlgebauter, schlanker Mann von mittlern Jahren, sehr natürlich in seiner Haltung und Betragen[65]. Indessen die Unterhandlung im Innern vorging[66], waren wir alle aufmerksam und hoffnungsvoll; da es aber ausgesprochen ward, daß man einig geworden und die Stadt den folgenden Tag übergeben werden sollte, da entstand in mehreren das wunderbare Gefühl einer schnellen Entledigung von bisherigen Lasten, von Druck und Bangigkeit, daß einige Freunde sich nicht erwehren konnten, aufzusitzen und gegen Mainz zu reiten. Unterwegs holten wir Sömmerring ein[67], der gleichfalls mit einem Gesellen nach Mainz eilte, freilich auf stärkere Veranlassung als wir, aber doch auch die Gefahr einer solchen Unternehmung nicht achtend. Wir sahen den Schlagbaum des äußersten Tores von fern und hinter demselben eine große Masse Menschen, die sich dort auflehnten und andrängten. Nun sahen wir Wolfsgruben vor uns[68], allein unsere Pferde, dergleichen schon gewohnt, brachten uns glücklich zwischendurch. Wir ritten unmittelbar

bis vor den Schlagbaum; man rief uns zu: was wir brächten? Unter der Menge fanden sich wenig Soldaten, alles Bürger, Männer und Frauen; unsere Antwort, daß wir Stillstand und wahrscheinlich morgen Freiheit und Öffnung versprächen, wurde mit lautem Beifall aufgenommen. Wir gaben einander wechselsweise soviel Aufklärung, als einem jeden beliebte, und als wir eben, von Segenswünschen begleitet, wieder umkehren wollten, traf Sömmerring ein, der sein Gespräch an das unsrige knüpfte, bekannte Gesichter fand, sich vertraulicher unterhielt und zuletzt verschwand, ehe wir's uns versahen; wir aber hielten für Zeit, umzukehren.
Gleiche Begierde, gleiches Bestreben fühlten eine Anzahl Ausgewanderter, welche, mit Viktualien[69] versehen, erst in die Außenwerke, dann in die Festung selbst einzudringen verstanden, um die Zurückgelassenen wieder zu umarmen und zu erquicken. Wir begegneten mehreren solcher leidenschaftlichen Wanderer, und es mochte dieser Zustand so heftig werden, daß endlich, nach verdoppeltem Posten, das strengste Verbot ausging, den Wällen sich zu nähern; die Kommunikation war auf einmal unterbrochen.
Am 23. Juli. Dieser Tag ging hin unter Besetzung der Außenwerke sowohl von Mainz als von Kastel. In einer leichten Chaise machte ich eine Spazierfahrt in einem so engen Kreis um die Stadt, als es die ausgesetzten Wachen erlauben wollten. Man besuchte die Trancheen und besah sich die nach erreichtem Zweck verlassene unnütze Erdarbeit.
Als ich zurückfuhr, rief mich ein Mann mittleren Alters an und bat mich, seinen Knaben von ungefähr acht Jahren, den er an der Hand mit fortschleppte, zu mir zu nehmen. Er war ein ausgewanderter Mainzer, welcher, mit großer Hast und Lust seinen bisherigen Aufenthalt verlassend, herbeilief, den Auszug der Feinde triumphierend anzusehen, sodann aber den zurückgelassenen Klubbisten Tod und Verderben zu bringen schwor. Ich redete ihm begütigende Worte zu und stellte ihm vor: daß die Rückkehr in einen friedlichen und häuslichen Zustand nicht mit neuem bürgerlichen Krieg,

Haß und Rache müsse verunreinigt werden, weil sich das Unglück ja sonst verewige. Die Bestrafung solcher schuldigen Menschen müsse man den hohen Alliierten und dem wahren Landesherrn nach seiner Rückkehr überlassen[70], und was ich sonst noch Besänftigendes und Ernstliches anführte; wozu ich ein Recht hatte, indem ich das Kind in den Wagen nahm und beide mit einem Trunk guten Weins und Bretzeln erquickte. An einem abgeredeten Ort setzt' ich den Knaben nieder, da sich denn der Vater schon von weitem zeigte und mit dem Hut mir tausend Dank und Segen zuwinkte.

Den 24. Juli. Der Morgen ging ziemlich ruhig hin, der Ausmarsch verzögerte sich, es sollten Geldangelegenheiten sein, die man so bald nicht abtun könne[71]. Endlich zu Mittag, als alles bei Tisch und Topf beschäftigt und eine große Stille im Lager so wie auf der Chaussee war, fuhren mehrere dreispännige Wagen, in einiger Ferne voneinander, sehr schnell vorbei, ohne daß man sich's versah und darüber nachsann; doch bald verbreitete sich das Gerücht: auf diese kühne und kluge Weise hätten mehrere Klubbisten sich gerettet[72]. Leidenschaftliche Personen behaupteten, man müsse nachsetzen, andere ließen es beim Verdruß bewenden, wieder andere wollten sich verwundern: daß auf dem ganzen Wege keine Spur von Wache, noch Piquet, noch Aufsicht erscheine; woraus erhelle, sagten sie, daß man von oben herein durch die Finger zu sehen und alles, was sich ereignen könnte, dem Zufall zu überlassen geneigt sei.

Diese Betrachtungen wurden jedoch durch den wirklichen Auszug unterbrochen und umgestimmt. Auch hier kamen mir und Freunden die Fenster des Chausseehauses zustatten. Den Zug sahen wir in aller seiner Feierlichkeit herankommen. Angeführt durch preußische Reiterei, folgte zuerst die französische Garnison. Seltsamer war nichts, als wie sich dieser Zug ankündigte; eine Kolonne Marseiller, klein, schwarz, buntscheckig, lumpig gekleidet, trappelten heran, als habe der König Edwin seinen Berg aufgetan und das muntere Zwergenheer ausgesendet[73]. Hierauf folgten regelmäßigere Truppen, ernst und verdrießlich, nicht aber etwa niedergeschlagen oder beschämt. Als die merkwürdigste Erscheinun dagegen mußte jedermann auffallen, wenn die Jäger z Pferd heraufritten; sie waren ganz still bis gegen uns heran gezogen, als ihre Musik den Marseiller Marsch anstimmte Dieses revolutionäre Tedeum hat ohnehin etwas Trauriges Ahnungsvolles, wenn es auch noch so mutig vorgetrage wird; diesmal aber nahmen sie das Tempo ganz langsam dem schleichenden Schritt gemäß, den sie ritten. Es war ergreifend und furchtbar, und ein ernster Anblick, als die Reitenden, lange, hagere Männer, von gewissen Jahren, di Miene gleichfalls jenen Tönen gemäß, heranrückten; einzeln hätte man sie dem Don Quichotte vergleichen können, in Masse erschienen sie höchst ehrwürdig.

Bemerkenswert war nun ein einzelner Trupp, die französischen Kommissarien[74]. Merlin von Thionville in Husarentracht, durch wilden Bart und Blick sich auszeichnend, hatte eine andere Figur in gleichem Kostüm links neben sich; das Volk rief mit Wut den Namen eines Klubbisten und bewegte sich zum Anfall. Merlin hielt an, berief sich auf seine Würde eines französischen Repräsentanten, auf die Rache, die jeder Beleidigung folgen sollte; er wolle raten, sich zu mäßigen, denn es sei das letztemal nicht, daß man ihn hier sehe. Die Menge stand betroffen, kein einzelner wagte sich vor. Er hatte einige unserer dastehenden Offiziere angesprochen und sich auf das Wort des Königs berufen, und so wollte niemand weder Angriff noch Verteidigung wagen; der Zug ging unangetastet vorbei.

Den 25. Juli. Am Morgen dieses Tags bemerkt' ich, daß leider abermals keine Anstalten auf der Chaussee und in deren Nähe gemacht waren, um Unordnungen zu verhüten. Sie schienen heute um so nötiger, als die armen ausgewanderten, grenzenlos unglücklichen Mainzer, von entfernteren Orten her nunmehr angekommen, scharenweis die Chaussee umlagerten, mit Fluch- und Racheworten das gequälte und geängstigte Herz erleichternd. Die gestrige Kriegslist der Entwischenden gelang daher nicht wieder. Einzelne Reisewagen rannten abermals eilig die Straße hin, überall aber hatten sich die Mainzer Bürger in die Chausseegraben gelagert, und wie die Flüchtigen einem Hinterhalt entgingen, fielen sie in die Hände des andern.

Der Wagen ward angehalten; fand man Franzosen oder Französinnen, so ließ man sie entkommen, wohlbekannte Klubbisten keineswegs. Ein sehr schöner dreispänniger Reisewagen rollt daher, eine freundliche junge Dame versäumt nicht, sich am Schlage sehen zu lassen und hüben und drüben zu grüßen; aber dem Postillion fällt man in die Zügel, der Schlag wird eröffnet, ein Erzklubbist an ihrer Seite sogleich erkannt. Zu verkennen war er freilich nicht, kurz gebaut, dicklich, breiten Angesichts, blatternarbig. Schon ist er bei den Füßen herausgerissen; man schließt den Schlag und wünscht der Schönheit glückliche Reise. Ihn aber schleppt man auf den nächsten Acker, zerstößt und zerprügelt ihn fürchterlich; alle Glieder seines Leibes sind zerschlagen, sein Gesicht unkenntlich. Eine Wache nimmt sich endlich seiner an, man bringt ihn in ein Bauernhaus, wo er, auf Stroh liegend, zwar vor Tätlichkeiten seiner Stadtfeinde, aber nicht vor Schimpf, Schadenfreude und Schmähungen geschützt war. Doch auch damit ging es am Ende so weit, daß der Offizier niemand mehr hineinließ; auch mich, dem er es als einem Bekannten nicht abgeschlagen hätte, dringend bat, ich möchte diesem traurigsten und ekelhaftesten aller Schauspiele entsagen[75].

Zum 25. Juli. Auf dem Chausseehause beschäftigte uns nun der fernere regelmäßige Auszug der Franzosen. Ich stand mit Herrn Gore daselbst am Fenster, unten versammelte sich eine große Menge; doch auf dem geräumigen Platze konnte dem Beobachtenden nichts entgehen.

Infanterie, muntere, wohlgebildete Linientruppen, kamen nun heran; Mainzer Mädchen zogen mit ihnen aus, teils nebenher, teils innerhalb der Glieder. Ihre eigenen Bekannten begrüßten sie nun mit Kopfschütteln und Spottreden: »Ei, Jungfer Lieschen, will Sie sich auch in der Welt umsehen?« und dann: »Die Sohlen sind noch neu, sie werden bald durchgelaufen sein!« Ferner: »Hat Sie auch in der Zeit

Französisch gelernt? – Glück auf die Reise!« Und so ging es immerfort durch diese Zungenruten; die Mädchen aber schienen alle heiter und getrost, einige wünschten ihren Nachbarinnen wohl zu leben, die meisten waren still und sahen ihre Liebhaber an.

Indessen war das Volk sehr bewegt, Schimpfreden wurden ausgestoßen, von Drohungen heftig begleitet. Die Weiber tadelten an den Männern, daß man diese Nichtswürdigen so vorbeilasse, die in ihrem Bündelchen gewiß manches von Hab und Gut eines echten Mainzer Bürgers mit sich schleppten, und nur der ernste Schritt des Militärs, die Ordnung durch nebenhergehende Offiziere erhalten, hinderte einen Ausbruch; die leidenschaftliche Bewegung war furchtbar.

Gerade in diesem gefährlichsten Momente erschien ein Zug, der sich gewiß schon weit hinweggewünscht hatte. Ohne sonderliche Bedeckung, zeigte sich ein wohlgebildeter Mann zu Pferde, dessen Uniform nicht gerade einen Militär ankündigte, an seiner Seite ritt in Mannskleidern ein wohlgebautes und sehr schönes Frauenzimmer, hinter ihnen folgten einige vierspännige Wagen, mit Kisten und Kasten bepackt; die Stille war ahnungsvoll. Auf einmal rauscht' es im Volke und rief: »Haltet ihn an! schlagt ihn tot! das ist der Spitzbube von Architekten[76], der erst die Domdechanei geplündert und nachher selbst angezündet hat!« Es kam auf einen einzigen entschlossenen Menschen an, und es war geschehen.

Ohne weiteres zu überlegen, als daß der Burgfriede vor des Herzogs Quartier nicht verletzt werden dürfe, mit dem blitzschnellen Gedanken, was der Fürst und General bei seiner Nachhausekunft sagen würde, wenn er über die Trümmer einer solchen Selbsthülfe kaum seine Tür erreichen könnte, sprang ich hinunter, hinaus und rief mit gebietender Stimme: »Halt!«

Schon hatte sich das Volk näher herangezogen; zwar den Schlagbaum unterfing sich niemand herabzulassen, der Weg aber selbst war von der Menge versperrt. Ich wiederholte mein »Halt!« und die vollkommenste Stille trat ein. Ich fuhr darauf stark und heftig sprechend fort: hier sei das

Quartier des Herzogs von Weimar, der Platz davor sei heilig; wenn sie Unfug treiben und Rache üben wollten, so fänden sie noch Raum genug. Der König habe freien Auszug gestattet, wenn er diesen hätte bedingen und gewisse Personen ausnehmen wollen, so würde er Aufseher angestellt, die Schuldigen zurückgewiesen oder gefangengenommen haben; davon sei aber nichts bekannt, keine Patrouille zu sehen. Und sie, wer und wie sie hier auch seien, hätten, mitten in der deutschen Armee, keine andere Rolle zu spielen, als ruhige Zuschauer zu bleiben; ihr Unglück und ihr Haß gebe ihnen hier kein Recht, und ich litte ein für allemal an dieser Stelle keine Gewalttätigkeit.
Nun staunte das Volk, war stumm, dann wogt' es wieder, brummte, schalt; einzelne wurden heftig, ein paar Männer drangen vor, den Reitenden in die Zügel zu fallen. Sonderbarerweise war einer davon jener Perückenmacher, den ich gestern schon gewarnt, indem ich ihm Gutes erzeigte. – »Wie!« rief ich ihm entgegen, »habt Ihr schon vergessen, was wir gestern zusammen gesprochen? Habt Ihr nicht darüber nachgedacht, daß man durch Selbstrache sich schuldig macht, daß man Gott und seinen Oberen die Strafe der Verbrecher überlassen soll, wie man ihnen das Ende dieses Elends zu bewirken auch überlassen mußte«, und was ich sonst noch kurz und bündig, aber laut und heftig sprach. Der Mann, der mich gleich erkannte, trat zurück, das Kind schmiegte sich an den Vater und sah freundlich zu mir herüber; schon war das Volk zurückgetreten und hatte den Platz freier gelassen, auch der Weg durch den Schlagbaum war wieder offen. Die beiden Figuren zu Pferde wußten sich kaum zu benehmen. Ich war ziemlich weit in den Platz hereingetreten; der Mann ritt an mich heran und sagte: er wünsche meinen Namen zu wissen, zu wissen, wem er einen so großen Dienst schuldig sei? er werde es zeitlebens nicht vergessen und gern erwidern. Auch das schöne Kind näherte sich mir und sagte das Verbindlichste. Ich antwortete, daß ich nichts als meine Schuldigkeit getan und die Sicherheit und Heiligkeit dieses Platzes behauptet hätte; ich gab einen Wink, und sie zogen

fort. Die Menge war nun einmal in ihrem Rachesinn irregemacht, sie blieb stehen; dreißig Schritte davon hätte sie niemand gehindert. So ist's aber in der Welt: wer nur erst über einen Anstoß hinaus ist, kommt über tausend. Chi scampa d'un punto, scampa di mille.[77]
Als ich nach meiner Expedition zu Freund Gore hinaufkam, rief er mir in seinem Englisch-Französisch entgegen: »Welche Fliege sticht Euch[78]! Ihr habt Euch in einen Handel eingelassen, der übel ablaufen konnte.«
»Dafür war mir nicht bange«, versetzte ich; »und findet Ihr nicht selbst hübscher, daß ich Euch den Platz vor dem Hause so rein gehalten habe? wie säh' es aus, wenn das nun alles voll Trümmer läge, die jedermann ärgerten, leidenschaftlich aufregten und niemand zugute kämen; mag auch jener den Besitz nicht verdienen, den er wohlbehaglich fortgeschleppt hat.«
Indessen aber ging der Auszug der Franzosen gelassen unter unserm Fenster vorbei; die Menge, die kein Interesse weiter daran fand, verlief sich; wer es möglich machen konnte, suchte sich einen Weg, um in die Stadt zu schleichen, die Seinigen, und was von ihrer Habe allenfalls gerettet sein konnte, wiederzufinden und sich dessen zu erfreuen. Mehr aber trieb sie die höchst verzeihliche Wut, ihre verhaßten Feinde, die Klubbisten und Komitisten[79], zu strafen, zu vernichten, wie sie mitunter bedrohlich genug ausriefen.
Indessen konnte sich mein guter Gore nicht zufrieden geben, daß ich, mit eigener Gefahr, für einen unbekannten, vielleicht verbrecherischen Menschen soviel gewagt habe. Ich wies ihn immer scherzhaft auf den reinen Platz vor dem Hause und sagte zuletzt ungeduldig: »Es liegt nun einmal in meiner Natur, ich will lieber eine Ungerechtigkeit begehen, als Unordnung ertragen.«
Den 26. und 27. Juli. Den 26. gelang es uns schon, mit einigen Freunden[80] zu Pferd in die Stadt einzudringen; dort fanden wir den bejammernswertesten Zustand. In Schutt und Trümmer war zusammengestürzt, was Jahrhunderten aufzubauen gelang, wo in der schönsten Lage der Welt

Reichtümer von Provinzen zusammenflossen und Religion das, was ihre Diener besaßen, zu befestigen und zu vermehren trachtete. Die Verwirrung, die den Geist ergriff, war höchst schmerzlich, viel trauriger, als wäre man in eine durch Zufall eingeäscherte Stadt geraten[81].

Bei aufgelöster polizeilicher Ordnung hatte sich zum traurigen Schutt noch aller Unrat auf den Straßen gesammelt; Spuren der Plünderung ließen sich bemerken in Gefolg innerer Feindschaft. Hohe Mauern drohten den Einsturz, Türme standen unsicher, und was bedarf es einzelner Beschreibungen, da man die Hauptgebäude nacheinander genannt, wie sie in Flammen aufgingen. Aus alter Vorliebe eilte ich zur Dechanei[82], die mir noch immer als ein kleines architektonisches Paradies vorschwebte; zwar stand die Säulenvorhalle mit ihrem Giebel noch aufrecht, aber ich trat nur zu bald über den Schutt der eingestürzten schön gewölbten Decken; die Drahtgitter lagen mir im Wege, die sonst netzweise von oben erleuchtende Fenster schützten; hie und da war noch ein Rest alter Pracht und Zierlichkeit zu sehen, und so lag denn auch diese Musterwohnung für immer zerstört. Alle Gebäude des Platzes umher[83] hatten dasselbige Schicksal; es war die Nacht vom 27. Juni, wo der Untergang dieser Herrlichkeiten die Gegend erleuchtete.

Hierauf gelangt' ich in die Gegend des Schlosses, dem sich niemand zu nähern wagte. Außen angebrachte bretterne Angebäude deuteten auf die Verunreinigung jener fürstlichen Wohnung; auf dem Platze davor standen, gedrängt ineinandergeschoben, unbrauchbare Kanonen, teils durch den Feind, teils durch eigene hitzige Anstrengung zerstört.

Wie nun von außen her durch feindliche Gewalt so manches herrliche Gebäude mit seinem Inhalt vernichtet worden, so war auch innerlich vieles durch Roheit, Frevel und Mutwillen zugrunde gerichtet. Der Palast Ostheim[84] stand noch in seiner Integrität, allein zur Schneiderherberge, zu Einquartierungs- und Wachstuben verwandelt: eine Umkehrung, verwünscht anzusehen. Säle voll Lappen und Fetzen, dann wieder die gipsmarmornen Wände mit Haken und

großen Nägeln zersprengt, Gewehre dort aufgehangen und umhergestellt.
Das Akademiegebäude[85] nahm sich von außen noch ganz freundlich aus, nur eine Kugel hatte im zweiten Stock ein Fenstergewände von Sömmerrings Quartier zersprengt. Ich fand diesen Freund wieder daselbst, ich darf nicht sagen eingezogen, denn die schönen Zimmer waren durch die wilden Gäste aufs schlimmste behandelt. Sie hatten sich nicht begnügt, die blauen reinlichen Papiertapeten, so weit sie reichen konnten, zu verderben; Leitern oder übereinandergestellte Tische und Stühle mußten sie gebraucht haben, um die Zimmer bis an die Decke mit Speck oder sonstigen Fettigkeiten zu besudeln. Es waren dieselbigen Zimmer, wo wir vorm Jahr so heiter und traulich zu wechselseitigem Scherz und Belehrung freundschaftlich beisammen gesessen. Indes war bei diesem Unheil doch auch noch etwas Tröstliches zu zeigen; Sömmerring hatte seinen Keller uneröffnet und seine dahin geflüchteten Präparate durchaus unbeschädigt gefunden. Wir machten ihnen einen Besuch, wogegen sie uns zu belehrendem Gespräch Anlaß gaben.
Eine Proklamation des neuen Gouverneurs[86] hatte man ausgegeben, ich fand sie in eben dem Sinne, ja fast mit den gleichen Worten meiner Anmahnung an jenen ausgewanderten Perückenmacher; alle Selbsthülfe war verboten; dem zurückkehrenden Landesherrn allein sollte das Recht zustehen, zwischen guten und schlechten Bürgern den Unterschied zu bezeichnen. Sehr notwendig war ein solcher Erlaß, denn bei der augenblicklichen Auflösung, die der Stillstand vor einigen Tagen verursachte, drangen die kühnsten Ausgewanderten in die Stadt und veranlaßten selbst die Plünderung der Klubbistenhäuser, indem sie die hereinziehenden Belagerungssoldaten anführten und aufregten. Jene Verordnung war mit den mildesten Ausdrücken gefaßt, um, wie billig, den gerechten Zorn der grenzenlos beleidigten Menschen zu schonen.
Wie schwer ist es, eine bewegte Menge wieder zur Ruhe zu bringen! Auch noch in unserer Gegenwart geschahen solche

Unregelmäßigkeiten. Der Soldat ging in einen Laden, verlangte Tabak, und indem man ihn abwog, bemächtigte er sich des Ganzen. Auf das Zetergeschrei der Bürger legten sich unsere Offiziere ins Mittel, und so kam man über eine Stunde, über einen Tag der Unordnung und Verwirrung hinweg[87].

Auf unseren Wanderungen fanden wir eine alte Frau an der Türe eines niedrigen, fast in die Erde gegrabenen Häuschens. Wir verwunderten uns, daß sie schon wieder zurückgekehrt, worauf wir vernahmen, daß sie gar nicht ausgewandert, ob man ihr gleich zugemutet, die Stadt zu verlassen. »Auch zu mir«, sagte sie, »sind die Hanswürste gekommen mit ihren bunten Schärpen[88], haben mir befohlen und gedroht; ich habe ihnen aber tüchtig die Wahrheit gesagt: ›Gott wird mich arme Frau in dieser meiner Hütte lebendig und in Ehren erhalten, wenn ich euch schon längst in Schimpf und Schande sehen werde.‹ Ich hieß sie mit ihren Narreteien weitergehen. Sie fürchteten, mein Geschrei möchte die Nachbarn aufregen, und ließen mich in Ruhe. Und so hab ich die ganze Zeit teils im Keller, teils im Freien zugebracht, mich von wenigem genährt und lebe noch Gott zu Ehren; jenen aber wird es schlecht ergehen.«

Nun deutete sie uns auf ein Eckhaus gegenüber, um zu zeigen, wie nahe die Gefahr gewesen. Wir konnten in das untere Eckzimmer eines ansehnlichen Gebäudes hineinschauen, das war ein wunderlicher Anblick! Hier hatte seit langen Jahren eine alte Sammlung von Kuriositäten gestanden, Figuren von Porzellain und Bildstein, chinesische Tassen, Teller, Schüsseln und Gefäße; an Elfenbein und Bernstein mocht' es auch nicht gefehlt haben, so wie an anderem Schnitz- und Drechselwerk, aus Moos, Stroh und sonst zusammengesetzten Gemälden, und was man sich in einer solchen Sammlung denken mag. Das alles war nur aus den Trümmern zu schließen: denn eine Bombe, durch alle Stockwerke durchschlagend, war in diesem Raume geplatzt; die gewaltsame Luftausdehnung, indem sie inwendig alles von der Stelle warf, schlug die Fenster herauswärts, mit ihnen die Drahtgitter, die sonst das Innere schirmten und nun zwischen den eisernen Stangengittern bauchartig herausgebogen erschienen. Die gute Frau versicherte, daß sie bei dieser Explosion selbst mit unterzugehen geglaubt habe.

Wir fanden unser Mittagsmahl an einer großen Wirtstafel; bei vielen Hin- und Widerreden schien uns das Beste, zu schweigen. Wundersam genug fiel es aber auf, daß man von den gegenwärtigen Musikanten den Marseiller Marsch und das »Ça ira« verlangte[89]; alle Gäste schienen einzustimmen und erheitert.

Bei unserm folgenden Hin- und Herwandern wußten wir den Platz, wo die Favorite gestanden[90], kaum zu unterscheiden. Im August vorigen Jahrs erhub sich hier noch ein prächtiger Gartensaal; Terrassen, Orangerie, Springwerke machten diesen unmittelbar am Rhein liegenden Lustort höchst vergnüglich. Hier grünten die Alleen, in welchen, wie der Gärtner mir erzählte, sein gnädigster Kurfürst die höchsten Häupter mit allem Gefolge an unübersehbaren Tafeln bewirtet; und was der gute Mann nicht alles von damastnen Gedecken, Silberzeug und Geschirr zu erzählen hatte. Geknüpft an jene Erinnerung, machte die Gegenwart nur noch einen unerträglichern Eindruck.

Die benachbarte Kartause war ebenfalls wie verschwunden, denn man hatte die Steine dieser Gebäude sogleich zur bedeutenden Weisenauer Schanze vermauert. Das Nonnenklösterchen stand noch in frischen, kaum wiederherzustellenden Ruinen.

Die Freunde Gore und Kraus begleitete ich auf die Zitadelle. Da stand nun Drusus' Denkmal[91], ungefähr noch ebenso, wie ich es als Knabe gezeichnet hatte, auch diesmal unerschüttert, soviel Feuerkugeln daran mochten vorbeigeflogen sein, ja daraufgeschlagen haben[92].

Herr Gore stellte seine tragbare dunkle Kammer[93] auf dem Walle sogleich zurechte, in Absicht, eine Zeichnung der ganzen durch die Belagerung entstellten Stadt zu unternehmen, die auch von der Mitte, vom Dom aus, gewissenhaft und genau zustande kam, gegen die Seiten weniger vollendet, wie sie uns in seinen hinterlassenen, schön geordneten Blättern noch vor Augen liegt.[94]

Endlich wendeten sich auch unsere Wege nach Kastel; auf der Rheinbrücke holte man noch frischen Atem wie vor alters und betrog sich einen Augenblick, als wenn jene Zeit wiederkommen könnte. An der Befestigung von Kastel hatte man während der Belagerung immerfort gemauert; wir fanden einen Trog frischen Kalks, Backsteine daneben und eine unfertige Stelle; man hatte nach ausgesprochenem Stillstand und Übergabe alles stehn- und liegenlassen.

So merkwürdig aber als traurig anzusehen war der Verhau rings um die Kasteler Schanzen; man hatte dazu die Fülle der Obstbäume der dortigen Gegend verbraucht. Bei der Wurzel abgesägt, die äußersten zarten Zweige weggestutzt, schob man nun die stärkeren, regelmäßig gewachsenen Kronen ineinander und errichtete dadurch ein undurchdringliches letztes Bollwerk; es schienen zu gleicher Zeit gepflanzte Bäume, unter gleich günstigen Umständen erwachsen, nunmehr, zu feindseligen Zwecken benutzt, dem Untergang überlassen.

Lange aber konnte man sich einem solchen Bedauern nicht hingeben, denn Wirt und Wirtin und jeder Einwohner, den man ansprach, schienen ihren eigenen Jammer zu vergessen, um sich in weitläufigere Erzählungen des grenzenlosen Elends herauszulassen, in welchem die zur Auswanderung genötigten Mainzer Bürger zwischen zwei Feinde, den innern und äußern, sich geklemmt sahen. Denn nicht der Krieg allein, sondern der durch Unsinn aufgelöste bürgerliche Zustand hatte ein solches Unglück bereitet und herbeigeführt.

Einigermaßen erholte sich unser Geist von alle dem Trübsal und Jammer bei Erzählung mancher heroischen Tat der tüchtigen Stadtbürger. Erst sah man mit Schrecken das Bombardement als ein unvermeidliches Elend an, die zerstörende Gewalt der Feuerkugeln war zu groß, das anrückende Unglück so entschieden, daß niemand glaubte, entgegenwirken zu können; endlich aber, bekannter mit der Gefahr, entschloß man sich, ihr zu begegnen. Eine Bombe, die in ein

Haus fiel, mit bereitem Wasser zu löschen, gab Gelegenheit zu kühnem Scherz; man erzählte Wunder von weiblichen Heldinnen dieser Art, welche sich und andre glücklich gerettet. Aber auch der Untergang von tüchtigen, wackern Menschen war zu bedauern. Ein Apotheker und sein Sohn gingen über dieser Operation zugrunde.
Wenn man nun, das Unglück bedauernd, sich und andern Glück wünschte, das Ende der Leiden zu sehen, so verwunderte man sich zugleich, daß die Festung nicht länger gehalten worden. In dem Schiffe des Doms, dessen Gewölbe sich erhalten hatten, lag eine große Masse unangetasteter Mehlsäcke, man sprach von andern Vorräten und von unerschöpflichem Weine[95]. Man hegte daher die Vermutung, daß die letzte Revolution in Paris[96], wodurch die Partei, wozu die Mainzer Kommissarien gehörten, sich zum Regiment aufgeschwungen, eigentlich die frühere Übergabe der Festung veranlaßt. Merlin von Thionville, Rewbell[97] und andere wünschten gegenwärtig zu sein, wo, nach überwundnen Gegnern, nichts mehr zu scheuen und unendlich zu gewinnen war. Erst mußte man sich inwendig festsetzen, an dieser Veränderung teilnehmen, sich zu bedeutenden Stellen erheben, großes Vermögen ergreifen, alsdann aber bei fortgesetzter äußerer Fehde auch da wieder mitwirken und, bei wahrscheinlich ferner zu hoffendem Kriegsglück, abermals ausziehen, die regen Volksgesinnungen über andere Länder auszubreiten, den Besitz von Mainz, ja von weit mehr wieder zu erringen trachten[98].

Für niemand war nun Bleibens mehr in dieser verwüsteten öden Umgebung. Der König mit den Garden zog zuerst, die Regimenter folgten. Weiteren Anteil an den Unbilden des Krieges zu nehmen, ward nicht mehr verlangt; ich erhielt Urlaub, nach Hause zurückzukehren, doch wollt' ich vorher noch Mannheim wieder besuchen[99].
Mein erster Gang war, Ihro Königlichen Hoheit dem Prinzen Louis Ferdinand aufzuwarten, den ich ganz wohlgemut auf seinem Sofa ausgestreckt fand, nicht völlig bequem, weil

ihn die Wunde am Liegen eigentlich hinderte; wobei er auch die Begierde nicht verbergen konnte, baldmöglichst auf dem Kriegsschauplatz persönlich wieder aufzutreten.
Darauf begegnete mir im Gasthof[100] ein artiges Abenteuer. An der langen, sehr besetzten Wirtstafel saß ich an einem Ende, der Kämmerier des Königs, von Ritz[101], an dem andern, ein großer, wohlgebauter, starker, breitschultriger Mann; eine Gestalt, wie sie dem Leibdiener Friedrich Wilhelms gar wohl geziemte. Er mit seiner nächsten Umgebung waren sehr laut gewesen und standen frohen Mutes von Tafel auf; ich sah Herrn Ritz auf mich zukommen; er begrüßte mich zutraulich, freute sich meiner lang gewünschten, endlich gemachten Bekanntschaft, fügte einiges Schmeichelhafte hinzu und sagte sodann: ich müsse ihm verzeihen, er habe aber noch ein persönliches Interesse, mich hier zu finden und zu sehen. Man habe ihm bisher immer behauptet: schöne Geister und Leute von Genie müßten klein und hager, kränklich und vermüfft aussehen, wie man ihm denn dergleichen Beispiele genug angeführt. Das habe ihn immer verdrossen, denn er glaube doch auch nicht auf den Kopf gefallen zu sein, dabei aber gesund und stark und von tüchtigen Gliedmaßen; aber nun freue er sich, an mir einen Mann zu finden, der doch auch nach etwas aussehe, und den man deshalb nicht weniger für ein Genie gelten lasse. Er freue sich dessen und wünsche uns beiden lange Dauer eines solchen Behagens.
Ich erwiderte gleichfalls verbindliche Worte; er schüttelte mir die Hand, und ich konnte mich trösten, daß, wenn jener wohlgesinnte Obristleutnant meine Gegenwart ablehnte, welcher wahrscheinlich auch eine vermüffte Person erwartet hatte, ich nunmehr, freilich in einer ganz entgegengesetzten Kategorie, zu Ehren kam.
In Heidelberg, bei der alten treuen Freundin Delph[102], begegnete ich meinem Schwager und Jugendfreund Schlosser[103]. Wir besprachen gar manches, auch er mußte einen Vortrag meiner Farbenlehre aushalten. Ernst und freundlich nahm er sie auf, ob er gleich von der Denkweise, die er sich

festgesetzt hatte, nicht loskommen konnte und vor allen Dingen darauf bestand, zu wissen: inwiefern sich meine Bearbeitung mit der Eulerischen Theorie[104] vereinigen lasse, der er zugetan sei. Ich mußte leider bekennen, daß auf meinem Wege hiernach gar nicht gefragt werde, sondern nur, daß darum zu tun sei, unzählige Erfahrungen ins Enge zu bringen, sie zu ordnen, ihre Verwandtschaft, Stellung gegeneinander und nebeneinander aufzufinden, sich selbst und andern faßlich zu machen. Diese Art mochte ihm jedoch, da ich nur wenig Experimente vorzeigen konnte, nicht ganz deutlich werden.

Da nun hiebei die Schwierigkeit des Unternehmens sich hervortat, zeigt' ich ihm einen Aufsatz, den ich während der Belagerung geschrieben hatte, worin ich ausführte: wie eine Gesellschaft verschiedenartiger Männer zusammenarbeiten und jeder von seiner Seite mit eingreifen könnte, um ein so schwieriges und weitläufiges Unternehmen fördern zu helfen[105]. Ich hatte den Philosophen, den Physiker, Mathematiker, Maler, Mechaniker, Färber und Gott weiß wen alles in Anspruch genommen; dies hörte er im allgemeinen ganz geduldig an, als ich ihm aber die Abhandlung im einzelnen vorlesen wollte, verbat er sich's und lachte mich aus: ich sei, meinte er, in meinen alten Tagen noch immer ein Kind und Neuling, daß ich mir einbilde, es werde jemand an demjenigen teilnehmen, wofür ich Interesse zeige, es werde jemand ein fremdes Verfahren billigen und es zu dem seinigen machen, es könne in Deutschland irgendeine gemeinsame Wirkung und Mitwirkung stattfinden!

Ebenso wie über diesen Gegenstand äußerte er sich über andere; freilich hatte er als Mensch, Geschäftsmann, Schriftsteller gar vieles erlebt und erlitten, daher denn sein ernster Charakter sich in sich selbst verschloß und jeder heitern, glücklichen, oft hülfreichen Täuschung mißmutig entsagte. Mir aber machte es den unangenehmsten Eindruck, daß ich, aus dem schrecklichsten Kriegszustand wieder ins ruhige Privatleben zurückkehrend, nicht einmal hoffen sollte auf eine friedliche Teilnahme an einem Unternehmen, das mich so sehr beschäftigte, und das ich der ganzen Welt nützlich und interessant wähnte.

Dadurch regte sich abermals der alte Adam; leichtsinnige Behauptungen, paradoxe Sätze, ironisches Begegnen, und was dergleichen mehr war, erzeugte bald Apprehension[106] und Mißbehagen unter den Freunden; Schlosser verbat sich dergleichen sehr heftig, die Wirtin wußte nicht, was sie aus uns beiden machen sollte, und ihre Vermittlung bewirkte wenigstens, daß der Abschied zwar schneller als vorgesetzt, doch nicht übereilt erschien.

Von meinem Aufenthalt in Frankfurt wüßte ich wenig zu sagen, ebensowenig von meiner übrigen Rückreise[107]; der Schluß des Jahrs, der Anfang des folgenden ließ nur Greueltaten einer verwilderten und zugleich siegberauschten Nation vernehmen[108]. Aber auch mir stand ein ganz eigener Wechsel der gewohnten Lebensweise hervor. Der Herzog von Weimar trat nach geendigter Campagne aus preußischen Diensten[109]; das Wehklagen des Regiments war groß durch alle Stufen, sie verloren Anführer, Fürsten, Ratgeber, Wohltäter und Vater zugleich. Auch ich sollte von eng verbundenen trefflichen Männern auf einmal scheiden; es geschah nicht ohne Tränen der Besten. Die Verehrung des einzigen Mannes und Führers hatte uns zusammen gebracht und gehalten, und wir schienen uns selbst zu verlieren, als wir seiner Leitung und einem heiteren verständigen Umgang untereinander entsagen sollten. Die Gegend um Aschersleben, der nahe Harz, von dort aus so leicht zu bereisen, erschien für mich verloren, auch bin ich niemals wieder tief hineingedrungen.

Und so wollen wir schließen, um nicht in Betrachtung der Weltschicksale zu geraten, die uns noch zwölf Jahre bedrohten, bis wir von eben denselben Fluten uns überschwemmt, wo nicht verschlungen gesehen[110].

[illegible]

[illegible] dunkel [illegible]

[illegible] gesagt. Der [illegible]

[illegible] zu haben [illegible]

[illegible] Zorn [illegible] zu [illegible]

[illegible]

[illegible] um nicht [illegible]

[illegible] gesagt, [illegible]

Anhang

Anmerkungen zu »Campagne in Frankreich«

1 Der Titel des Werkes wurde der Ausgabe letzter Hand von 1829 entnommen. Die Erstausgabe der »Campagne in Frankreich« erschien 1822 im Rahmen des autobiographischen Werkes »Aus meinem Leben« im 5. Teil der zweiten Abteilung. Campagne: frz. Feld, Feldzug; ». . . diejenige Zeit, zu welcher die Armeen im Felde stehen« (Joh. H. Zedler, Großes vollständiges Universal-Lexikon, 1732–54). Wort aus der Soldatensprache, im 18. Jahrhundert durchaus geläufig.

2 Das Motto wurde aus der Erstausgabe von 1822 übernommen. Es ist die Variation des Wortes »Auch ich in Arkadien«, das Goethe als Motto über die Erstausgabe der »Italienischen Reise« gesetzt hatte. Zugrunde liegt das lateinische Original »Et in Arcadia ego«, dessen Ursprung unbekannt ist. Arkadien galt im 17. und 18. Jahrhundert bei Malern und Dichtern (Schäferpoesie!) als eine ideale Landschaft, die Harmonie und Frieden verkörperte. Mit der Wahl dieses Mottos spielt Goethe in leiser Ironie auf die so gegensätzlichen Verhältnisse einst in Italien und jetzt im Feldzug durch die Champagne an.

3 Die Datenangaben vor den einzelnen Kapiteln der Reisebeschreibung stimmen nur selten mit dem Ablauf der Reise überein. Goethes Angaben beruhen in vielen Fällen auf einem Tagebuch, das der Kämmerier Wagner während der Reise führte, sowie auf einem Rechnungsbuch von Goethes Diener Paul Goetze, in dem die verschiedenen Stationen der Fahrt aufgeführt sind. – Am 8. August 1792 verließ Goethe mit dem Diener Goetze Weimar und fuhr in einer böhmischen Halbchaise nach Frankfurt (Ankunft dort am 12. August), von dort weiter über Mainz, Bingen, Trier, Igel, Grevenmachern bis Luxemburg und anschließend zur französischen Grenze.

4 Johann Friedrich Freiherr vom Stein (1749–99), der ältere Bruder des großen Staatsmannes; preußischer Landjägermeister, Gesandter am kurfürstlich-mainzischen Hof. Er war befreundet mit dem Herzog Carl August von Weimar.

5 Ein Resident gehört zu der 3. Rangklasse der Gesandten, er ist »der Würde nach weniger als ein Gesandter« (Joach. H. Campe, Wörterbuch der deutschen Sprache, 1807–11).

6 Die verbündeten Heere setzten sich zusammen aus einem Heer von etwa 42 000 Preußen, die am 19. August gegen Longwy

vorzurücken begannen, sodann einem Korps von über 5000 Hessen, von 4500 französischen Emigranten und zwei österreichischen Heeresgruppen (etwa 29 000 Mann), die die Flanken deckten und von Flandern und dem Oberrhein aus vorgingen. Gegenüber bei Sedan stand die französische Maasarmee unter Lafayette (später unter Dumouriez) und bei Metz die Moselarmee unter der Führung Luckners, der später von Kellermann abgelöst wurde.

7 »Grand Atlas d'Allemagne ... par ... J. G. A. Jaeger ...« 1789 (vgl. Roethe, S. 52 f.). – In Goethes Besitz fanden sich noch Karten aus diesem Atlas, allerdings kein Auszug mit dem deutschen Titel »Kriegstheater«.

8 Herzog Louis Philippe (1747–93) wurde unter dem Namen Philippe Egalité bekannt, den er 1792 erhielt, als Zeichen für seine Absage an das Ancien Régime. Er trat in den Nationalkonvent ein. Im Jahre 1793 wurde er guillotiniert.

9 Marie Catherine geb. Brignole, Genuesin, geschieden vom Fürsten Honoré III. von Monaco. Sie war dem Prinzen von Condé nach Worms gefolgt, der sie später heiratete. Condé war der militärische Führer der Emigranten. – Goethe las 1820 während der Vorbereitung der Niederschrift der Campagne die Memoiren des Hauses Condé von Sévelinges. Vgl. Goethes Tagebuch vom 26. Februar 1820.

10 Das Lustschloß liegt nahe bei Paris und gehörte den Prinzen von Condé.

11 Die Erwähnung der Philine, einer Gestalt aus Goethes »Wilhelm Meister«, ist eine Art literarischer Spiegelung, hier aus Goethes eigenem Werk. Da der Leser erst 1794 diese Dichtung in die Hand bekam, lautete die Stelle des Textes hier ursprünglich: »Ich ... dachte sogleich meine Philine mit einigen ihrer Annehmlichkeiten auszustatten« – die Gestalt der Philine war jedoch schon im »Urmeister« festgelegt und somit Jahre früher geschaffen.

12 Am 19. August wurde die Grenze überschritten und am 20. August Longwy erreicht. Am 21. September wurde die Republik ausgerufen.

13 Vgl. K. Laukhard: »Dadurch, daß die Emigranten die allerlügenhaftesten Vorstellungen von der Lage ihres Vaterlandes verbreiteten, sind sie eigentlich die rechten Stifter, die rechte fax und Tuba des fürchterlichen Krieges und aller seiner greuelvollen Folgen geworden« (S. 15). – Die Emigranten

hatten es versprochen, und darauf baute sich der ganze Feldzugsplan auf.

14 Anweisungen; eine Art Papiergeld, das zur Zeit der französischen Revolution in Umlauf kam. Ihr Wert sank ständig, auch waren falsche Assignaten im Verkehr und schafften Unsicherheit in den öffentlichen Zuständen. Vgl. Anm. 267, wobei es sich offensichtlich um falsches Papiergeld handelt.

15 Samuel Thomas Sömmering (1755–1830) war seit 1784 Professor der Anatomie in Mainz. Er war verheiratet mit Margarete Elisabeth Grunelius aus Frankfurt am Main. In Kassel hatte Sömmering auch Gelegenheit, Goethe und den Herzog Carl August kennenzulernen. Goethe korrespondierte mit Sömmering über naturwissenschaftlich-anatomische Fragen.
Ludwig Ferdinand Huber (1764–1804) lebte seit 1787 als Legationssekretär in Mainz. Bekannt als politischer und belletristischer Schriftsteller, Freund Schillers und Körners.
Johann Georg Forster (1754–94), bedeutender Naturwissenschaftler und Schriftsteller der Zeit. Er bereiste Rußland und England, nahm 1772 bis 1775 an Cooks zweiter Erdumsegelung teil (»A voyage round the world«, 1777 als Reisebericht veröffentlicht), wirkte als Professor der Naturkunde in Kassel und Wilna und wurde 1788 kurfürstlicher Bibliothekar in Mainz. 1791 erschienen in drei Bänden seine »Ansichten vom Niederrhein«. Forster trat dem Jakobinerclub bei und fuhr 1793 als Abgeordneter der Mainzer Republikaner nach Paris, um die Vereinigung mit Frankreich beim Konvent zu beantragen. – Seine Frau war die Tochter des berühmten Philologen Heyne in Göttingen. Mit Goethe war er seit 1779 bekannt, er hatte ihn 1785 in Weimar besucht.

16 Die große Ähnlichkeit Goethes mit seiner Mutter betonte Huber in einem Brief vom 24. August 1792: »In Augenblicken machte es mir vielen Spaß, seine Mutter ganz in ihm wiederzufinden, und das war dann wenn er launig-kräftig etwas auseinandersetzte, worin eben ihre Originalität vorzüglich liegt.«

17 Republikanisch dachten Forster und seine Frau sowie auch die ebenfalls anwesende Karoline Böhmer geb. Michaelis.

18 Laut Goetzes Aufzeichnungen erfolgte die Weiterfahrt am 22. August über Bingen, Simmern, Kirchberg, Monzelfeld, am 23. über die Mosel nach Trier.

19 Goetze lenkte die böhmische Halbchaise, die der Herzog Goethe geschenkt hatte.

20 Bezeichnung für die Postillione; häufig seit dem 18. Jahrhundert ›Schwager‹ im Sinne einer vertraulichen Anrede. Häufig verwandten Studenten das Wort ›Schwager‹ als Anrede gegenüber den Nichtakademikern; erst vom akademischen Bereich aus hat dann das Wort ›Schwager‹ für Postillion Eingang in unser Schriftdeutsch gefunden (vgl. Grimm, Deutsches Wörterbuch; Kluge, Unser Deutsch).

21 Eine Mühle, deren Rad durch oben auffallendes Wasser getrieben wird (Grimm, Deutsches Wörterbuch).

22 Nach Goetzes Angaben dauerte der Aufenthalt vom 23. bis zum 26. August.

23 Ludwig Heinrich Gottlieb Freiherr von Fritsch (1772–1808), der jüngste Sohn des weimarischen Ministers. Vgl. den Abschnitt über Fritsch S. 106. Begegnung mit Fritsch auf der Hinfahrt am 25. oder 26. August (Eintragung Goetzes: »Trinckgeld den Reitknecht v. Fritsch«).

24 Das 6. preußische Kürassierregiment, dessen Kommandeur der Herzog Carl August seit 1787 war.

25 Vielleicht der Kanonikus und Pfarrer Ludwig Bertrand Prestinary.

26 Es handelt sich um einen 23 m hohen, obeliskenförmigen Bau aus rotem Sandstein, ein Grabdenkmal, das zur Erinnerung an verstorbene Römer wahrscheinlich um 250 n. Chr. errichtet wurde. Der Grabpfeiler zeigt ausgeprägt ornamentalen Charakter und ist überall mit bemalten Reliefs bedeckt. Das Dach, das die Form einer steilen, leicht geschwungenen Pyramide hat, wird von einer Art Kapitäl gekrönt, das an den vier Ecken mit menschlichen Gestalten geschmückt ist. Eine von kleinen Sphinxgestalten getragene Kugel bildet die Spitze der Pyramide. Das Grabmal, das wahrscheinlich von der Familie der Sekundiner erbaut wurde, gilt als eines der schönsten Römermonumente diesseits der Alpen. Für Goethe gewann das Monument besondere Bedeutung, da es ihn inmitten der Kriegs- und Feldzugswirren und der Unruhe des Tages an die Macht der Antike erinnerte. »Vielleicht war die Macht des Altertums nie so gefühlt worden als an diesem Kontrast: ein Monument, zwar auch kriegerischer Zeiten, aber doch glücklicher, siegreicher Tage und eines dauernden Wohlbefindens rühriger Menschen in dieser Gegend« (S. 106). – Zu späterer Zeit erhielt Goethe eine kleine Nachbildung des Denkmals in Bronze aus dem Hüttenwerk Sayn (1829), und in seinem

Dankschreiben an die Spender (sogenannter »Igel-Aufsatz«, Weimarer Sophien-Ausgabe I, 49, 2) verbreitet er sich über die Bedeutung dieses Monumentes.

27 Der höchste von Ludwig XIV. gestiftete Militärorden (Ordre royal et militaire de St. Louis) wurde an verdiente Offiziere des französischen Heeres nach 28 Jahren Dienstzeit verliehen. Es war ein goldenes Kreuz an rotem Band. Die Mitglieder dieses Ordens nannten sich Ludwigsritter.

28 Unterstellen, ergänzen.

29 Gemeint sind die Prinzen Graf von Provence und Graf von Artois, beides Brüder von Ludwig XVI. Sie gehörten einer antirevolutionären Gruppe an.

30 Daß die preußischen Truppen für ihre Plünderungen nur zum Scheine bestraft worden seien, widerspricht den historischen Quellen und zeigt wohl Goethes franzosenfreundliche Gesinnung.

31 Nach Heinrich Düntzers Auffassung ist hier Mansfeld gemeint, dagegen aber M. Hecker im Jahrbuch der Goethe-Gesellschaft 12 (1926) S. 317.

32 Übergabe der Stadt nach zweitägigem Beschuß am 23. August.

33 Johann Konrad Wagner (1737–1802) war Kammerdiener des Herzogs Carl August; er machte tagebuchartige Aufzeichnungen während der Campagne, die Goethe später für die Ausarbeitung seines Werkes als Quelle benutzte (vgl. Literaturhinweise). Wagner hatte bereits die Schweizer Reise 1779 und den schlesischen Feldzug 1790 mitgemacht.

34 Im Sinne von ›beengenden‹ zu Goethes Zeit gebräuchlich (Grimm, Deutsches Wörterbuch).

35 Goethe war der Schlafwagen des Herzogs schon vom schlesischen Feldzug her bekannt. Vgl. auch seinen Brief an Christiane vom 28. August.

36 Hier beginnt das eigentliche Feldzugsleben, und die Tagebuchform wird im folgenden etwas genauer durchgeführt als bisher.

37 Longwy.

38 Hier im Sinne von ›Haltung, gutes Benehmen, Gewandtheit‹. »Was die Franzosen tournure nennen, ist eine zur Anmut gemilderte Anmaßung« (Goethe, Maximen und Reflexionen, Nr. 160).

39 Zur Zeit der französischen Revolution war Patriotismus gleichbedeutend mit revolutionär-republikanischer Einstellung.

Im Lager des Gegners war das Wort ›Patriot‹ jedoch ei Schimpfwort.

40 Gemeint sind wohl die ehemaligen Teilnehmer am schlesische Feldzug und die Offiziere der Garnison Aschersleben, wo de Herzogs Regiment stationiert war und Goethe 1789 eine Besuch gemacht hatte.

41 Herzog Carl August von Weimar wurde von einem statt lichen Gefolge begleitet, darunter Stallmeister von Seebach Kanzlist Vogel, Geheimsekretär Weyland.

42 Karl Wilhelm Ferdinand Herzog von Braunschweig (1735 bi 1806). Seine Schwester ist die Herzogin Anna Amalia ir Weimar. Er war Befehlshaber einer preußischen Armeegrupp in der Campagne in Frankreich. 1806 im Krieg gegen Napoleon war er Oberbefehlshaber der gesamten preußischer Armee. Seine strategische Begabung ließ ihn im mitteleuropäischen Raum schon früh berühmt werden.
Hohe Personen: vermutlich die Fürstin von Cöthen und Dessau sowie der kurmainzische Gesandte Graf Hatzfeld.

43 François Claude Amour Bouillé (1739–1800) begleitete den am 23. Mai in Aschersleben eintreffenden Herzog von Weimar. Bouillé unterstützte 1791 den Fluchtversuch Ludwigs XVI.

44 Der jüngste Sohn Carl Augusts wurde am 30. Mai 1792 geboren.

45 Manifest vom 25. Juli, das für den französischen König eintrat. Bedrohte besonders die Stadt Paris mit Feuer und Schwert. Die Koblenzer Manifeste wurden von dem Emigranten Geoffroy de Limon und dem Grafen Moustier entworfen.

46 Gefecht bei Fontoy westlich von Thionville am 19. August.

47 Das preußische Husarenregiment von Wolfrat wurde von Herzog Carl August befehligt.

48 Aufbruch mit der Vorhut (Goethe zu Wagen) über Arrancy, Chantillon L'Abbaye bis Pillon.

49 Ein altes Zisterzienser-Kloster, aus der Mitte des 12. Jahrhunderts.

50 Ein Hinweis auf den Zwiespalt der Heeresleitung, bedingt durch die Verschiedenartigkeit der Charaktere beider Heerführer. In diesem Konflikt lag nach Ansicht einiger Darstellungen eine der Fehlerquellen des Feldzuges.

51 Die Kanonade bei Thionville führt der österreichische General Hohenlohe-Kirchberg aus, allerdings ohne den gewünschten Erfolg.

52 Mit dem Husarenvortrab von Pillon über Mangiennes, Damvillers, Wawrille, Ormont, Samogneux nach Verdun.

53 Eine Taschenpistole.

54 Auf der Höhe St. Michel.

55 Der Hauptteil des folgenden Abschnittes ist auf Grund persönlicher Erlebnisse frei gestaltet und beschäftigt sich mit den naturwissenschaftlichen Neigungen Goethes.

56 Nikolaus Heinrich Julius Grothaus (1747–1801), Jurist, preußischer Offizier. 1779 Begegnung mit Goethe. Nach historischen Quellen kam jedoch nicht Grothaus, sondern Hompesch als Parlamentär. Roethe weist in seinem Buch auf diesen Irrtum hin. Goethe schrieb über ihn: »Es ist ein schöner, braver und edler Mensch; sein landstreicherisch Wesen hat einen guten Schnitt« (Weimarer Sophien-Ausgabe III, 1, 95).

57 Wörtlich ›ohne Hosen‹, d. h. ohne Kniehosen, dafür mit den modernen Pantalons. Spottname für die nicht mit Kniehosen bekleideten Anhänger der freibürgerlichen Regierung zur Zeit der französischen Revolution.

58 Vgl. S. 5,11.

59 Vgl. dazu den Aufsatz Goethes »Im Wasser Flamme« in den Nachträgen zur Farbenlehre Nr. 11 des Kapitels »Physiologische Farben«. Ähnliche Beobachtungen hatte er 1816 in Bad Tennstedt (Thüringen) gemacht. Die Anregung zu diesem naturwissenschaftlichen Exkurs in der Campagne könnte von seiner naturwissenschaftlichen Arbeit in den Jahren 1820/21 ausgegangen sein (vgl. Festausgabe, Bd. 18, S. 557).

60 Bereits die 1791 erschienenen »Beiträge zur Optik« befaßten sich mit den prismatischen Farben.

61 Georg Agricola (1490–1555), Mineraloge und Arzt in Chemnitz. Die Stelle steht in seinem Buch »De natura eorum, quae effluunt ex terra« (1545).

62 Ein Brief Goethes an Christiane vom 2. September bezeugt, daß Goethe das Bombardement mitangesehen hat. Es dauerte von 11 Uhr abends bis 8 Uhr früh.

63 Fürst Heinrich XIV. von Reuß-Greiz begleitete den König von Preußen als österreichischer Gesandter am Berliner Hof auf dem Feldzug. Seit 1795 war Goethe auch mit dessen Frau Marianne Meyer bekannt, der späteren Frau von Eybenberg.

64 Brechung der Lichtstrahlen. Goethe schrieb darüber einen Aufsatz im Jahre 1793.

65 Gemeint ist die Lehre Newtons.

66 Gabe zur sinnlichen Wahrnehmung.
67 Seit dem Ende des Jahres 1790.
68 Buchstabenglaube.
69 Eine Feldwache, ein Trupp Soldaten.
70 Ausgelassene, freisinnige Lieder, die nicht selten Zügellosigkeit und Zuchtlosigkeit widerspiegelten. Vgl. die Erwähnung der Schelmenlieder S. 66,33.
71 Sehr harter, undurchsichtiger Stein aus der Gruppe der Kiesel.
72 Anregung bei Goethe häufig für Aufregung. Anregen auch im Sinne von ›anspornen, antreiben; auffordern‹ (Fischer, Goethe-Wortschatz).
73 Mehrere Male aufschlagen.
74 Nicolas Joseph de Beaurepaire (1740–92), Kommandant von Verdun.
75 Anspielung auf den legendären Heldentod des Kommandanten von Longwy, von dem Goethe durch Wagners Aufzeichnungen erfuhr.
76 Die Schilderung des Aufenthaltes in Verdun umfaßt mehrere Besuche des Dichters in der Stadt zu verschiedenen Zeiten während des Feldzuges, die hier, um der Darstellung willen, zu einem zusammengezogen werden.
77 Vgl. die Briefe an Christiane vom 8. und 10. September 1792.
78 Tüten; besonders in Thüringen gebräuchlich (Grimm, Deutsches Wörterbuch).
79 An Christiane ging »ein Körbchen mit Liqueur und ein Päcktchen mit Zuckerwerck« ab (Briefe vom 8. und 10. September).
80 In dem von Goethe ebenfalls als Quelle benutzten Werk von Chuquet (vgl. Literaturhinweise) sind die besonders geschätzten Weine von Bar-le Duc erwähnt.
Verfahren: ausgeführt.
81 Die Quellen dagegen erwähnen, daß der Leutnant Graf Henckel von Donnersmarck getötet wurde.
82 Die Brücke St. Croix.
83 Gemeint sind die zurückgekehrten Emigranten.
84 ›Neufranken‹ werden von Laukhard die französischen Republikaner genannt. Nicht fränkische, sondern französische Truppen sind gemeint.
85 Nach den Quellenangaben fand in Verdun kein feierlicher Empfang statt. Um den König zu versöhnen nach dem Mord an Graf Henckel, überreichte man ihm bereits im Lager eine Blumen- und Fruchtspende.

86 Vierzehn junge Mädchen von Verdun wurden zum Tode verurteilt, weil sie auf einem Ball getanzt hatten, den der König von Preußen in Verdun gab. Vgl. Anm. 240.

87 Der Bürgermeister von Varennes, nicht der Postmeister von St. Menehould hatte König Ludwig XVI. erkannt und verhaften lassen (am 20. Juni 1791).

88 Betragen: Perfectum.

89 Die Armee von Dumouriez.

90 Jean Paul Marquis de Lafayette (1757–1834), französischer General und Politiker, war im Sommer 1792 Oberbefehlshaber in Belgien. Er war einer der führenden Politiker der Revolution, bis der Aufstieg der radikalen Gruppen ihn allmählich zurückdrängte. Lafayette hatte sich für die Rettung des Königs eingesetzt, galt später als Anhänger des Königtums und mußte die Flucht ergreifen. Er wurde von den Österreichern gefangengehalten, bis Bonaparte 1797 seine Befreiung erwirkte. – Lafayette erwarb sich durch seine Teilnahme am Unabhängigkeitskampf der Vereinigten Staaten von Amerika großen Ruhm und setzte sich, nach Frankreich zurückgekehrt, besonders für die Entsendung französischer Truppen nach Nordamerika ein.

91 Charles François Dumouriez (1739–1823), französischer Kriegsminister, der zum General ernannt wurde. Oberbefehlshaber der Nordarmee in der Campagne in Frankreich. Er bemühte sich ernsthaft um einen Frieden mit Preußen, jedoch ohne Erfolg. Auch seine Bemühungen, den König zu retten, scheiterten. Als ihn später seine Truppen bei bestimmten Vorhaben nicht unterstützten, floh er zu den Österreichern (1793). Später lebte er in England von einer Pension. – Goethe las die »Memoires du Général« mit großem Interesse ein Jahr nach ihrem Erscheinen (1795); auch später bei der Niederschrift der Campagne arbeitete er diese Memoiren als Quelle nochmals durch (1820).

92 Sturm auf die Tuilerien durch die Revolutionäre.

93 Der Argonnenwald.

94 Clermont war nicht verteidigt worden und wurde erst am 7. September vom Landgrafen von Hessen-Kassel besetzt.

95 Das Lager wurde jenseits der Maas verlegt, neues Quartier in Jardin-Fontaine; ›hinter‹ bedeutet hier ›westlich‹.

96 ›Glorieux‹ bedeutet ruhmvoll, ›Regret‹ dagegen Bedauern, Leid.

97 Fahrgeleise (Fischer, Goethe-Wortschatz).
98 Graf Phil. Karl von Alvensleben (1745–1802), preußischer Gesandter am kursächsischen Hofe, seit 1791 preußischer Staatsminister.
99 Gemeint sind die Brüder Ludwigs XVI.
100 Holz- oder Reisigbündel (Grimm, Deutsches Wörterbuch).
101 Der Paß war seit dem 4. September von Dumouriez besetzt.
102 Christian Georg Karl Vogel (1760–1819) war als Schreiber von 1782 bis 1789 in Goethes Diensten gewesen. Er besorgte unter anderem auch die Abschriften für die Göschensche Gesamtausgabe von Goethes Werken.
103 Aufenthalt in Landres, Vorrücken über Grandpré die Aire abwärts und über die Aisne bis nach Vaux les Mouron.
104 Auf dem nördlichen Flügel, mit der Front nach Westen.
105 General Clerfayt, österreichischer Feldmarschall. Er hatte bereits bei Longwy entscheidend mitgewirkt.
106 Prinz Ludwig Friedrich Christian von Preußen, Sohn des Prinzen Ferdinand (oft Louis Ferdinand genannt). Fiel 1806 in der Schlacht bei Saalfeld.
107 Ob sich das Wetter aufklärte oder die allgemeine Lage, ist nicht sicher; nach Wagner »wich ein starker Nebel«. Die folgende Schilderung wurde nach literarischen Quellen gestaltet und ist nicht ohne Irrtümer.
108 Bei Dumouriez heißt es: »Dix mille hommes ont fui devant quinzes cents hussards prussien.« Wahrscheinlich ist die Angabe der 500 ein Fehler des Schreibers.
109 Nach Laue etwa 200 Gefangene, »eine Menge Bagagewagen und drei Wagen mit 40 000 Thlr. baar Geld«.
110 »Le Moniteur universel«, eine 1789 in Paris begründete Tageszeitung mit halbamtlichem Charakter. Hier wurden auch die Sitzungsberichte der revolutionären Versammlungen publiziert. Fand auch in Deutschland zahlreiche Leser.
111 »Die Preußen werden nach Paris kommen können, aber sie werden nicht wieder herauskommen.«
112 Goethe hat wohl den Vormarsch zunächst im Wagen mitgemacht. Vgl. S. 45,2.
113 Anton Frans van Meulen (1632–90), niederländischer Maler, Hofmaler Ludwig XIV., dessen Feldzüge er auf zahlreichen Schlachtenbildern darstellte. Bekannt sind auch seine Jagd- und Tierbilder, die großenteils im Louvre und im Versailler Schloß aufbewahrt werden.

114 Der unfruchtbarste Teil der Champagne; nach Dumouriez »un pays entièrement stérile, manquant d'eau, de fourages et de vivre«.

115 Laukhard erwähnt in seinen Aufzeichnungen die Vergeudung des ungedroschenen Weizens.

116 Anspielung auf die Qualen der griechischen Sagengestalt Tantalos.

117 Ein aus dem Elsaß stammender Offizier, jetzt preußischer General.

118 Leibschwadron des Regiments von Weimar.

119 Laue schätzt »48 000 Streitende«, allerdings schon hinzugerechnet die hessischen und österreichischen Truppen, die am 19. nicht dabei waren.

120 Verzögern.

121 Auch in den Aufzeichnungen des Kronprinzen heißt es: »Alle marschierten mit leerem Magen.«

122 Die Nacht in Somme-Tourbe. »Die Verläßlichkeit dieser Nachtszenen braucht man nicht hoch einzuschätzen; ihr künstlerischer Wert wiegt um so schwerer« (Roethe, S. 216).

123 Verschlossen.

124 Marquis de Bombelles (1744–1822), französischer Diplomat. Er ließ sich in der Revolution freistellen und reiste für Ludwig XVI. in Geheimangelegenheiten nach Wien und Berlin. Er galt in der Campagne als offizieller französischer Botschafter. Später diente er im Emigrantencorps des Prinzen Condé. – Er war nur fünf Jahre älter als Goethe!

125 Im März 1790 fuhr Goethe nach Venedig, der Herzogin Anna Amalia entgegen. Er traf sich im Mai mit ihr, und sie fuhren gemeinsam nach Weimar zurück.

126 Bei Goethe fehlten das Datum sowie der Zwischenraum. Zeile 7 schließt sich an Zeile 5 unmittelbar an. Die Schilderung des Valmy-Tages als Höhepunkt der Feldzugsschilderung beschreibt zunächst den eigentlichen Kampftag, dann die persönlichen Beobachtungen Goethes über das sogenannte ›Kanonenfieber‹ und zuletzt die allgemeine Niedergeschlagenheit nach der erfolglosen Kanonade. Der Kampftag wird vom persönlichen Erlebnis aus gesehen, bringt keine allgemein gültige Übersicht; vieles aus Goethes eigener, aber unsicherer Erinnerung. Häufig wurden literarische Quellen herangezogen (Girtanner, Laue, Massenbach, Dumouriez; vgl. Literaturhinweise).

127 Nach Laue erfolgte der Aufbruch gegen 6 Uhr früh.

128 Vortrab der Hauptarmee, westlich neben der Avantgarde Hohenlohes.

129 Carl August führte damals neben seinem Regiment noch das Husarenregiment von Eben, die Dragonerregimenter von Normann, von Lottum und die reitende Batterie von Meier (Näheres bei Laue und Massenbach).

130 Wegziel war zunächst die Chaussee nach Châlons, auf der man den Feind vermutete.

131 Hier fehlt leider jede genaue Zeitangabe. Nach Laues Berichten verjagte man französische Kavallerie schon eine halbe Stunde nach dem Aufbruch, ohne sie bei dem Nebel verfolgen zu können.

132 Franz Christoph Kellermann (1735–1820) hatte seit Ende August den Oberbefehl über die Mittelarmee.

133 Kellermann stand auf dem Windmühlenberg unvorteilhaft, doch hatte er auf die Anhöhe La Lune eine Reserve geschickt, und diese meint Goethe.

134 Gemeint ist Carl August persönlich, der seine Regimenter zu übereilt geführt hatte, so daß sie vor dem Feuer von La Lune zurückprallten.

135 Auf den Hügeln von Valmy; auch La Lune und Valmy beschossen sich weiterhin bei einer Entfernung von 2,5 km gegenseitig.

136 Diese Eindrücke von der Bewegung der Reitermassen und dem »schönen Knaben« (Fahnenjunker von Bechtolsheim) werden in den Unterhaltungen Goethes mit dem Kanzler von Müller unter dem Datum des 12. Mai 1815 wieder erwähnt (vgl. Kanzler von Müller, Unterhaltungen mit Goethe, hrsg. von Ernst Grumach, Weimar 1956, S. 18 f.).

137 Mehrere Male aufprallend.

138 Im Sinne von ›widerstrebend, gegen seinen Willen‹. So von Goethe öfter gebraucht (Fischer, Goethe-Wortschatz).

139 Julie Auguste Christine von Bechtolsheim geb. von Keller, bekannte Persönlichkeit des gesellschaftlichen Lebens in Weimar. Goethe machte in Weimar bald ihre Bekanntschaft. Sie war auch mit Wieland befreundet.

140 Es ist nicht geklärt, welcher Vorgang hier gemeint ist.

141 Das 1690 gegründete Dragonerregiment von Lottum.

142 Die Explosion von drei Pulverwagen versetzte den Feind vorübergehend in eine bedrängte Lage.

143 Besorgniserregend.
144 Zurückgeblieben in Maison-Champagne.
145 In den Textausgaben der Goethe-Zeit findet sich »zwölfhundert Mann«, wahrscheinlich Schreibfehler des Kopisten oder ein Druckfehler. Chuquet nennt den Verlust der Preußen 184 Mann, nach Dumouriez sind es bei den Franzosen 300 oder 400 Mann gewesen.
146 Hier bei der Schilderung der Erscheinung des sogenannten ›Kanonenfiebers‹ zeigt sich wieder Goethes Neigung zur Selbstbeobachtung und Reflexion.
147 Goethe hat die vordere französische Stellung von Valmy bis Dampierre-Gizaucourt im Auge.
148 Regiment Weimar.
149 Blasenwerfendes Gurgeln und Sprudeln des Wassers (Fischer, Goethe-Wortschatz).
150 Vgl. Goethes Brief an Knebel vom 27. September 1792: »In diesen vier Wochen habe ich manches erfahren und dieses Musterstück von Feldzug gibt mir auf viele Zeit zu denken. Es ist mir sehr lieb, daß ich das alles mit Augen gesehen habe und daß ich, wenn von dieser wichtigen Epoche die Rede ist, sagen kann: et quorum pars minima fui . . .« – Die Erkenntnis der historischen Bedeutung dieses Tages der Kanonade bei Valmy kam dem Berichtenden jedoch erst später zum Bewußtsein, nicht am Tage nach der verlorenen Schlacht.
151 Ulysses (lat.) = Odysseus (griech.); König von Ithaka. Vgl. Homers »Odyssee« XIV, 462 ff.
152 Oberst von Gotsch gehörte zum Regiment Weimar.
153 Stillstand bei La Lune und Hans; der Höhepunkt des Krieges ist überschritten und der Rückzug beginnt.
154 Die Ruhr brach nach Angaben verschiedener Quellen bereits bei Trier aus, nachdem viele Menschen aus der Mosel getrunken hatten.
155 Friedrich Adolf Graf von Kalckreuth (1737–1818) führte eine Kavalleriedivision und stand auf der Côte de l'Yron. Er befehligte 1792 die Belagerung von Mainz.
156 Brot war nach Massenbach zum letzten Mal am 19. September für drei Tage ausgegeben worden, kam in der Nacht zum 22. neu für drei Tage an und blieb dann längere Zeit aus.
157 Oberstleutnant Johann Wilhelm von Manstein war Generaladjutant des preußischen Königs. – Heymann vgl. Anm. 117.

158 Von der Verfeuerung der großen Pappeln berichtet auch Laukhard.
159 Tag des Waffenstillstandes.
160 Von dem Verkehr der Vorposten untereinander, dem Austausch von Lebensmitteln und der Verteilung von propagandistischen Flugblättern durch die Franzosen berichten mehrere deutsche und französische Quellen.
161 Gutes Brot, gute Suppe, gutes Fleisch, gutes Bier.
162 Hebräisch ›Ähre‹. Im übertragenen Sinne: ›Erkennungswort, Losungswort, Zeichen‹.
163 Lob der Bevölkerung, nicht aber der Landschaft, über deren Reizlosigkeit Goethe am 25. September an Anna Amalia geschrieben hatte.
164 Dagegen war das Ungeziefer zu einer schrecklichen Plage geworden im Heer. Vgl. die Berichte Laukhards.
165 Kommunikation mit Châlons auf dem Umweg über Vitry.
166 Sogenannte Knotten. Roethe erinnert daran, daß das Goethe-National-Museum in Weimar solches Exemplar aufbewahrt. Nach seinem Brief an Anna Amalia hatte sich Goethe davon »so viel aufgeladen«, daß er seine »mineralogischen Freunde damit werde versehen können«.
167 Am Erdboden festgesessen.
168 Der die Kreide betreffende Armeebefehl findet sich bei Laukhard.
169 Es heißt bei Laukhard: »Ja, wenn der Herr Jesus da gewesen wäre und aus Kreide hätte Brot machen wollen!« Über die Verpflegungssorgen vgl. auch die Briefe vom 27. September an Christiane, Knebel und Meyer.
170 Friedrich Johann von Seebach war Stallmeister des Herzogs Carl August und später Generalmajor.
171 Französischer Taler zu 6 Francs, der im 18. Jahrhundert auch in Süddeutschland galt. Nach den Lorbeerzweigen um das offizielle Gepräge so genannt.
172 Vgl. den Brief an Knebel vom 27. September: »Es sind nur wenig Wege, aus dieser Lage zu kommen.«
173 Die Absetzung des Königs war schon am 21. September erfolgt, aber »Zur Sprache gekommen« in Mansteins Verhandlungen mit Dumouriez.
174 Der Prozeß begann erst im Dezember.
175 Nikolaus Graf Luckner, französischer General, war 1792 zunächst Oberbefehlshaber der Armee du Centre, wurde dann

auf Grund seines Alters zur Ausbildung der Freiwilligen herangezogen, wozu er sich jedoch als ungeeignet erwies. Ende 1793 wurde er verhaftet und am 5. Januar 1794 guillotiniert.

176 Ludwig IX., der Heilige genannt, französischer König von 1226 bis 1270. Goethe entlieh Joinvilles »Histoire de St. Louis« 1820 aus der Weimarer Bibliothek, während er an der »Campagne« arbeitete.

177 Es war der 6. Kreuzzug von 1248 bis 1254.

178 Im Jahre 1249 wurde diese Festung im Nildelta von Ludwig IX. erobert.

179 Brandmasse, die auf den Feind und seine Holzbauten geworfen wurde und dort Verwüstungen anrichtete.

180 Joinville (1224–1309) beschrieb in einem Buch das Leben des Heiligen Ludwig und berichtet darin über den 6. Kreuzzug. Goethe entlieh sich dieses Werk während der Arbeit an der Campagne aus der Weimarer Bibliothek. Vgl. Tagebuch vom 28. Februar bis 1. März 1820.

181 Die genauere Ausführung dieser Schilderung verdankt Goethe der erst 1806 erschienenen Schrift Johannes von Müllers »Attila der Held des 5. Jahrhunderts«, die Goethe am 17. März 1820 aus der Weimarer Bibliothek bekam (vgl. Roethe, S. 225 f.). – Die Jahreszahl muß richtig heißen 451.

182 Vgl. Goethes Brief an Knebel vom 27. September: »Ich lese französische Schriftsteller, die ich sonst nie würde gesehen haben.«

183 Kündigung des Waffenstillstandes.

184 Früheres Manifest vgl. Anm. 45. Gemeint ist ein neues Manifest, verfaßt von dem preußischen Diplomaten Lucchesini; fordert Freilassung der königlichen Familie sowie Wiederherstellung der Königswürde.

185 An diese Übereinkunft glaubte auch Laukhard, jedoch Ursache der geringen Verfolgung war in Wirklichkeit taktisches Ungeschick des Feindes.

186 Erneut Verwechslung des Postmeisters von Menehould mit dem Maire von Varennes. Vgl. Anm. 87.

187 In den Tagen vom 29. September bis 8. Oktober Rückzug der Truppe bis über die Maas, dann trennte sich Goethe von dem Heere. Verglichen mit den Quellen ist Goethe in seiner Schilderung bemüht, die bis zum äußersten steigende Not und Erschöpfung der Truppen zu mildern, das Katastrophale der Lage abzuschwächen.

188 Zitat aus Shakespeares Drama »Macbeth« I, 3.
189 Das Regiment Weimar brach erst am 30. September auf.
190 Östlich, westlich und südlich.
191 Nach der griechischen Sage ein schöner Schläfer, in den sich die Mondgöttin verliebte.
192 Weiterzug des Trains über Laval bis Wargemoulin. Goethe ist wohl bis zum 4. Oktober in seiner böhmischen Chaise gefahren (vgl. S. 76,3).
193 Die drei folgenden Abschnitte fast wörtlich übernommen nach den Berichten von Wagner.
194 Fortsetzung des Rückzuges über Rouvroy hinaus.
195 Gemeint sind die übrigen Generäle.
Übereinkunft vgl. Anm. 185.
196 Vgl. ähnliche briefliche Äußerung an Herder vom 15. Juni 1793.
197 Nach dem Brief an Herder ist Koppenfelsens Scheune gemeint.
198 Der griechische Schweinehirt Eumaios ist in der Odyssee ›göttlich‹.
199 Es ging weiter über Vaux les Mouron zur Aisne; Überschreitung des Flusses.
200 Nach Wagner »zwischen 1 und 2 Uhr«.
201 Anspielung auf das Neue Testament, Johannes-Evangelium 6, 9.
202 Lebensmittel, Eßwaren.
203 Johann Carl Fischer, Physikalisches Wörterbuch. Dieses erschien jedoch erst 1798. Es handelt sich an dieser Stelle entweder um einen Anachronismus oder – wie F. Bergemann in der »Festausgabe«, Bd. 18, S. 576 darlegt – um eine Verwechslung des Werkes von Fischer mit einem gleichnamigen von J. S. T. Gehler, das bereits 1787 vorlag.
204 Falge = Felge, ein altes deutsches Wort für geeggtes oder zum zweitenmal gepflügtes Brachland (Fischer, Goethe-Wortschatz).
205 Beschaffung von Lebensmitteln und auch Futtervorräten.
206 Vgl. S. 35,11 ff.
207 Vielleicht ist Carl August gemeint.
208 Fleischtopf.
209 Vgl. S. 60,9 ff.
210 Nachhut.
211 Prinz Friedrich Wilhelm von Braunschweig (1771–1815), preußischer Infanteriehauptmann.

212 Wahrscheinlich Carl August und Goethe.
213 Verpflegung.
214 Ein weimarischer Husar namens Liseur, der aus Luxemburg stammte.
215 Locker gewebtes Leinenzeug oder Wollzeug.
216 War der Fleischer und nicht Liseur.
217 Gemeint ist die Marketenderin; vgl. S. 81,2.
218 Abschied von Sivry.
219 Geschichte des entflohenen Pferdes vgl. S. 77,20 ff.
220 In Wirklichkeit ist die Armee des Kronprinzen schon *vor* dem Regiment des Herzogs aufgebrochen.
221 Ritt an die Maas bis Dun, hinter der Hauptarmee. Dieser zweite Absatz zum 6. Oktober ist ein Nachtrag; vgl. dazu Tagebuch Goethes vom 18. März 1820.
222 Kürzer, gedrängter.
223 Verringerung, Umwandlung.
224 In Goethes Tagesnotizen genauere Ortsangabe: »abends bey Dun«.
225 Im Jahre 1790 nach Venedig.
226 Nach Laue führte der Herzog von Braunschweig die Arrieregarde.
227 Nach den Angaben Düntzers war Goethes Einfluß auf Carl August dem Herzog unangenehm. Goethe hatte den Herzog 1783 in Langenstein und 1784 in Braunschweig gesehen, ohne ihn näher kennenlernen zu können. Vgl. Briefe an Frau von Stein vom 13. September 1783 und 18. und 29. August 1784.
228 Übergang über die Maas bei Vilosnes, Halt bei Consenvoye, Trennung Goethes vom Heer. Die Straße führte am Ostufer der Maas entlang (Sedan – Stenay – Dun – Consenvoye – Verdun).
229 Nach Goethes Brief an Christiane vom 10. Oktober war in Verdun der Kammerdiener Venus schwer erkrankt.
230 Kommandant von Courbière.
231 Besorgnis, Abneigung.
232 Gemeint ist die mohammedanische Religion.
233 Die Lazarettfahrt umfaßt die Tage vom 9. bis 14. Oktober bis zur Ankunft in Luxemburg. Schilderung des Rückzugselends bis zum äußersten Realismus. Die Fahrt ging über Samogneux nach Verdun.
234 Phil. Christian Weyland (1765–1843), Geheimsekretär, später Präsident des Landschaftscollegiums in Weimar.

Johann Christoph Gottlieb Vent (1751–1822), weimarischer Offizier.

235 Bauernknaben vgl. S. 60,9 ff.

236 Die Erwähnung der Aisne an dieser Stelle ist unrichtig, da sie bereits vor Grandpré überschritten wurde. Vielleicht ist die Maas gemeint, vielleicht hat aber Goethe den geographischen Zusammenhang ganz verloren, als er diesen Abschnitt nachträglich einfügte.

237 Quartierzettel, Einweisung.

238 Nach Wagner der sechzigjährige Ludwigsritter Baron de Manonell.

239 Am gleichen Tage Briefe an Christiane, Meyer und Voigt.

240 Die jungen Mädchen hatten ihre Gefälligkeit gegenüber dem preußischen König mit dem Tode bezahlen müssen. Sie wurden 1794 hingerichtet.

241 Baron de Courbière (1733–1811), preußischer General, später Feldmarschall.

242 Lombard schrieb noch unter dem 8. Oktober: »Vielleicht gelingt es uns, noch einige Festungen zu nehmen, und einen Fuß in Frankreich zu behalten.«

243 Absatz ist Pause, Trachten sind die Gänge beim Speisen.

244 Vgl. den Brief Goethes an Voigt vom 15. Oktober: »Ich bedaure die unglücklichen Einwohner, wenn sie ohne Capitulation wieder in die Hände der Patrioten kommen sollten.«

245 Louis Auguste Baron de Breteuil (1733–1807), Staatsminister Ludwig XVI. Er versuchte Friedrich Wilhelm II. zu strengen Maßnahmen gegen die Republikaner aufzuwiegeln. In den »Emigrantenbriefen« werden seine politischen Ziele, von denen Goethe hier berichtet, dargelegt.

246 Skandalprozeß der Jahre 1784/85 während des ausgehenden Ancien Régime in Frankreich, in den der Kardinal Prinz Rohan, die Gräfin Lamothe und der Abenteurer Cagliostro verwickelt waren. Durch diese Affäre wurde der Ruf der Königin Marie Antoinette sehr geschädigt und der gesamte französische Hof kompromittiert. Die Halsbandgeschichte wird zu den psychologischen Faktoren gerechnet, die zum Ausbruch der Französischen Revolution beitrugen. Der Hergang ist kurz folgender: Die Gräfin Lamothe-Valois hatte unter Mitwirkung von Cagliostro den Kardinal Rohan, der die Gunst der Königin wiedergewinnen wollte, durch gefälschte Briefe der Königin zum Ankauf eines Diamanten-

halsbandes veranlaßt, die Steine aber unterschlagen. Rohan wurde als gutgläubig freigesprochen, Marie Antoinette aber in der öffentlichen Meinung verdächtigt, obwohl das parlamentarische Gerichtsverfahren die vollständige Unschuld der Königin nachwies. – Goethe wurde von diesem Prozeß sehr erschüttert und suchte mit dem Ereignis in seinem Werk »Der Groß-Kophta« (1791) fertig zu werden.

247 Versammlung von Mitgliedern des Adels, der Geistlichkeit und der höheren Beamtenschaft, die zur Beratung von Reformen (besonders auf dem Gebiet des Steuerwesens) zusammentrat. Sie trat vom 22. Februar bis zum 25. Mai 1787 zusammen.

248 Weiterfahrt nach Étain, hier »der Höhepunkt verzweifelter Auflösung« (nach Roethe).

249 Vgl. S. 10,7 und 89,24.

250 Wiedererzählt nach Wagner, der mit Schrecken von toten Pferden und vielen Leichen der Soldaten am Wegesrand berichtet.

251 Bei Wagner heißt es: »Oft musten wir aus Noth, um nicht über Menschen, welche im Wege lagen, über dabey liegende, mehrmalen noch lebende Pferde wegfahren, daß ihre Gebeine krachten.«

252 Knöchel, knorriger Gegenstand (Fischer, Goethe-Wortschatz).

253 Wagner erwähnt auch »prächtige Equipagen der Emigrierten« auf dem Wege von Grandpré an die Maas.

254 Rückblick auf den Bericht S. 6,28 ff.

255 Graf Haugwitz (1752–1831), preußischer Gesandter in Wien, den Goethe auf der ersten Schweizer Reise kennengelernt hatte. Er war ins Hauptquartier nach Hans berufen worden als künftiger Staatsminister, kam aber nicht über Verdun hinaus. Goethes Schadenfreude ist hier nicht ganz verständlich, da Haugwitz gegen den Feldzug eingestellt war.

256 In Étain und nachts Eintreffen in Spincourt, dort wird auch genächtigt.

257 Diese allgemeine Familienszene soll wohl das traurige Emigrantenschicksal widerspiegeln.

258 Das Tagebuch Wagners schildert den Streich Liseurs, der bei diesem einmal nachts in Spincourt durchgeführt wird.

259 Vgl. S. 83,33 ff.

260 Bei Goethe steht die alte Namensform Sebincourt.

261 Nach Wagners Angaben handelt es sich um einen Major und einen Rittmeister vom Husarenregiment von Köhler.

262 Der Weg ging weiter über Longuyon nach Longwy.
263 Heerstraße.
264 Im Sinne von ›demnächst‹.
265 Ebenfalls, gleichermaßen.
266 Liseur hat wohlhabende Verwandte in dieser Gegend, bei denen er für Stärkung und Unterstützung sorgen will. Daß Goethe durch Arlon kam, beweist sein Brief an Voigt vom 15. Oktober 1792.
267 »Assignaten, die wir an Zahlungs statt gaben, kommen täglich mit der obrigkeitlichen Authentik ihrer Falschheit von Paris zurück«, heißt es im »Emigriertenbriefwechsel«. Es konnte festgestellt werden, daß Goethe die Assignatenfabrik im »Emigriertenbriefwechsel« als Schelmenstreich erwähnt fand (Roethe, S. 175 f.). Vgl. auch Goethes Brief aus Trier vom 8. Oktober und Text S. 110,16.
268 Im 11. und 13. Buch von »Dichtung und Wahrheit« finden sich entsprechende Bemerkungen über das französische Drama.
269 Lustspiel (1801) von Louis-Benoît Picard.
270 Nachbildung des vorhergenannten französischen Lustspiels, von August von Kotzebue (1761–1819), Satire auf das deutsche Kleinbürgertum, erschienen 1803. Goethe stand Kotzebue mit Abneigung gegenüber, es entwickelte sich eine Art Feindschaft daraus, nachdem Goethe »Die deutschen Kleinstädter« für die Aufführung in Weimar zusammenstrich. – Hier Anachronismus, denn 1792 war Kotzebues Stück noch gar nicht geschrieben.
271 Die österreichische Besatzung war in die Niederlande abmarschiert.
272 Aufzeichnungen zur Farbentheorie allgemein; vgl. S. 37,35 ff.
273 Dieses Kriegs- und Reisetagebuch und etwaige Eintragungen sind bisher nicht erwähnt worden.
274 Für die folgende Zeit versucht Goethe, den Tagebuchstil noch weiter durchzuführen, verteilt den Stoff aber recht willkürlich auf die einzelnen Tage. Auch die Quelle Wagner versiegt hier allmählich und liefert nur noch wenige Angaben. Goethe gewinnt in der ruhigen Atmosphäre erstmalig wieder Muße für persönliche Dinge, und der Bericht wird individueller.
An diesem Tage wurden auch die für Christiane, Meyer, Voigt bestimmten Briefe zu Ende geschrieben, die Goethe in Verdun begonnen hatte.

Die Vorlagen für die folgenden Schilderungen der Stadt Luxemburg sind nicht bekannt (vgl. Roethe, S. 238 f.).

275 Schlangenartig.

276 In der Kriegssprache ›Feldschanzen‹ (Fischer, Goethe-Wortschatz).

277 Nicolas Poussin (1593–1665), berühmter französischer Maler, der besonders auf die Landschaftsmalerei des 17. und 18. Jahrhunderts großen Einfluß ausübte.

278 Nach Engling (vgl. Literaturhinweise) sind die Eltern Metzger oder Tuchmacher gewesen. Vgl. auch N. Hein, Goethe in Luxemburg, ^{2}1940.

279 »Keine Feder und keine Zunge kann das Elend der combinirten Armee beschreiben« – so schreibt Goethe am 16. Oktober an seine Mutter in Frankfurt. (Der Brief ist verloren, jedoch hat sich diese Äußerung erhalten in einem Brief Forsters an Heyne. Vom 16. Oktober sind Briefe Goethes an Bertuch und Herder erhalten.)

280 Die Luxemburger Zeichnungen Goethes galten lange Zeit als verschollen, es gelang jedoch N. Hein (s. o.), einige davon wiederzuentdecken, die auch in seinem Buch veröffentlicht sind.

281 Nach der Darstellung in Goethes Briefen an Voigt und Christiane war die Armee am 15. Oktober noch zurückgeblieben, kam erst am 20. Oktober an die luxemburgische Grenze.

282 Übergabe der Festung Verdun am 14. Oktober, Longwy wurde erst am 22. Oktober preisgegeben. Über die Bedingungen bei der Übergabe berichtet Laue S. 177.

283 Vgl. S. 10,10 ff.

284 Vgl. S. 10,20 ff.

285 Vgl. S. 8,35.

286 Bei Wagner heißt es: »Herr Geh. Rath von Goethe verweilte lange dabey.«

287 Freiherr Heinr. Gottl. von Fritsch (1772–1808), der jüngste Sohn des Weimarer Ministers. Vgl. Anm. 23.

288 Bericht an Carl August.

289 Der Freund ist Fritsch. Kanonikus vgl. Anm. 25.

290 Roethe hat nachgewiesen, daß diese ausführlichen Darstellungen erst 1822 nachträglich eingefügt wurden.

291 Aufsatz über einem Hauptgebälk.

292 Tierkreis, auf dem Hauptbild der Nordseite.

293 Anna Amalia, die Herzoginmutter in Weimar, hatte am

24. Oktober Geburtstag, starb aber erst im Jahre 1807; Anachronismus im Tagebuch.

294 Aufregung bei Goethe häufig im Sinne von Anregung.

295 Vgl. S. 38,5.

296 Schon in den Beiträgen zur Optik waren Farbentafeln enthalten.

297 Vgl. S. 76,10.

298 Johann Hugo Wyttenbach war damals Hauslehrer, später Altertumsforscher in Trier. Am 5. Dezember 1793 schreibt Goethe in einem Brief an Wyttenbach von der »Gefälligkeit mit welcher Sie meinen Trierischen Aufenthalt nützlich zu machen suchten«. Vgl. R. Kaulitz-Niedeck, Die Geele Box. Goethes Erlebnisse in Trier, Berlin 1924.

299 Immanuel Kants »Kritik der Urteilskraft«, 1790 erschienen. Zeile 33 ff. befaßt sich mit § 45 der »Urteilskraft«. Goethe hat das Werk 1790 gelesen.

300 Goethe schrieb an Meyer am 28. Oktober und erwähnte in dem Brief die »schönen Alterthümer« in Trier und das Monument von Igel.

301 Der Herzog von Braunschweig.

302 Adam Philippe von Custine (1740–1793), französischer General, Mitglied der Nationalversammlung, 1792 Befehlshaber der Armee am Oberrhein. Eroberte Speyer, Mainz und Frankfurt. Wurde 1793 des Verrats beschuldigt und hingerichtet.

303 In einem Brief vom 28. Oktober an H. Meyer berichtet Goethe, daß Frankfurt besetzt sei, Koblenz gerettet.

304 Neutralitätssystem der Fürsten von Mainz, Trier, von der Pfalz und anderen, das die Fürsten am Eingreifen für eine reichspatriotische Sache hinderte.
Paralysieren: lähmen, schwächen.

305 Goethe hat zu Anfang des Jahres 1820 die Memoiren des Generals Custine gelesen (vgl. Tagebuch vom 28. Januar 1820) und wurde von daher in seinem Urteil beeinflußt.

306 Der Oheim Johann Jost Textor war am 19. September 1792 gestorben; er war seit 1771 Ratsherr und Schöffe in Frankfurt.

307 Graduierte: Träger akademischer Titel.
Graduieren: einen akademischen Grad erreichen. Goethe war damals Lizentiat der Rechte und vereidigter Advokat von Frankfurt.

308 Laertes, Vater des Odysseus, arbeitete ebenfalls im Garten

(»Odyssee« XXIV, 230 ff.); vgl. hierzu auch den Abschnitt in »Dichtung und Wahrheit« über den Oheim Textor (1. Buch).

309 Der Großvater erlitt 1768 einen Schlaganfall. Im Sarg sah Goethe ihn freilich nicht, denn er hielt sich damals in Straßburg auf.

310 Dies sind wohl frühe Erinnerungen, die sich Goethe durch die Darstellung in »Dichtung und Wahrheit« ins Gedächtnis zurückrief.

311 Richtig muß es heißen: »Seit 17 Jahren ...«, denn Goethe kam 1775 nach Weimar (vielleicht Diktierfehler).

312 Altertumsforscher und Bibliothekar Johann Hugo Wyttenbach, mit dem sich Goethe in Trier mehrmals traf.

313 Aufzeichnungen über die Stadt Trier, wie Roethe nachgewiesen hat, großenteils aus dem Werk von Zeiller-Merian (1646) über die Stadt Trier. Goethe gibt Wyttenbach als Quelle an (vgl. Literaturverzeichnis), was für einzelne Teile auch stimmen wird. Vgl. Goethes Brief an Wyttenbach vom 5. Dezember 1793, worin Goethe dankbar der »Gefälligkeit, mit welcher Sie meinen Trierischen Aufenthalt nützlich zu machen suchten«, gedenkt.

314 ›Lokal‹ hier im Sinne von ›Örtlichkeit, Lage‹.

315 Die Trevirer (Treverer) sind ein ursprünglich germanischer Stamm, der dann zunächst gallisch, später römisch wurde.

316 Einverleibt durch den Vertrag zu Mersen im Jahre 870.

317 Erzbischof Phil. Christian von Sötern wurde wegen seiner Verbindung mit Frankreich 1635 von spanischen und österreichischen Truppen gefangengenommen.

318 Ruinen eines römischen Amphitheaters, unter Trajanus erbaut; wohl im 12. Jahrhundert zerstört.

319 Aushöhlung und Unterbauung.

320 Gemeint sind wohl der romanische Dom und die frühgotische Liebfrauenkirche, die Goethes Begeisterung im Vergleich zu den Bauwerken des klassischen Altertums nicht wecken konnten. Goethes früher Enthusiasmus für die Gotik (Straßburger Münster!) in der Epoche des Sturm- und Drangerlebnisses war jetzt bereits der klassizistischen Tendenz gewichen.

321 Diese Brücke weist einige Pfeiler aus römischer Zeit auf.

322 Carl August von Weimar nahm Quartier in der Benediktiner-Abtei St. Maximin.

323 Raphael von Gotsch war Regimentskommandeur im Regiment Carl Augusts.

324 Isletten vgl. S. 43,1; Paßübergang im Argonnenwald.
325 Eine Steuer, die 10 % des Einkommens beanspruchte.
326 Festung bei Koblenz. Dort waren die Schätze vor den Franzosen versteckt worden.
327 Aus ›bresthaft, krank, mit Gebrechen behaftet‹ (Grimm Deutsches Wörterbuch).
328 Am 13. Oktober, wie das Tagebuch des Kronprinzen angibt
329 Hierzu vgl. Goethes Tagebuch vom 25. bis 27. Januar 1822 Der Abschnitt ist gesondert bearbeitet worden. Die ersten Drucke der »Campagne« haben hier »Oktober«, was von Fritz Bergemann im 18. Band der Festausgabe von Goethes Werken korrigiert wird. – Der folgende Abschnitt befaßt sich mit den Ereignissen der ersten Novemberwoche. Goethe war am 22. Oktober in Trier angekommen, seine Weiterfahrt auf der Mosel wird wahrscheinlich am 1./2. November begonnen haben (vgl. H. Schiel, Goethes Tage in Trier, 1949).
330 Marquis Lucchesini (1751–1825) war Goethe von seiner Italienreise her bekannt, er war ihm in Rom und Neapel begegnet und damals – nach Goethes Darstellung – von ihm vernachlässigt worden (vgl. Goethes Brief an Carl August vom 25. Januar 1788). Lucchesini stand in diplomatischen Diensten.
331 Für die nun folgende Schilderung der Moselfahrt bildete ein Brief des Dieners Goetze vom 24. Januar 1822 die Grundlage; Goethe hatte ihn bei Goetze angefordert (vgl. Mommsen, Bd. II, S. 41 f.).
332 Nach Goetzes Angaben ist der Major von Rahden gemeint, preußischer Platzkommandant von Frankfurt.
333 Bei Traben auf dem Trabener Berg existierte in früheren Zeiten eine Festung, deren Überreste noch sichtbar waren.
334 Paul Goetze, der Diener.
335 Mit dem angesehenen Kaufmann ist Ludwig Böcking gemeint (vgl. Rodewald, Goethe in Traben-Trarbach und sein Besuch bei Ludwig Böcking, Traben-Trarbach 1926).
336 In seinem oben erwähnten Brief an Goethe.
337 Nach Düntzers Nachforschungen ist es der Gasthof zur Post in Koblenz. – Für das Folgende vergleiche auch den Brief Goethes an Christiane vom 4. November 1792.
338 Nach Goethes Brief an Christiane war Carl August am 4. November in Koblenz angekommen, der König mit dem Herzog von Braunschweig erst am 5. November.

339 Eine fast wörtliche Übersetzung aus Dumouriez' »Reflexions« (Buch V, Kap. XIV).
340 Vgl. Anm. 90.
341 Vgl. auch S. 109,8 ff.; epoptische Farben: Vgl. »Zur Farbenlehre«, Didaktischer Teil, 2. Abteilung: »Physische Farben« XXXIII, § 429 ff. Nach Goethes Darstellung sind die epoptischen Farben diejenigen, »die den Übergang von den physischen zu den chemischen Farben ausmachen«.
342 Halskragen, auch Reitweste.
343 Vgl. S. 14,4.
344 Kurfürst Clemens Wenzeslaus von Trier, dessen beide Neffen die französischen Prinzen waren; Freund der Emigranten.
345 Der Fürst war vielmehr nach Münster weitergereist, über Bonn und Düsseldorf.
346 Neu erbaute Sommerresidenz des Kurfürsten.
347 Ehrenbreitstein.
348 Verzögerungen, Verspätungen.
349 Thal: Familiensitz der Familie La Roche. Dort hatte Goethe 1772 und 1774 schöne Tage verlebt (vgl. »Dichtung und Wahrheit«, Buch 13, 14).
350 Hierfür ist wieder Goetzes Brief die Quelle.
351 Ziel und Zweck der Zwischenrede ist es, dem Leser den Wechsel zwischen der bisherigen Tagebuchform und den nun folgenden fortlaufenden Schilderungen zu begründen. Goethes Tagebuch vom 12. Februar 1822 verzeichnet: »Zwischenrede zur Rheinfahrt« und einen Tag vorher schrieb er an Riemer: »Ich habe . . . beikommende Zwischenrede versucht in doppelter Absicht, manche Lebenslücke auszufüllen und den Leser über die damalige Gegenwart zu erheben . . .«
352 Friedrich Jacobi war im September 1784 mit seiner Stiefschwester zusammen in Weimar gewesen.
353 Goethe spricht hier aus dem Blickwinkel des Jahres 1822.
354 Vgl. hierzu Goethes Brief an Carl August vom 25. Januar 1788.
355 1816/17 erschienen die beiden ersten Teile der »Italienischen Reise«.
356 Erst 1829 erschien jener Teil der »Italienischen Reise«, der den zweiten Aufenthalt in Rom beschreibt.
357 Hinweise auf die botanischen und chromatischen Studien.
358 Anspielung auf seine Beziehungen zu Christiane Vulpius.
359 Goethe nahm auf Wunsch des Herzogs Carl August an dem Schlesischen Feldzug von 1790 teil.

360 Goethes Tagebücher verzeichnen unter den folgenden Tage seine Arbeit an diesem Kapitel: 21. Februar 1820 (über de Düsseldorfer Aufenthalt), 28. Februar (Aufenthalt in Düssel dorf und Pempelfort), 1. März (Düsseldorfer Aufenthalt 10. Dezember 1821 (Aufenthalt in Düsseldorf, Münster 1792, 31. Januar 1822, 3. bis 5. Februar 1822. – Goethe ist im Jahr 1792 in der Zeit vom 6. November bis 4. Dezember als Gas bei Jacobis gewesen.

361 Vereinigung der preußischen mit den hessischen Truppen. Vo diesem alliierten Heer hörte man erst bei der Rückeroberung von Frankfurt am 2. Dezember 1792 wieder.

362 Erst 1837 erschien der unvollendete Roman »Reise der Söhne Megaprazons«.

363 Die Forschung hält es nicht für wahrscheinlich, daß Goethe das Manuskript mit ins Feld genommen hat. Bisher wurde es auch in der »Campagne« nicht erwähnt.

364 Drama von Sophokles, das Christian von Stolberg 1787 übersetzt hatte.

365 Gemeint ist der Kreis um den Dichter Jacobi, mit dem Goethe in Meinungsverschiedenheiten geriet (vgl. auch das 14. Buch von »Dichtung und Wahrheit«).

366 Hinweis auf Voltaires satirischen Roman »L'Ingénu« (1764) und dessen Hauptthelden (vgl. auch das 16. Buch von »Dichtung und Wahrheit«).

367 Vgl. S. 131,36.

368 Gemeint ist Voltaire, der das Landgut Ferney in der Nähe von Genf bewohnte. Dieses Haus wurde dort ein Mittelpunkt des geistigen Lebens.

369 Cornelius de Pauw (1739–99), Minorit, niederländischer Kulturphilosoph aus Amsterdam. Er schrieb philosophische Betrachtungen über Amerikaner, Ägypter, Chinesen und Griechen (1768–88).

370 Franz Hemsterhuis (1721–90), ebenfalls Holländer, philosophischer Schriftsteller. Er war in staatlichen Diensten und befreundet mit der Fürstin Gallitzin seit 1775 (vgl. Anm. 435).

371 Denis Diderot (1713–84), französischer Enzyklopädist. Gab als erster ein enzyklopädisches Lexikon heraus, wurde auch als Romanschriftsteller und Lustspieldichter bekannt. Anhänger der französischen Aufklärung. Auf der Reise nach Petersburg 1773 hatte er Jacobi besucht.

372 Jean Jacques Rousseau (1712–78), französischer Philosoph und

Schriftsteller. Berühmt durch seine Hauptwerke, den Briefroman »La nouvelle Héloise« (1761), den »Contrat social« (1762), in dem er die Lehre von der Souveränität des Volkes verkündigte, den pädagogischen Roman »Emile« (1762) und seine denkwürdige Lebensschilderung, die »Confessions«. Er entwickelte einen neuen Gefühls- und Naturbegriff; die Französische Revolution suchte seine Ideale zu verwirklichen.

373 »Der Groß-Kophta«, 1792 erschienenes Drama. Goethe hatte es im April 1792 an Jacobi gesandt und dieser nahm es gegen scharfe Kritik in Schutz.

374 Die Lehre von der Beseeltheit der Materie. Im Gegensatz einmal zu der materialistischen Lehre und zur spiritualistischen Auffassung andererseits, die den Geist von der Materie trennt.

375 »Metaphysische Anfangsgründe der Naturwissenschaft« von Immanuel Kant, 1786. – Goethes Tagebuch vom 4. Februar 1822 vermerkt: »Abends für mich. Kants Naturwissenschaft«. Zu jener Zeit arbeitete Goethe gerade an dem Kapitel über Pempelfort.

376 Im Herbst 1785 besuchten die Genannten Weimar, und Goethe schreibt am 1. Dezember 1785 an Jacobi über den Besuch der Fürstin Gallitzin.

377 Erschienen 1790. Aus dem Briefwechsel mit Jacobi geht hervor, daß dieser sich um das Verständnis des Werkes ein Jahr nach seinem Erscheinen bemüht. Vgl. Brief Jacobis an Goethe vom 12. April 1791.

378 Lehre, daß im Keim (Ei) bereits alles vorgeformt vorhanden ist.

379 Charles Bonnet (1720–93), Genfer Naturforscher; »Contemplation de la nature« 1764/65. Er behauptet, daß die Keime präformiert seien. Goethe traf mit ihm auf seiner zweiten Reise durch die Schweiz 1779 zusammen.

380 Die »Beiträge zur Optik« hatte Goethe bereits 1791 und Ostern 1792 an Jacobi geschickt. Das gespaltene Licht erwähnt eine Theorie Newtons, wonach im weißen Licht auch andere Lichtstrahlen vorhanden sind.

381 Umwandelnd, verändernd.

382 Lotte und Lene Jacobi, Stiefschwestern Jacobis, die das Haus versorgten.

383 Wilhelm Heinse (1749–1803), der Dichter des »Ardinghello«, war mit Jacobis gut befreundet und hatte dort Zuflucht vor den Franzosen gefunden. Seit 1786 war er Bibliothekar und Vorleser des Kurfürsten von Mainz.

384 Bedeutende Gemäldegalerie des 18. Jahrhunderts. Goethe schrieb an Meyer (14. November 1792) besonders über die italienischen Meister, erst später wurden die Niederländer mehr beachtet.

385 Seit 1805 ist die »Himmelfahrt« von Guido Reni in München.

386 Jean Antoine Houdon (1741–1828), Bildhauer, von dem besonders die Statuen Voltaires und Washingtons bekannt sind.

387 Brüder von Ludwig XVI.

388 Baron von Grimm ist bekannt durch die im Verein mit Denis Diderot herausgegebene »Correspondance Littéraire, Philosophique et Critique« (1754 ff.). Er war Diplomat und Publizist.

389 Enkelin der Frau von Epinay, mit der Grimm von Paris her befreundet war und die er in sein Haus in Gotha später mit aufnahm.

390 Nichte des Kurfürsten von Mainz, eine politisch sehr tätige Frau, die großen Einfluß auf den Herzog Carl August hatte.

391 Christian Wilhelm von Dohm (1751–1820), preußischer Bevollmächtigter am kurkölnischen Hofe. Historiker und Staatsmann.

392 Frankfurt wurde am 2. Dezember 1792 befreit.

393 Politische Meinungsverschiedenheiten äußern sich unter anderem in einem Brief Jacobis an Schlossers Frau vom 10. Dezember 1792. Jacobi war der Ansicht, daß das geeinte Europa gegen Frankreich vorgehen müsse, was durchaus nicht Goethes Meinung entsprach.

394 Im Gegensatz zur Stadt Mainz widerstand Frankfurt den Angeboten Custines; seine Bürger brachten persönliche Opfer und zahlten eine hohe Kontribution.

395 Hofrat Dr. Johann Gottlieb Lebrecht Abel, ein hervorragender Arzt in Düsseldorf.

396 Saturnalien waren die zu Ehren des Saturn alljährlich im Dezember gefeierten altrömischen Freuden- und Volksfeste, verbunden mit prächtigen Gelagen.

397 Dumouriez eroberte die Niederlande und stieß dann weiter nach Aachen vor (Dezember 1792).

398 Noch Ende des Jahres 1793 stand die böhmische Halbchaise in Koblenz, und Goethe schenkte sie schließlich Jacobi als Gegengabe für den von ihm gestellten Wagen (vgl. Goethe an Jacobi am 18. November 1793 und 8. September 1794).

399 Nach den Angaben des Ausgabenbuches erfolgte die Abfahrt am 4. Dezember.

400 Goethe kam am 4. Dezember in Duisburg an und fuhr schon am folgenden Tag weiter. Zu den folgenden Abschnitten vgl. Goethes Tagebuch vom Februar 1820 und vom Februar 1822.

401 Eine Münze mit dem Bildnis des Münzherrn.

402 Friedrich Viktor Lebrecht Plessing (1749–1806), Professor der Philosophie an der Universität Duisburg. Goethe muß ihn am 4. Dezember nachmittags besucht haben, da er am nächsten Tag früh bereits wieder losfuhr.

403 »Werther« erschien im Jahre 1774.

404 Der englische Dichter Laurence Sterne schrieb einen Roman »Life and Opinions of Tristram Shandy«, in dem ein Pfarrer namens Yorick vorkommt.

405 Johann Kaspar Lavater (1741–1801), Theologe, Physiognomiker in Zürich. Er stand seit 1773 mit Goethe im Briefwechsel, unternahm eine Rheinreise mit ihm, Goethe besuchte ihn 1775 und 1779 in Zürich und lieferte auch Beiträge zu den »Physiognomischen Fragmenten«. Später kam es zu einer Entfremdung zwischen Goethe und Lavater.

406 Heinrich Lips (1758–1817), Züricher Kupferstecher, später Professor an der Zeichen-Akademie in Weimar. Hier war es jedoch der Maler Schmoll, der Goethe begleitete.

407 Vorrichtung zum Vergrößern oder Verkleinern von Zeichnungen.

408 Lavaters »Physiognomische Fragmente« tragen den Untertitel »Zur Beförderung der Menschenkenntnis und Menschenliebe«. Erschienen 1775 bis 1778.

409 Botanischer Fachausdruck: Keimblätter. Anspielung auf die ersten stürmischen Jahre, die Goethe mit Carl August verlebte.

410 Nach Beendigung seiner Studien und einer kurzen Militärzeit war Plessing in eine innere Krise geraten und litt an Depressionen. Er lebte zu dieser Zeit in Wernigerode in seinem elterlichen Haus.

411 Wahrscheinlich sind Lenz und Klinger gemeint, die 1776 nach Weimar gekommen waren.

412 Das Ilmenauer Bergwerk sollte wieder in Betrieb genommen werden, nachdem es über 30 Jahre stillgelegt war. Goethe war an diesem Projekt sehr interessiert und gehörte der Ilmenauer Bergwerks-Kommission an.

413 Gasthof zur goldenen Krone in Ilfeld.

414 Figur aus dem Roman von Lesage »Le Diable boiteux«.

415 Das Tagebuch verzeichnet am 1. Dezember den Aufbruch von Ilfeld und den Besuch der Baumannshöhle.

416 Das Tagebuch vom 2. Dezember spricht von dem Aufenthalt in der Baumannshöhle, und erst für den 3. Dezember wird der Aufbruch nach Wernigerode angegeben. Aufenthalt in Wernigerode im Gasthof ›Zur goldenen Forelle‹.

417 Vgl. S. 146,21.

418 Goethe trug sich in das Fremdenbuch einer Grube bei Clausthal (Harz) ein mit dem Namen Johann Wilhelm Weber aus Darmstadt. Goethes Brief an Charlotte von Stein vom 6. Dezember 1777 bezeugt, daß er sich als Maler ausgab. Im Tagebuch vom 8. Dezember steht: »Nachmittag durchgelogen.«

419 Georg Melchior Kraus (1733–1806), Maler. Seit 1780 Direktor der Zeichenakademie in Weimar.

420 Johann Justin Bertuch (1747–1822), Verlagsbuchhändler und Industrieller in Weimar; Legationsrat.

421 Johann Karl August Musäus (1735–87), Theologe, Schulmann in Weimar. Auch Schriftsteller; Verfasser der sogenannten Volksmärchen. Christian Joseph Jagemann (1735–1804), Bibliothekar in Weimar.

422 Ernst Wilhelm Wolf, Hofkapellmeister in Weimar.

423 Unbefangenheit, Freimütigkeit.

424 Klugheit, Spürkraft.

425 Monas = Monade. Monaden sind Einheiten, unteilbare Bestandteile der Materie.

426 Vorbereitend.

427 In Goethes Tagebuch vom 4. Dezember heißt es: »Über Ilsenburg auf Goslar durch ingrimmig Wetter, am 5. früh in Rammelsberg, den ganzen Berg bis ins tiefste befahren, am 6. Nach den Hütten an der Oker. Gesehn die Messing-Arbeit und das Hüttenwerk. Zurück nach Goslar.« – Goethe wollte ursprünglich auch die erste Weimarer Zeit in »Dichtung und Wahrheit« behandeln, führte es jedoch nicht aus.

428 Goethe hatte die Absicht, diese Zeit in »Dichtung und Wahrheit« zu behandeln.

429 Ein kleines Haus im Park von Weimar, das der Herzog Carl August 1776 Goethe geschenkt hatte.

430 Nach Goethes Tagebuch war Plessing am 22. Februar 1778 in Weimar angekommen und reiste am 25. wieder ab.

431 »Versuche über die Philosophie des älteren Altertums« 1788 bis 1789. Andere Werke: »Osiris und Sokrates« 1782 und »Memnonium« 1786.
432 Blasius Merrem (1761–1824), Professor der Mathematik in Duisburg; später Professor der Naturgeschichte in Marburg (vgl. Goethes Brief an Jacobi vom 10. Dezember 1792).
433 Beyträge zur Geschichte der Amphibien, Lemgo 1790.
434 Goethe erreichte nach den Angaben des Ausgabenbuches Münster am 6. Dezember. Von Duisburg war er am Tag zuvor abgereist. Zu den folgenden Ausführungen über Münster vgl. auch das Tagebuch vom Februar und März 1820, 10. Dezember 1821, 25. bis 27. Februar 1822, 1. und 7. März 1822.
435 Adelheid Amalie Fürstin Gallitzin (1748–1806), Gemahlin von Dimitrij Alexejewitsch Fürst Gallitzin, der zunächst russischer Gesandter im Haag war, dann ab 1802 Präsident der Mineralogischen Gesellschaft in Jena. – Sie war mit Hemsterhuis, Jacobi, Hamann und vielen anderen bedeutenden Persönlichkeiten der Zeit bekannt. Mit Goethe traf sie 1785 in Weimar zusammen.
436 Um die Fürstin scharte sich der sogenannte Kreis von Münster, eine Gruppe geistig-kirchlich gerichteter Persönlichkeiten, die neben den Gedanken zur Erneuerung des kirchlichen Lebens auch wissenschaftliche und künstlerische Interessen pflegten.
437 Franz Freiherr von Fürstenberg (1728–1810) gehörte diesem Kreis an. Er wurde 1749 Kanonikus in Münster, später Verwaltungsleiter des Hochstiftes. Als Minister widmete er sich besonders dem Ausbau der Schulen.
438 Johann Georg Hamann (1730–88), berühmter Philosoph in Königsberg. Er starb in Münster.
439 Jean Jacques Rousseaus pädagogischer Roman »Emile ou de l'Education« (1762), in dem Rousseau seine Erziehungsgrundsätze erläutert.
440 Tochter Marianne Dorothea ist 1785 in Weimar zu Besuch gewesen.
441 Sie war 1786 zum katholischen Glauben übergewechselt.
442 Als Domherr bewohnte er den Palast des Domkapitels.
443 J. L. Natter (1705–63) war ein bekannter Steinschneider und Fachmann auf dem Gebiet der Gemmenkunst. Er hielt sich zeitweise auch in Holland auf.
444 Hemsterhuis' »Sämtliche Schriften« waren 1792 erschienen.
445 »Lettre sur la sculpture« 1769 Amsterdam.

446 »Lettre sur les désirs« Paris 1770, von Herder ins Deutsche übersetzt.

447 »Der neue Amor« einzeln veröffentlicht im »Musenalmanach für das Jahr 1798« (hrsg. von Schiller).

448 Vgl. hierzu Goethes Aufsatz »Hemsterhuis-Gallitzinsche Gemmensammlung« in »Kunst und Altertum« 4, 1 (1823).

449 Die Lehre von den Knochen.

450 In der Straßburger Zeit.

451 Vgl. Lavaters »Physiognomische Fragmente«, Bd. 2, Kommentar über »Tierschädel«.

452 Diesen Plan, die öffentlichen geistlichen und weltlichen Feste nach ihrer Folge im Kalender zu beschreiben, hat Goethe nicht ausgeführt. Einige Schilderungen kirchlicher Feste finden sich in der »Italienischen Reise« (Ostern, Fronleichnam, Pferdeweihe am Antoniusfest, Peter und Paul).

453 Johann Heinrich Voss' »Luise«; die dritte Idylle war im Novemberheft von 1784 der Zeitschrift »Merkur« erschienen. Das ganze Gedicht erschien erst 1795 mit dem Titel »Der Brautabend« in Königsberg.

454 Die Abreise erfolgte am 10. oder 11. September; am 10. schrieb Goethe noch aus Münster an Jacobi.

455 Laut Tagebuch arbeitete Goethe an dem folgenden Abschnitt über die Heimfahrt von Münster am 2., 3., 8. und 11. März 1822. Der Heimweg erfolgte (laut Ausgabenbuch) von Münster über Warendorf, Herzebrock, Neuenkirchen, Paderborn, Kassel, Eisenach, Gotha, Erfurt, nach Weimar. Dort Ankunft am 16. Dezember 1792.

456 Diener Paul Goetze.

457 Ankunft in Kassel am 13. Dezember 1792. Goethe war schon in den Jahren 1779 und 1783 in der Stadt gewesen.

458 Wie schon die beiden früheren Male wohnte Goethe auch diesmal im Gasthof ›Zum König von Preußen‹.

459 Ankunft dort am 16. Dezember. Das Tagebuch gibt die Arbeit für den Weimarer Abschnitt an für folgende Tage: 3. und 22. Februar sowie 4., 5., 11. bis 16. März 1822.

460 Über diese Familienszene ist nichts Näheres bekannt.

461 Goethe hatte in seinen Briefen aus dem Feldzug Ratschläge für die Ausgestaltung des Hauses gegeben. Es ist das Haus am Frauenplan in Weimar, das der Herzog Goethe im Frühjahr 1792 geschenkt hatte.

462 Mit Heinrich Meyer war Goethe von der Italienreise her befreundet.

463 Eine Schauspielertruppe unter der Leitung von Guiseppe Bellomo, die von 1784 bis 1791 in Weimar spielte.

464 Vgl. Goethes »Regeln für Schauspieler«, die er 1803 niederschrieb.

465 Goethe leitete das Weimarische Hoftheater in der Zeit von 1791 bis 1817. Die Verwaltung hatte man Franz Kirms übertragen.

466 Im Gegensatz zu einem mehr naturalistischen Sprechstil wurde in Weimar ein streng deklamatorischer Stil bevorzugt und gepflegt.

467 August Wilhelm Iffland (1759–1814), bedeutender Charakterdarsteller, seit 1796 Direktor des Berliner Nationaltheaters. Schrieb eigene Theaterstücke mit moralisch-bürgerlicher Tendenz. Auch »Theorie der Schauspielkunst« von ihm.

468 August von Kotzebue (1761–1819), Schriftsteller, zeitweise Hoftheaterdichter in Wien, später Direktor des deutschen Theaters in Petersburg. Seit 1817 als russischer Kulturattaché in Deutschland.

469 Friedrich Ludwig Schröder (1744–1816), ebenfalls Bühnendichter und einer der berühmtesten Schauspieler in Hamburg.

J. M. Babo (1756–1822), Direktor der Münchner Hofbühne.

Friedrich Wilhelm Ziegler (1756–1827), Theaterdichter in Wien.

470 Chr. Friedrich Bretzner (1748–1807), beliebter Lustspieldichter in Leipzig.

Johann Fr. Jünger (1759–97), Lustspieldichter in Wien.

471 Friedrich G. Hagemann, Breslauer Schauspieler und Dramatiker.

Joh. G. L. Hagemeister, Schulrektor in Pommern, zeitweise Schauspieler.

472 Carlo Gozzi (1720–1806), venezianischer Komödiendichter.

473 Franz Joseph Fischer war am Weimarer Hoftheater als Regisseur und Schauspieler angestellt.

474 Karl Ditters von Dittersdorf (1739–99), bekannter Opern- und Singspielkomponist.

475 Für das Privattheater des Bischofs von Großwardein.

476 Herzoginmutter Anna Amalia, Einsiedel und Kranz.

477 Giovanni Paisiello (1741–1816), Domenico Cimarosa (1749

bis 1801) und Pietro Guglielmi (1727–1804) sind italienische Komponisten. Aufführungen ihrer Opern besonders zu Beginn der neunziger Jahre.

478 Diese Aufzeichnungen hat Goethe fast wörtlich aus Heinrich Meyers Aufsatz »Nachrichten von einer Sammlung meistens antiker geschnittener Steine« (Jenaische Allgemeine Literaturzeitung, 1807, Nr. 33).

479 Das Symbol und die Göttin der fruchtbaren Erde; auch Allmutter.

480 Das Vossische Programm war 1804 mit einer Gemmen-Reproduktion verziert.

481 Blutroter, wachsartiger, glänzender Edelstein.

482 In Heinrich Meyers Aufsatz heißt es richtig ›Sosokles‹, Steinschneider der Antike.

483 Hauptzweck dieser Erörterung in der Campagne war, über den Verbleib der Sammlung etwas zu erfahren. Schon 1823, also ein Jahr nach Veröffentlichung der Campagne, erhielt Goethe die Mitteilung, die Sammlung befinde sich im Besitz des Königs der Niederlande.

484 Die »gefärbten Zeichnungen« Meyers erwähnt Goethe auch in den »Konfessionen des Verfassers« in der Farbenlehre.

485 Gemeint ist wohl der erst 1804 aufgeführte »Götz von Berlichingen« und der »Egmont«, der erst in der Schillerschen Bearbeitung von 1796 bühnenwirksam wurde.

486 »Iphigenie« und »Tasso«, die auf Grund ihrer metrischen Gebundenheit erst allmählich dem Publikum nahekamen.

487 Nach der griechischen Sage weibliche Ungetüme mit Schlangenhaaren und ehernen Klauen, deren Anblick versteinerte.

488 Im Juli 1789 wurde der »Tasso« fertig.

489 Gemeint ist der italienische Abenteurer Cagliostro, der sich in Italien durch grobe Betrügereien hervorgetan hatte. Sein eigentlicher Name ist Guiseppe Balsamo (1743–95). Er war ebenfalls mit an der Halsbandgeschichte beteiligt. – Sowohl Lavater als auch Rohan hatten sich täuschen lassen. Im folgenden kehrt Goethe zu der Halsbandgeschichte und ihrer Gestaltung zurück, wie er sie in dem Werk »Der Groß-Kophta« versucht hatte.

490 Oper von Paisiello, deren Partitur Goethe als Geschenk im Jahre 1785 erhielt.

491 Goethe wandte sich dem Thema der Halsbandaffaire zu, verfaßte einen Opernentwurf unter dem Titel »Die Mystifizier-

ten« (1787), der Komponist Joh. Fr. Reichardt sollte die Melodien dazu schreiben. Die Baßarien »Kophtisches Lied« und »Ein andres« sind bekanntgeworden.

492 Vgl. »Der Groß-Kophta« III, 9.

493 Ein Drama im Jahre 1791, »Der Groß-Kophta«.

494 Aufführungen in Weimar am 17. und 26. Dezember 1791 und am 10. März und 15. Juli 1792 in Bad Lauchstädt.

495 Cagliostro lebte zu der Zeit als Gefangener im Fort San Leone bei Urbino.

496 Im April des Jahres 1793 entstand das Lustspiel »Der Bürgergeneral«; Erstaufführung am 2. Mai 1793. Der Schauspieler Joh. Christoph Beck hatte die Rolle des Schnaps in dem kleinen Lustspiel »Die beyden Billets« (von Florian nach Anton Wall) gespielt.

497 »Der Stammbaum«, eine Fortsetzung der »Beyden Billets«, 1791 erschienen und im April in Weimar gespielt.

498 Im »Bürgergeneral« trat die Figur des Schnaps erneut auf.

499 Vgl. den 6. Auftritt des »Bürgergenerals«.

500 Malcolmi war bis 1817 Schauspieler in Weimar, spielte die Rolle des Märten im »Bürgergeneral«.

501 Der Prinz August von Gotha lehnte das Stück ab (Brief vom 8. September 1793), während es Herder, Jacobi und H. Meyer doch gefiel (vgl. Goethes Briefe an Jacobi und Herder vom 7. Juni 1793).

502 Weitere vom Zeitgeschehen angeregte Werke. »Hermann und Dorothea» entstand 1796.

503 Durch das Eingreifen Napoleons.

504 »Reineke Fuchs«; niederdeutsches Reimepos »Reinke de vos« 1498. Goethe las es in der Prosaübersetzung von 1752.

505 Die Arbeit daran begann Goethe im Januar 1793 (vgl. Brief an Jacobi vom 1. Februar 1793).

506 Durch sein Werk »Der Messias« hatte Klopstock den Hexameter in die deutsche Dichtung eingeführt.

507 Johann Heinrich Voss (1751–1826), Dichter, Übersetzer römischer und griechischer Dichtungen. Begann 1781 mit einer Übersetzung der Odyssee von Homer.

508 Gemäßigte, Weitherzige; ursprünglich Name einer Partei der englischen Hochkirche.

509 Strengerer Gebrauch, Regeln.

510 Wahrsagende, voraussagende Blätter.

511 Die deutsche Übersetzung eines Vergilschen Gedichtes durch

Johann Heinrich Voss; die Vorrede zu dieser Übersetzung gibt Anweisungen zur Bildung guter deutscher Hexameter.

512 Mounier war ein französischer Politiker, der von 1793 bis 1799 in Schloß Belvedere bei Weimar eine Erziehungsanstalt leitete. – Camille Jordan war ein französischer Schriftsteller und Politiker, der Mounier im Jahre 1797 nach Weimar folgte.

513 Im Januar 1649 war Karl I. von England enthauptet worden nach einem längeren Bürgerkrieg.

514 Am 2. Dezember 1792 kam Frankfurt wieder in deutsche Hände.

515 Am 6. März 1793 wurde Hochheim besetzt, am 7. März Königstein.

516 Rheinübergang am 24. März 1793.

517 Wurde von den Österreichern am 27. März 1793 gefangengenommen.

518 Aufforderung Carl Augusts an Goethe am 18. Februar 1793.

519 »Radierte Blätter, nach Handzeichnungen von Goethe«, 1821 hrsg. von Schwerdtgeburth in Weimar. Wohl kurz vor der Veröffentlichung fügte Goethe kurze Reimzeilen den Radierungen bei. Die 2. Tafel zeigt Goethes Wohnhaus in Rückansicht, dazu Christiane Vulpius und August von Goethe.

Anmerkungen zu »Belagerung von Mainz«

1 Der »alte freie Weg« führt über Mainz-Kastel, die Brücke ist die Rheinbrücke zwischen Frankfurt und Mainz.

2 Schiffbrücke von Ginsheim zum linken Rheinufer.

3 Vgl. Goethes Brief an Christiane vom 29. Mai 1793: »Ich war in ein Dorf recht schön einquartiert, da haben mich die Wanzen wie gewöhnlich heraus gejagt.«

4 Johann Christoph Gottlieb Vent, Offizier in Weimar. Vgl. Anm. 234.

5 Hier spielten sich heftige Kämpfe um strategisch wichtige Punkte ab.

6 1806 wurde dieser König von Bayern.

7 Zeichnung ist nicht erhalten.
Imprimieren: Einprägen, einschärfen.

8 Graf Kalckreuth befehligte die Belagerung.

9 Diese »Märe« soll den General von Schönfeld gemeint haben.

10 Blockade seit dem April 1793, Belagerung seit Mitte Juni.

11 Vgl. S. 5,4.

12 Sich stauend, überfließend, über die Ufer tretend.

13 Gemeint sind die Theoretiker auf preußischer Seite, denen Kalckreuth die Schuld gab an der Verzögerungstaktik im Feldzug (vgl. Weniger, Goethe und die Generale, 1959).

14 Hinweis auf das Johannes-Evangelium 1, 3.

15 Übernommen aus den Aufzeichnungen Wagners, der am 19. Mai 1793 Itzenplitz besuchen durfte.

16 Es wurde ein republikanischer Kalender eingeführt, der mit dem 22. September 1792 begann. Endgültig eingeführt wurde er jedoch erst nach Konventsbeschluß vom 5. Oktober 1793.

17 Thadden war Hauptbefehlshaber eines preußischen Infanterieregiments, das neben den Weimarer Kürassieren lag.
Ça ira: bekanntes, vielgesungenes Revolutionslied mit dem Refrain »Ça ira! Ça ira! Ça ira! Les aristocrates à la lanterne!«
Marseillaise: »Allons enfants de la patrie . . .«

18 Vgl. S. 193,34.

19 Prinzessinnen Luise und Friederike von Mecklenburg-Strelitz. Luise ist die spätere Gemahlin von Friedrich Wilhelm von Preußen (Königin Luise).

20 Hier Besorgnis (Fischer, Goethe-Wortschatz).

21 Kanonenboote mit 300 Mann.

Bei Goethe steht statt Erbach Ebenheim, das es jedoch nicht gibt; wahrscheinlich Lesefehler. Roethe korrigiert zu Erbach, W. Loos (Hamburger Ausgabe, Bd. 9, S. 709) nimmt an, daß auch Eltville gemeint sein kann.

22 Ausfall auf Marienborn.

23 Vgl. S. 21,30.

24 Bericht. Wahrscheinlich hatte der Herzog ihn darum gebeten. Goethe besaß von diesem Bericht noch seine eigenhändigen Aufzeichnungen, die er für das folgende verwendet hat (vgl. Weimarer Sophien-Ausgabe I, Bd. 33, S. 335).

25 In der Handschrift und im Erstdruck steht Dalheim für Zahlbach; Dalheim war ein Kloster in der Nähe von Zahlbach.

26 Prinz Louis Ferdinand von Preußen.

27 Kalckreuths Quartier war das Marienborner Pfarrhaus.

28 Bündel aus Birkenreisig. Vgl. S. 37,21.

29 Ludwig von Voß. Vgl. S. 200,25.

30 Nach Pollak (vgl. Literaturhinweise) französischer Angriff auf die Bleiaue. Nach Wagner am 3. Juni »erschreckliche Canonade auf der Seite von Castel«.

31 Der Brief Goethes an Christiane vom 3. Juni 1793 spricht von »dem herrlichen Wetter«.

32 Arbeit an dem erwähnten Epos »Reineke Fuchs«; vgl. S. 186,31.

33 Herzog Carl August.

34 Kirche zum Heiligen Kreuz.

35 Ort westlich von Mainz.

36 Georg Melchior Kraus (1733–1806), in Weimar als Zeichenmeister angestellt. In Weimar werden Handzeichnungen von ihm aufbewahrt, die die Festung Mainz und Umgebung darstellen, aus dem Jahre 1793.

37 Parallele ist hier die Verbindung zwischen zwei Laufgräben im Vorfeld der Festung.

38 Charles Gore war ein begüterter Engländer, ein Schiffsbauer, der seit 1791 in Weimar lebte und auch als Landschaftszeichner bekannt wurde.

39 Laufgraben, sollte von Weisenau bis Bretzenheim gegraben werden.

40 Reisigbündel zum Isolieren der Laufgräben an Wänden und Fußboden.

41 Wohl an der Chaussee bei Zahlbach.

42 Vgl. Anm. 37.
43 Während der Französischen Revolution waren politische Klubs sehr verbreitet; 1792 entstand nach dem Vorbild der Jakobiner eine Vereinigung, die Mainzer Klubbisten, geführt von Georg Forster. Ziel des Klubs war die Gründung einer rheinischen Republik, die in Paris in die französische Republik aufgenommen werden wollte.
44 Abtransport, Ausweisung.
45 Wohnsitz eines Obergeistlichen.
46 Nach dem Bericht von Chuquet zerriß ein Schuß die Befestigungstaue eines aus drei Schiffen zusammengebauten großen Floßes.
47 Nach dem Bericht von Wagner hatten die Franzosen das Steuerruder abgeschossen.
48 Diese Lücke ist eine Art Zwischenrede wie auch vor dem 2. Teil der »Campagne«. Es handelt sich nicht um eine Lücke in der Darstellung der Geschehnisse, sondern Goethe möchte mit diesem Einschnitt etwas anderes andeuten: sein bisheriges Quellenmaterial, auf dem die Berichte beruhen, versiegt an dieser Stelle, und der Dichter ist anstelle der bisherigen persönlichen Aufzeichnungen wieder stärker auf fremde Darstellungen angewiesen. – Bei dieser Gelegenheit der Unterbrechung gibt er einen kurzen Überblick über die Lage der Dinge.
49 Die Freunde sind vermutlich Kraus und Gore gewesen.
50 Für seine osteologischen Forschungen und für das anatomische Museum in Weimar sammelte Goethe pathologisch veränderte Knochen.
51 Die Karlsschanze war der Festungsmauer südlich vorgelagert.
52 Örtlichkeiten zwischen Weisenau und Mainz am linken Rheinufer. Favorite war ein Lustschlößchen des Kurfürsten.
Glacis: Erdanschüttung vor dem Festungsgraben, der sich flach ins Vorfeld der Festung hinzieht und den sogenannten toten Winkel bei der Feuerbestreichung verhindert.
53 Vgl. S. 52,37 bis S. 54,7 beim Abschnitt über Valmy.
54 Vgl. S. 204,15; 205,7; 210,20.
55 Briefe am 3. Juli 1793 an Christiane und Voigt.
56 In der Nacht vom 7. zum 8. Juli 1793. Vgl. den Brief Goethes an Jacobi vom 7. Juli 1793.
57 Der 14. Juli ist seit 1791 Nationalfeiertag der Franzosen (Sturm auf die Bastille.) – Eroberung der Festung Condé am 10. Juli durch die Österreicher.

58 Dorf südlich von Marienborn.

59 Das Bild hängt in der Weimarer Bibliothek.

60 Vgl. Goethes Tagebuch vom 28. November 1806: »Gores Prospekte, durch die Camera obscura gezeichnet, besehen.«
Camera obscura: Lochkamera; ein geschlossener Kasten, in dessen Vorderwand ein kleines Loch gebohrt ist, auf einer Mattscheibe an der Rückwand erscheint im Kasten eine ziemlich deutliche Abbildung der vor der Vorderwand befindlichen Gegenstände; das auf der Scheibe entstandene Bild wird mit dem Bleistift darauf nachgezeichnet, oder es wird auf Papier kopiert.

61 Adolf Friedrich von Oppen, Rittmeister im Regiment des Herzogs. Goethe stand mit ihm in Verbindung nach 1824. Es ist ein Brief erhalten von von Oppen an Goethe, in dem er dem Dichter dankt für die Auszeichnung in seinen Werken (vom 19. Januar 1825).

62 General D'Oyré, der Z. 12 erwähnt wird, ist der Kommandant. Er wurde nach der Übergabe von Mainz gefangengenommen.

63 Aufführung der einzelnen Kapitulationsbedingungen.

64 Waffenstillstand für 24 Stunden.

65 Goethe lernte D'Oyré Anfang Juli 1794 in der Gegend bei Erfurt kennen, wo dieser inhaftiert war. Vgl. Goethes Brief an Sömmering vom 16. Juli 1794.

66 In General Kalckreuths Quartier in Marienborn.

67 Vgl. S. 6,9.

68 Spitz ausgeschachtete Gruben, ursprünglich als Fallen für Wölfe gedacht, werden hier zur Absperrung angelegt.

69 Lebensmittel.

70 Worte aus der Proklamation des Mainzer Gouverneurs vom 26. Juli 1794.

71 Der König von Preußen mußte den Franzosen 20 000 Taler Kredit geben, da diese nicht in der Lage waren, ihre Schulden zu bezahlen.

72 Unter ihnen der Präsident der Klubbisten, Hofmann. Vgl. Goethe an Jacobi vom 27. Juli 1794.

73 Nach Düntzer Verwechslung mit dem Zwergkönig Eckwald, aus dem Volksbuch vom gehörnten Siegfried.

74 Kommissare des Konvents waren Merlin, Rewbell, Simon und Meyenfeld.

75 Es wird vermutet, daß Goethe hier einen Vorfall meint, der

sich am 24. Juli abgespielt hat und Böhmer betraf (vgl. Festausgabe von Goethes Werken, Bd. 18, S. 613).

76 Der Name des Architekten ist nicht mit Sicherheit zu bestimmen; der französische Architekt Mangin, der die Domprobstei erbaut hat, kann hier wegen seines hohen Alters nicht in Betracht gezogen werden. Das Gebäude, als Sitz des französischen Oberkommandos bekannt, wurde durch Artilleriefeuer weitgehend zerstört. – Allerdings verbreiteten sich Gerüchte, nach denen die aus Mainz ausziehenden Klubbisten oder Franzosen Häuser in Brand gesteckt hätten, um sie plündern zu können. Goethe schreibt am 27. Juli 1793 an Voigt: »Jedermann behauptet, die Franzosen und Klubbisten hätten Pulver und andere brennbare Materialien in die Kirchen und adeligen Häuser gelegt; deswegen sie auch, sobald eine Bombe hineingekommen, an allen Enden gebrannt.«

77 Der vorhergehende Satz bietet die Übersetzung des Sprichwortes.

78 Französisches Sprichwort: Quelle mouche vous a piqué!

79 Anhänger des Comité du salut public, einer Art Sicherheitsausschuß, am 6. April in Paris gegründet, der infolge seines unbarmherzigen Vorgehens sehr gefürchtet war.

80 Die Freunde sind wohl wieder Kraus und Gore, vielleicht auch der Herzog.

81 In einem Brief an Voigt schreibt Goethe am 27. Juli: »Man ist so zerstört und zerstreut von den Szenen dieser letzten Tage ...«

82 Domprobstei in klassizistischem Stil, 1786 fertiggestellt. Vgl. Hamburger Ausgabe, Bd. 10, S. 711.

83 Gemeint ist der Gutenbergplatz in Mainz.

84 Der Osteiner Hof war früher kurfürstliches Palais, jetzt Regierungsgebäude. Auf dem Schillerplatz in Mainz.

85 Eines der Universitätshäuser in der neuen Universitätsstraße.

86 Gouverneur von Wolframsdorf verlas am 26. Juli eine Proklamation. Vgl. S. 216,35 ff.

87 Am 27. Juli schrieb Goethe an Jacobi: »Das Volck fing an durch die Straßen zu laufen ... Es ward geplündert, und man legte sich auch darein.«

88 Schärpen der Stadtbeamten und Angehörigen des Gemeinderates. Sie forderten die Bürger der Stadt auf, der neuen Verfassung zuzustimmen und gingen häufig sehr grob dabei vor.

89 Vgl. S. 195,12.

90 Vgl. S. 211,19.

91 Ein turmartiges Denkmal, von den Römern errichtet zur Zeit des Kaisers Claudius, gedacht als Erinnerung an Kaiser Nero Claudius Drusus (38–9 v. Chr.).

92 In »Dichtung und Wahrheit« werden im 6. Buch Goethes erste Zeichenübungen erwähnt, auch der damalige Besuch von Mainz, nicht aber die Zeichnung vom Drusus–Denkmal.

93 Vgl. S. 213,7.

94 Erhalten in der Bibliothek zu Weimar.

95 Bei Wagner heißt es: »2000 grose Säcke mit Korn und Waizen«.

96 Im Jahre 1793 konnte man noch nicht voraussehen, was sich ereignen würde. Sturz der Girondisten durch Robespierre und seine Partei.

97 Vgl. S. 218,15 ff. Die Genannten standen auf der Seite Dantons.

98 Im Jahre 1794 wurde Mainz von den Franzosen erneut umzingelt, 1797 besetzt und 1801 kam es ganz an Frankreich.

99 Am 1. August schreibt Goethe an Christiane, daß er nach einigen Tagen »in Schwalbach und Wiesbaden ... mit Herrn Gore und Kraus nach Mannheim« gehe, »spreche in Heidelberg mit meinem Schwager und kehre alsdann nach Frankfurt zurück«.

100 Nach Angaben Düntzers im ›Pfälzer Hof‹ zu Mannheim.

101 Johann Friedrich von Ritz, Schatzmeister des Königs Friedrich Wilhelm II. von Preußen, mit dessen Maitresse, der Gräfin Lichtenau, er verheiratet war.

102 Helena Dorothea Delph (1728–1808), eine politisch interessierte Geschäftsfrau, die Goethe hin und wieder besuchte. Vgl. auch »Dichtung und Wahrheit«, Buch 17. Sie hatte Goethes Verlobung mit Lili Schönemann gestiftet.

103 Goethe war vom 4. bis 7. August in Heidelberg.
Johann Georg Schlosser (1739–99) heiratete 1773 Goethes Schwester Cornelia. – Vgl. Goethes Brief an Schlosser vom 11. August 1793: »Mit Schlossern brachte ich in Heidelberg einige glückliche Tage zu, es freut mich sehr und ist ein großer Gewinst für mich, daß wir uns einmal wieder einander genähert haben.«

104 Leonhard Euler (1707–83) vertrat eine bestimmte Lichtwellentheorie (Licht ist eine Folge von Schwingungen des Äthers);

berühmter Mathematiker. Goethe lehnte seine Wellentheorie ab.

105 Es handelt sich um den Aufsatz »Einige allgemeine chromatische Sätze, geschrieben im Lager zu Marienborn, d. 21. Juli 1793«.

106 Besorgnis.

107 Goethe war in Frankfurt bei seiner Mutter vom 9. bis zum 19. August.

108 Am 16. Oktober Hinrichtung der Königin Marie Antoinette, am 6. November des Herzogs von Orleans und am 5. April 1794 Dantons. Dadurch nahm das Terror-Regime Robespierres ungehindert seinen Lauf. Viele Massenhinrichtungen schreckten das Volk.

109 Carl August von Weimar schied zu Anfang des Jahres 1794 aus dem Dienst des preußischen Heeres.

110 Hinweis auf das Jahr 1806.

Zur vorliegenden Ausgabe

Der Text der vorliegenden Ausgabe folgt dem Wortlaut der vom Bibliographischen Institut Leipzig herausgegebenen Festausgabe von Goethes Werken im 18. Band, S. 23 bis S. 220.
Für die Anmerkungen wurden Gustav Roethes grundlegende Arbeit »Goethes Campagne in Frankreich 1792«, Berlin 1919, sowie ein Teil der unter Literaturhinweise angeführten Werke und der Kommentare der einzelnen Goethe-Ausgaben herangezogen.
Die wichtigsten Lesarten-Varianten finden sich im 33. Band der Weimarer Sophien-Ausgabe von Goethes Werken, hrsg. von Alfred Schöne, Weimar 1898 (zitiert als WA).

Literaturhinweise

Ausgaben

Aus meinem Leben. Von Goethe. Zweyter Abtheilung Fünfter Theil. [Motto:] Auch ich in der Champagne! Stuttgard und Tübingen, in der Cotta'schen Buchhandlung. 1822. [Originaltitel der Erstausgabe.]

Goethe's Werke. Vollständige Ausgabe letzter Hand. Dreyssigster Band. Stuttgart und Tübingen, in der J. G. Cotta'schen Buchhandlung. 1829.

Goethes Werke. Hrsg. im Auftrage der Großherzogin Sophie von Sachsen. Abtlg. I–IV. Weimar, Hermann Böhlaus Nachfolger. 1887–1919.

Goethe's Werke. Nach den vorzüglichsten Quellen revidirte Ausgabe. 25. Theil. Hrsg. von Friedrich Strehlke. Berlin, Gustav Hempel 1877.

Goethes Werke. 22. Theil. Hrsg. von Heinrich Düntzer. Berlin und Stuttgart, W. Spemann. 1888 (= Deutsche National-Litteratur. Historisch-kritische Ausgabe. Hrsg. von J. Kürschner. Band 103).

Goethes Werke. 15. Band. Hrsg. von Karl Heinemann. Leipzig, Bibliographisches Institut. 1903 (= Meyers Klassiker-Ausgaben).
Goethe's sämtliche Werke. Jubiläums-Ausgabe. Bd. 28. Hrsg. von Alfred Dove. Stuttgart und Berlin 1903.
Goethes Werke. Auf Grund der Hempelschen Ausgabe neu hrsg. ... von Karl Alt. 26. Teil. Hrsg. von Christian Waas. Bong (1911) und Anmerkungen zu Teil 26 (1921).
Goethes Werke. Festausgabe. Hrsg. von Robert Petsch. Bd. 18: Bearbeitet von Fritz Bergemann. Leipzig: Bibliographisches Institut 1926.
Goethe. Gedenkausgabe der Werke, Briefe und Gespräche. Hrsg. von Ernst Beutler. Bd. 12: Bearbeitet von Josef Kunz. Zürich: Artemis 1949.
Goethes Werke. Hamburger Ausgabe. Hrsg. von Erich Trunz. Bd. X: Bearbeitet von L. Blumenthal, W. Loos, E. Trunz. Hamburg 1959.

Abhandlungen und Quellenwerke

Andreas, Willy, Goethe und Carl August während der Belagerung von Mainz (1793). Sitzungsberichte der Bayerischen Akademie der Wissenschaften. Philologisch-historische Klasse 1955, 9. München 1956.
Bockenheimer, Karl Georg, Die Wiedereroberung von Mainz durch die Deutschen im Sommer 1793. Mainz 1893.
Chuquet, Arthur, Les guerres de la révolution Bd. I–VIII. Bd. I, II, III und VII. 1886–1892.
Custine, Adam Philippe de, Mémoires posthumes. P. 1. 2. Hambourg et Francfort 1793.
Dumouriez, Charles François, La vie du général Dumouriez. 1–3. Hambourg 1795.
Düntzer, Heinrich, Goethe und Carl August. Leipzig ²1888.
Engling, J., Goethes achttägiger Aufenthalt in Luxemburg. 1874.
Fischer, Paul, Goethe-Wortschatz. Leipzig 1929.

Girtanner, Christoph, Historische Nachrichten und politische Betrachtungen über die französische Revolution. Bd. 1–13. Berlin 1792–94.

Goetze, Paul, Einnahme und Ausgabe auf der Reise nach Coblenz 1792. Im Goethe- und Schiller-Archiv zu Weimar. Abgedruckt bei Roethe (s. u.) S. 365 ff.

Hansen, Joseph, Quellen zur Geschichte des Rheinlandes im Zeitalter der französischen Revolution. Bonn 1931.

Hettner, H., Georg Forsters Briefwechsel mit S. Ph. Sömmering. Braunschweig 1877.

Hüffer, H., Zu Goethes Campagne in Frankreich. In: Goethe-Jahrbuch 4 (1883) S. 79 f.

Karl August, Darstellungen und Briefe zur Geschichte des weimarischen Fürstenhauses und Landes. Hrsg. von E. Marcks.
IV. Abt.: Briefwechsel des Herzogs-Großherzogs Karl August mit Goethe. Hrsg. von Hans Wahl. Bd. 1: 1775 bis 1806. – Berlin 1915.

Klein, K., Geschichte von Mainz während der ersten französischen Okkupation 1792–93. Mit den Aktenstücken. Mainz 1861.

Kronprinz, Tagebuch; Beitrag zur Geschichte der Feldzüge in Frankreich und am Rhein in den Jahren 1792 und 1793. Aus dem militärischen Nachlaß SM d. Hochseligen Königs Friedrich Wilhelm III. Beiheft zum Militär-Wochenblatt für November und Dezember 1846. Berlin.

Laue, A. W., Geschichte der vier ersten Feldzüge des französischen Revolutionskrieges. Von einem deutschen Offizier.
Erster Theil, welcher den Feldzug von 1792 enthält. Deutschland 1805/06.

Laukhard, F. Ch., Magister F. Ch. Laukhards Leben und Schicksale. Von ihm selbst beschrieben. Neuausgabe von Viktor Petersen. Bd. I und II. Stuttgart 1908.

Massenbach, A. L., Memoiren zur Geschichte des preußischen Staats unter den Regierungen Friedrich Wilhelms II. und Friedrich Wilhelms III. Bd. 1. Amsterdam 1809.

Mommsen, Momme, Die Entstehung von Goethes Werken. Bd. II. Berlin 1958. S. 23–57: Campagne in Frankreich 1792. Belagerung von Maynz.

Original-Briefwechsel der Emigrierten oder die Emigrierten nach ihrer eignen Darstellung geschildert. Theil 1 und 2. Aus dem Französischen übersetzt. Frankfurt und Leipzig 1793.

Pollak, Valentin, Zur Belagerung von Mainz. In: Goethe-Jahrbuch 19 (1898) S. 261 ff.

Quednow, C. Fr., Beschreibung der Altertümer in Trier und dessen Umgebungen aus der gallisch-belgischen und römischen Periode. Bd. 1. Trier 1820.

Roethe, Gustav, Goethes Campagne in Frankreich 1792. Eine philologische Untersuchung aus dem Weltkriege. Berlin 1919.

Wagner, Johann Konrad, Handschriftliche Tagebücher über den Feldzug; das Titelblatt lautet: ›Meine Erfahrungen in den Jahren 1792. 1793. und 1794. in den gegenwärtigen Kriege.‹ Aufbewahrt auf der Bibliothek zu Weimar.

Wickede, J. v., Aus alten Tagebüchern. Jena 1868.

Wyttenbach, J. H., Versuch einer Geschichte von Trier. Trier 1810–22. 5 Bde.

Zastrau, Alfred, Campagne in Frankreich und Belagerung von Mainz. In: Goethe-Handbuch 1 (^{2}1961) Sp. 1542 ff. und 991 ff.

Zur Entstehungsgeschichte von Goethes »Campagne in Frankreich« und »Belagerung von Mainz«

Als Goethe gegen Ende des Jahres 1809 begann, ein Schema für sein autobiographisches Werk »Dichtung und Wahrheit« (vgl. WA I, 26, 359 f.) zu entwerfen, erschienen hierbei die ersten Notizen zu den Vorgängen während der Campagne in Frankreich und der Belagerung von Mainz. Etwa zu der gleichen Zeit notierte Riemer in sein Tagebuch, daß Goethe »von seinen Abenteuern in der Champagne« erzählte (Deutsche Revue, Bd. XII, 1, 283); im folgenden Jahr, am 5. Mai 1810, lautet Goethes Tagebucheintrag: »... Campagne-Erinnerungen zum Behufe künftiger Confession«. Weitere Notizen im Rahmen des sogenannten Karlsbader Schemas zu »Dichtung und Wahrheit« folgen im gleichen Jahr. Zu diesem Zeitpunkt hatte Goethe mit großer Wahrscheinlichkeit festgelegt, daß sein Bericht über die Teilnahme am Feldzug von 1792 in die großangelegte Komposition von »Dichtung und Wahrheit« mit aufgenommen werden sollte.

Mit der eingehenden Arbeit zu diesem Abschnitt seiner Lebensgeschichte begann Goethe jedoch erst zehn Jahre später, im Jahre 1820, nachdem schon eine Tagebuch-Notiz vom 24. Oktober 1819 auf die Verwirklichung dieses Planes hinweist: »Unterwegs an Ausführung biographischer Einzelheiten gedacht, besonders die erste französische Campagne 1792.« Tatsächlich rückt die Arbeit im Januar 1820 in den Vordergrund von Goethes Schaffen. In den Tag- und Jahresheften zu diesem Zeitraum heißt es: »Eigene Arbeiten und Vorarbeiten beschäftigen mich auf einen hohen Grad. Ich nahm den zweiten Aufenthalt in Rom wieder vor ..., sodann aber fand ich mich bestimmt die Campagne von 1792 und die Belagerung von Mainz zu behandeln. Ich machte deßhalb einen Auszug aus meinen Tagebüchern, las mehrere auf jene Epochen bezügliche Werke, und suchte manche Erinnerungen hervor« (WA I, 36, 178 f.). Da die eigenen Notizen und Erinnerungen keineswegs ausreichen[1], beginnt Goethe ein ausführliches Literatur- und Quellenstudium, um sich die historischen Ereignisse des Feldzuges ins Gedächtnis zurückzurufen bzw. sie an Hand der Literatur zu studieren. Während der kriegerischen Auseinandersetzungen im Felde fehlte ihm nur zu oft der Überblick über die militärischen und geschichtlichen Vorgänge, wie er selbst mehrfach betont (vgl. V. Pollak, Zur Belagerung von Mainz. In: Goethe-Jahrbuch XIX (1898) S. 261–286). Dank der vorhandenen Ausleih-Verzeichnisse der Weimarer Bibliothek (vgl. E. v. Keudell, W. Deetjen, Goethe als Benutzer der Weimarer Bibliothek. Ein Verzeichnis der von ihm entliehenen Werke, 1931) ist es möglich, eine Übersicht über Goethes Studien zum jetzigen Thema zu gewinnen; er entlieh sich nicht nur Memoiren von Kriegsteilnehmern wie z. B. die von Ch. Fr. Dumouriez, Fr. Chr. Laukhard, A. L. v. Massenbach, A. Ph. de Custine und den »Original-Briefwechsel der Emigrirten, oder die Emigrirten nach ihrer eignen Darstellung geschildert«, ferner mehrere Werke zum Verlauf des Feldzuges, sondern ließ sich auch geographische Karten des Kriegsschauplatzes und Festungspläne von der Bibliothek kommen, um den Feldzug und die Belagerung besser rekonstruieren zu können. Mit Hilfe einer Porträt-Sammlung rief er sich die Gestalten der französischen Revolutionsmänner ins Gedächtnis, um sie bis in Einzelheiten hinein in seiner Darstellung zu schildern. Eine der wichtigsten Quellen zu Fragen der Datierung einzelner Begebenheiten wurde für Goethe ein Tagebuch des Kammerdieners von Herzog Carl August, J. C. Wagner: »Meine Erfahrungen in den Jahren 1792. 1793. und 1794. in den gegenwärtigen Kriege.« Auszüge aus diesem Diarium sind gedruckt in G. Roethes Abhandlung über Goethes »Campagne in Frankreich«, a. a. O.; ebenfalls von Roethe veröffentlicht (ebd. S. 365–375) ist ein Ausgabenbuch von Goethes Diener Paul Goetze, das dieser im Verlauf

1. Es wird angenommen, daß Goethe nur sehr wenig eigene Tagebuch-Notizen besaß; vgl. G. Roethe, Goethes Campagne in Frankreich 1792, Berlin 1919, S. 19 ff.

der Reise und des Feldzuges führte und das Goethe zur Datierung einzelner Stationen benutzte.
Die Monate Januar bis März des Jahres 1820 sind ausgefüllt mit fast täglicher Arbeit an der »Campagne«; der Materialsammlung folgt die Ausarbeitung, die sich – von längeren Pausen unterbrochen – über mehr als zwei Jahre hinzieht. Einige wenige Tagebuch-Auszüge mögen Goethes Beschäftigung mit dem Thema lebendig werden lassen:

10. 1. 1820 Leben Dumouriez'; Feldzug von 1792 mit der Karte verglichen ...
11. 1. 1820 Abends ... Dumouriez' Leben beendigt.
12. 1. 1820 Concepte bezüglich auf den Feldzug von 1792 ... Dergleichen gelesen ... Nach Tische Fortsetzung der morgendlichen Studien.
13. 1. 1820 Feldzug von 1792. Laukhards Feldzüge 1. Band zu gleichen Zwecken. Nach Tische Studium der Karte.
21. 1. 1820 Am Tagebuche des Feldzugs gearbeitet ... [nachmittags] Die Plane von Luxemburg und Verdun. Abends auf den Feldzug Bezügliches.
27. 1. 1820 Fortsetzung der Campagne ... Die Briefe der Ausgewanderten gelesen.
30. 1. 1820 An der Campagne fortdictirt ...

Im folgenden Monat, also Februar 1820, tauchen auch die ersten Notizen zur Konzeption der »Belagerung von Mainz« auf, die jedoch erst ein Jahr später weiter bearbeitet wird. Die Zeugnisse, vor allem Goethes Tagebücher, vom Februar und März 1820 künden vornehmlich vom Fortschreiten der Aufzeichnungen zur »Campagne«, und man darf annehmen, daß Goethe das Manuskript in dieser Zeit bereits weitgehend fertiggestellt hat, wenn auch nicht in endgültiger Form. Am 11. Mai 1820 schrieb er an Zelter: »Auch habe vergangenen Winter abermals eine Epoche meines Lebens in's Einzelne gearbeitet; ...« (WA IV, 33, 337). Dann hören wir erst im April des nächsten Jahres von der Wiederaufnahme der Arbeit am französischen Feldzug (Tagebuch vom 11. April 1821), und schon im Juni heißt es im Brief Goethes an den Verleger Cotta: »Auch könnte man zu Michael wiederum eine Epoche meines Lebens zum Druck befördern; man würde den Winter über sich stetig beschäftigen, um zu Ostern damit hervortreten zu können« (WA IV, 35, 171). Goethes intensive Revision des Bisherigen setzt – da andere Beschäftigungen sich in den Vordergrund drängten – im November ein; zu dieser Zeit berichtet das Tagebuch von fortgesetztem Korrigieren, erneut werden Landkarten und Quellen zu Rate gezogen, und Goethes enger Mitarbeiter Fr. W. Riemer wird mit der Durchsicht des Textes betraut. Am 4. Dezember 1821 lautet der Tagebuch-Eintrag: »Campagne von 92 ... den Kindern den Anfang der Campagne von 92 vorgelesen.« Ähnliche Vorlesungen folgen, am 8. Dezember 1821 bereits die der dritten Abteilung der »Campagne«, und am 22. Dezember geht der erste Teil des Manuskriptes an C. F. E. Frommann, am 2. Januar 1822 der erste Bogen an die Druckerei Wesselhöft nach Jena. »Die Schnelligkeit, womit der Druck des Feldzugs vor sich geht, freut mich sehr, und ich hoffe wenigstens bis auf einen gewissen Grad immer bereit zu seyn«, schreibt Goethe an J. C. Wesselhöft am 14. Januar 1822 (WA IV, 35, 236). Die Reste des Manuskriptes bereitet Goethe in den nun folgenden Monaten zum Druck vor, führt die Gestaltung der kriegerischen Ereignisse des Winters 1792/93 zu Ende und schließt in zügiger Arbeit im März 1822 die Arbeit an der »Belagerung von Mainz« ab. Beide Werke erschienen unter dem Titel »Aus meinem Leben. Zweyter Abtheilung Fünfter Theil«, also eingegliedert in die Autobiographie »Dichtung und Wahrheit«, im Verlag von J. G. Cotta. 1829 wurden sie in die sogenannte ›Ausgabe letzter Hand‹ von Goethes Werken aufgenommen als Band 30.

Mögen zum Abschluß einige Zeugnisse Goethes und seiner Freunde Ansichten über die Darstellung der bewegten Kriegszeiten widerspiegeln, deren Zusammenhänge sich der

Dichter in den zurückliegenden zwei Jahren so lebhaft ins Gedächtnis gerufen hatte[2].

An J. Fr. Rochlitz: »Sie erhalten nächstens ... einen treuen Abriß meiner wunderlichen Militairlaufbahn; auch durch diese Erbkrankheit der Welt mußt ich einmal durch, damals ging ich der Weltgeschichte entgegen, nachher hat sie uns am eigenen Herde aufgesucht.« (Wa IV, 36, 26. 22. April 1822)

An S. Boisserée: »Mein militärisches Bändchen ist wunderlich genug; doch hoffe ich, meine Freunde finden mich darin wieder.« (WA IV, 36, 51. 1. Juni 1822)

An C. L. F. Schultz: »Das wunderliche Unternehmen, mich in die schrecklichen Zustände von 92 und 93 zu versetzen, ist Ihnen wohl vor Augen gekommen, und ich wünsche daß Sie es nicht mißbilligt haben. Ich bedurfte einer Arbeit die mich den Winter über beschäftigte; die Darstellung reiner gefühlvoller Tage meines Lebens, wie der ersten Abtheilung vierter Band [»Dichtung und Wahrheit«, Teil 4] fordert, wollte nicht gelingen, da griff ich zum Widerwärtigsten, das durch milde Behandlung wenigstens erträglich werden kann.« (WA IV, 36, 66 f. 12. Juni 1822)

Fr. Perthes an Goethe: »Mit mir sollte die ganze Nation sich zu dem lebhaftesten Danke für den neuen Theil von Wahrheit und Dichtung angeregt fühlen. Nur solche Ueberlieferungen machen es möglich, den eigentlichen Kern unserer Geschichte für unsere Nachkommen zu erhalten; schon jetzt ist die Brücke zwischen der heute lebenden Generation und der nächstvorangegangenen abgebrochen und die Zustände damaliger Zeit stehen für das heranwachsende Geschlecht da wie eine fremdartige Erscheinung.« (13. Juni 1822)

S. Boisserée an Goethe: »Ich erinnere mich nicht, das wilde, zerstörende Kriegsleben in seiner Verflechtung mit dem stets

2. Eine bis ins einzelne gehende Zusammenstellung sämtlicher bisher bekannter Zeugnisse zur Entstehung der »Campagne in Frankreich« und »Belagerung von Mainz« findet sich in folgendem Werk: Die Entstehung von Goethes Werken in Dokumenten. Von Momme Mommsen unter Mitwirkung von Katharina Mommsen, Bd. II, 1958, S. 23–57. Diese Dokumentation wurde für die vorstehende Einführung dankbar benutzt.

fortwebenden, erhaltenden Gewohnheitsleben, irgend so wahr und in so auffallendem Gegensatze dargestellt gefunden zu haben. Wie selten mag sich aber auch der Fall ereignen, daß ein genialer, der schriftstellerischen Kunst mächtiger Mann unmittelbar an den gewaltigsten Weltbegebenheiten als ruhiger Beobachter Theil nimmt?« (18. Juni 1822)

C. F. v. Reinhard an Goethe: »Von allen Bruchstücken Ihres Lebens hat dieser neueste Theil das hinreißendste, allgemeinste Interesse. Die Geschichte der Zeit ist an die persönlichen Ereignisse nicht angereiht, sondern in sie eingeschlossen; der Theil enthält das Ganze und dieß ist naturgemäß; wer erkennt dieß besser als eben Sie?« (22. August 1822)

I.-M. B.

Inhalt